経営戦略原論

The Elements of Strategic Management

琴坂将広

Masahiro Kotosaka

東洋経済新報社

はじめに

経営戦略は実学であり、科学である

「最適な処方箋」と「普遍的な法則性」の二兎を追う

はたして、経営学は何をめざしているのだろうか。

その形成当初から、経営学は経営を担う実務家の日々の経営に資する知見を提供することをめざしてきた。しかし、現代の経営学はそれだけにとどまらない。社会、経済、人の心に多大な影響を与えうる、経営という行為とそれを行う個人と組織が、どう変遷し、どう存在し、どう動くかの「普遍的な法則性」を解明するべく、社会科学の一つの分野、「科学」としての議論を重ねている。

単に利益や売上をどのように増やせばよいのかという問いに答えるのみならず、より人間の根源に迫る問いに答えるのが、現代の経営学である。

本書は、実学としての経営戦略と、社会科学としての経営戦略を一体として扱う。

実学としての経営戦略は「最適な処方箋」をめざす。社会科学としての経営戦略は「普遍的な法則性」をめざす。本書は、この二つの異なる方向性をそれぞれ概観することで、経営戦略を理解し、実践するために必要となる根源的な知見を幅広く提供する。

第Ⅰ部から通して読むのが理想ではあるが、理論的な系譜よりもまずは実践的な知見を得たいという読者は、第Ⅲ部から目を通してもよい。逆に実務的な知見よりも理論的な素養を身につけたい読者は、第Ⅱ部から目を通してもよいだろう。

しかし、そこにとどまらずに本書のすべてを通読することで、経営戦略、ひいては経営学全般が追い求める「最適な処方箋」と「普遍的な法則性」という二つの方向性の全体を掴んでほしい。この両者を一つの筋道に収めたことこそが、本書の挑戦である。

おそらく多くの実務家は、第Ⅱ部の価値をすぐには理解できないだろう。逆に、多くの研究者は、第Ⅲ部の議論を容易には評価できないはずだ。これこそ、本書の意図どおりである。

現代の経営学は、実学として、ノウハウや経営に対する「最適な処方箋」を提供すると同時に、科学として、経営という行為とそれを行う組織と個人に関する「普遍的な法則性」を示すという、二兎を追う狩人として確立された知の体系を築くに至った。

この異なる目的を持つ二兎を追うことは、もちろん容易な道ではない。なぜなら「普遍的な法則性」は、必ずしもある特定の個人や企業に対する「最適な処方箋」にはなりえず、その逆も、またしかりだからである。

経営学の理論やフレームワークとして知られる「普遍的な法則性」は、できる限り多様な産業、企業、製品、時間軸に応用できるよう一般化されている。そのため、そのままでは個別企業がすぐに使える「最適な処方箋」にはなりえない。たとえば、マイケル・ポーターの三つの基本戦略は「コストリーダーシップ」「差別化」「集中」だが、それを理解しただけでは自社がどう明日から行動すればよいかはわからないだろう。

経営者が経営学者の論説に抱く違和感の元凶の多くはこれである。経営学者はより多くの企業に当てはまる法則性を探究しており、それを主張する。しかし、経営者が求めているのは、より具体的で、最適化された、その独自な条件下で最大の効果を発揮する特注の妙薬なのである。

逆に言えば、いかに優秀な経営者が立案した経営戦略であろうと、ある産業の、ある企業の、ある製品の、次の一週間の販売計画に対する「最適な処方箋」はきわめて特異性が高く、個別の状況に最適化されているため、いかなる状況にも当てはまる「普遍的な法則性」にはなりにくい。それを他の経営者がそのまま真似をすることは、その経営戦略が具体的で練り込まれていればいるほど、難しくなる。

一九九八年に発売された初代iMacがフロッピーディスクもシリアルポートも廃止したのは、結果的に「最適な処方箋」ではあったものの、それを予測できる「普遍的な法則性」は存在しなかった。アップルはその後も、ラップトップから有線LANポートを廃止したり、USB-Cに接続端子を統一したり、さらにはiPhoneからイヤフォンジャックを廃止するなど、熱狂的な自社の顧客からですら議論を呼ぶような機能の断捨離を断行している。

しかし、これを他の企業がそのまま模倣できるかというと難しい。アップルという特異な企業の、MacやiPhoneという飛び抜けた商品だからこその打ち手であり、それを応用できる企業や製品は限られる。

逆にいえば、世の中を変えるような製品やこれまでにない産業領域は、すでに確立されている「普遍的な法則性」からは生まれにくい。もちろん、特に生産、人事、財務などいくつかの経営機能においては、多数の企業の業績を向上しうる普遍的な法則性は存在する。しかし、それらは競争力の土台作りに貢献することはあっても、多くの場合は定石として多数の企業経営者に常識として知られることとなり、差別化につながる特効薬とはなりにくい。

むしろ、教科書的な経営戦略の発想に依存しすぎてしまうと、面白みのない打ち手の連続となり、その企業の独自性や個性を失う悪手の連続となる。したがって「最適な処方箋」を求めている人が、誤って「普遍的な法則性」を企業経営に活用しすぎることとなると、「なんだ、この薬はまったく効かないどころか、副作用だらけではないか」と激怒することになる。

同様に、「普遍的な法則性」を期待している人が誤って、「最適な処方箋」を志向して考案された概念を「普遍的な法則性」であろうと理解しようとすると、「なんだ、経営学は学問の体をなさないグチャグチャな議論ではないか」と落胆侮蔑に暮れることになってしまう。

この状況は、経営学を活用して経営に役立てたいと考えている実務家にとっても、また経営学を社会科学として探究する経営学者にとっても不幸な状況である。これは、私自身も実体験から身に染みて感じていることである。

実務の常識は研究の非常識だった

私は、八年ほど実務家としての修業期間を経た後、研究者への道を歩み始めた。いま現在も、大学教員として教育と研究に携わるかたわらで、複数の企業の役員として、またコンサルタントとして、ときには現業に深く入り込んだ経営支援に取り組んでいる。

実務家としての最初の四年間は、大学生をしながら三つの小さな会社を経営していた。その後、コンサルティング会社のマッキンゼー・アンド・カンパニーに在籍してからは、最初は日本、しばらく後からはドイツを拠点にして、世界九カ国でさまざまな経営課題の解決支援を行ってきた。

会社を経営していた頃の私は、古書店に行っては書籍を探し求め、実際に多くの本を読み漁った。ただし、実務の参考になったのは経営学の教科書や戦略理論ではなく、著名経営者が説く実践的な経営手法だけであった。給料日に現金を用意できるかに悩み、一カ月先の受注を確約できるかに苦闘する中で、きれいにまとまった理論は大きな意味を持たないと感じていた。

それよりも日々の営業活動や組織運営においては、先輩経営者のノウハウや体験談のほうがよほど役に立った。その後に戦略コンサルタントとして主に多国籍企業の経営戦略立案に携わるようになってからも、教科書に載っているフレームワークや理論をそのまま使うようなことは、一度としてなかった。

むしろ、経験豊かな同僚からは、そうしたものは使うなとも教えられた。自分もそれぞれのクライアントの置かれた状況をゼロから理解することに注力し、その企業が置かれていた特殊な状況に対する最適解としての経営戦略をまったくの白紙から作り出すことに注力していた。

理論を理解するだけでは、実務に活かして成果につなげることはできない。この想いは、ほとんどの経営者に共通する想いであろう。では逆に、実務経験を重ねて実務を深く理解すれば、理論を生み出し、学問としての経営学に貢献することができるようになるだろうか。おそらくそれも、一筋縄ではいかない。

オックスフォード大学大学院の経営学の研究課程に進学した当初、私は多少なりとも重ねてきた自分自身の実務家としての経験を活かせば、研究者としての研鑽も順調に進むだろうという甘い考えを持っていた。しかし、その希望はすぐに打ち砕かれることになる。

一言でいうと、私には当初はまったくといってよいほど経営学が積み重ねてきた理論体系の持つ意味がわからなかった。一流の査読ジャーナルでさえも、すべてがそうであるとは言わないが、その研究の成果をもとに経営を実践しようとしたら、ほとんど経営改善にはつながりそうにない議論を掲載していた。いわゆる研究書を手に取れば、そこに書かれていることはあまりにも複雑すぎて、明日からの実務にはとうてい関係があるようには思えなかった。

そもそも、たとえ日本語で読んでいたとしても、大半の実務家には文意を取ることすら難しい複雑な議論が展開されていたのである。今でこそ、それらの議論の匠と学術的な価値は理解できる。しかし当時の私には、言葉遊びにしか見えなかったというのが正直な感想であった。

戦略コンサルタントの仕事は、究極的にはクライアントの意思決定に寄与できるかが勝負であった。意思決定権者が判断を下すために必要な情報を限られた時間で簡潔に取りまとめ、たとえ不十分な情報や不確実性の中でも、できる限り最善の判断ができるように支援するのが仕事であった。これは現在、私が携わる経営支援の取組みでも同様である。

厳密性や網羅性は求められてはいない。極端な場合、観測数が三〇しかない定量調査や、数件のエキスパートインタビューに基づく判断が許容されることもある。いわゆる「八〇：二〇」の世界、すなわち、八割わかっているならば二割はわからなくてよい、という現実の世界である。

経営戦略の実務における議論は、たえず未来志向である。過去がどうであったかは、参考にはなるにせよ、いま現在の意思決定にはそれほど重要ではない。それよりも未来を正しく洞察できるか、その未来に対して最善の打ち手を立案できるか、それのみに最大の価値を見出すのである。

対照的に、学術の世界では科学的な議論と検証のお作法に忠実であらねばならない。単にヒアリングをして情報を収集するとしても、「インタビューをしました」だけではすまされない。まず、なぜその人物をヒアリングするのか、どのようにコンタクトを得たのかを明確にし、必要に応じて研究倫理の審査会の審議を経て、公正なプロセスに従ったうえで情報収集の準備を進める必要がある。

さらに、インタビューの構成は事前に詳細に煮詰める必要があり、当日は回答者の回答を誘導してしまわないように、客観的に、すべてを記録しながら、相手のありようをそのまま引き出す必要がある。結果はすべて文字に起こし、その分析の過程も詳細に記録することで、第三者が分析を検証し、できる限りの再現性を担保することが求められる。

同様に、情報を収集した結果として何を主張するかについても、実は自由度があるように見えてそれがほとんどない。少なくとも、現在の経営学の主流派を構成している欧米の経営学の学会においては、単に「面白い事例がありました」では学術的な価値はほとんど評価されない。確かに、特に質的研究を志向する研究者の中には、対象を理解すること、それを描写することを目的とする研究者もいる。しかし、そういったタイプの研究者であっても、規範的な、個別具体的な経営の処方箋には関心が薄い。

自分が集めた事実を懐に秘めたうえで、これまでの研究の歴史的な経緯、膨大な過去の研究成果や参照された類似の事実を洗い直し、自分の発見がどのように解釈されうるのかを、研究の系譜の中に編み込み直さなければならない。そこには、厳密性、網羅性、理論的な複雑性という三重苦が存在している。

社会科学の知の体系の構築に貢献するということは、面白い事実を発見したというような独りよがりの興奮や、ある特定の状況においてきわめて高い経営成果をあげたというだけの実務上の実績では成しえないのである。

経営学の学問の世界に本当に足を踏み入れようとすると、そもそも、過去の経緯を知らない時点で誰にも相手にしてもらえない。自分なりの学術的な問いを立てるために、これまでにどのような問いが立てられたのかを丹念に読み解く必要がある。

問いを立てるためだけに、三カ月以上を要することすらある（コンサルティングのプロジェクトであれば、三カ月もあればプロジェクトは終わっている）。厳密な議論を網羅的な理論研究から編み出し、複雑な理論体系を前に推し進めていくために、研究者は時間も手間も惜しまない。

議論の完成度が八割に到達したところでも、社会科学の研究はまだ出発点に近い。実務家であればもう意思決定しているところが出発点にすぎず、研究者はそこから最大限の完成度を求めて、ギリギリまで議論を磨き込んでいく。

ともに「経営」を扱っていながらも、研究の世界は、いわば実務の常識がまったく通用しない世界であった。未来への遺産として残すべき学術的な知見を生産していく作業と、ある特定の産業の特定の事業領域において、目の前にある事業の明日の売上を立てるための作業はこれほどまでに違うのかと、途方に暮れたのを覚えている。

ようやく自分なりの理解を得ることができたのは、実務から離れ、修士と博士の研究で理論にどっぷりと浸かる生活を続けた五年間を終えてからのことであった。

現代の経営戦略が直面する課題

オックスフォード大学の大学院に移り、経営学の研究生活を始めてからほぼ一〇年が経った。まだ不完全とはいえども、おぼろげながら実務と理論の両面が理解できつつある今、私が再確認しているのは、経営学の実学としての側面と社会科学としての側面の間にある、きわめて大きな断絶である[＊01]。

特に経営学の中でも「経営戦略」という領域では、この問題が色濃く発生している。たとえば財務、税務、会計、生産管理、在庫管理、配送管理などにかかわる領域は、相対的に「最適な処方箋」と「普遍的な法則性」の隔絶が小さいように思える。なぜなら、数字を軸にした論理的かつ構造的な検討が可能であり、個別の事象間に存在する差異も考慮可能な範囲に収まる傾向が強いためである。

こうした領域では、地道な定石の積み重ねで堅実に経営改善を進めることは不可能ではない。むしろ地道な積み重ねをおろそかにしている企業も多く、理論の理解とその直接的な応用の積み重ねが、他社に対する優位性に比較的つながりやすい。

反面、経営戦略、マーケティング、リーダーシップ、イノベーション、アントレプレナーシップと称されるような領域は、相対的に「最適な処方箋」と「普遍的な法則性」の隔絶が大きい。こうした経営機能が担う領域においては、多様な要因が複雑に絡まりあいながらそのプロセスや成果が決定されており、個別の事象間の差異が大きく、さらには再現性の担保がきわめて難しい。意思決定者の創造性が活きる部分が大きく、また日々絶えず新しい方策が生み出されては消えており、一概に教科書的な打ち手ともいえる定石を見出すことが難しい。もし一時的にそれが見出せたとしても、その賞味期限は長くはない。

なかでも経営戦略は、特に近年は「創発的な戦略」と言われるような、意図されない成果につながった数多くの戦略が観測されるようになり、伝統的な理解が通用しなくなっている。マーケティングやイノベーション研究の分野でも同様の傾向はあるだろう。しかし、経営戦略は環境の分析、戦略の立案、その実行から、さらには成果につながるまでのプロセスがさらに複雑かつ長いため、この傾向はより強くなる。

もちろん経営戦略においても、古くから存在するような競争、たとえば寡占化した市場にお

01 この問題意識は、すべての経営学者が共有していながらも、永遠の課題としていまだに残されているのではないか。たとえば、経営戦略のトップジャーナル『ストラテジック・マネジメント・ジャーナル』は、実務的な貢献と意味合いをより前面に押し出す編集方針に転換した。また、世界最大の経営学の学会である「アカデミー・オブ・マネジメント」の二〇〇四年の年次総会のテーマは、「Creating Actionable Knowledge（実行されうる知見を創造する）」だった。

ける、代替材のない単純な商材をめぐる競争のように、「普遍的な法則性」を比較的見出しやすい状況も存在する。しかし、特に経済成長の中核に存在する新興産業領域や、技術革新が絶えず折り重なるような複雑な商品・サービスにおける勝利の方程式を説明しようとすると、とたんに「最適な処方箋」と「普遍的な法則性」とのギャップが大きくなる。

したがって、経営戦略を議論しようとすると、実務的な価値と理論的な貢献という異なる方向を向いた二兎の存在を無視することができない。

ベストセラーになる実務家向けの啓蒙書の内容と、権威ある最高峰の学術誌に掲載される論文の内容に大きな隔たりがあるのも明らかである。

実務と理論に橋を架ける

経営戦略の書籍を書こうと思うのであれば、研究者か実務家のどちらかに対象を絞った議論を行うのが、一般的で安全な選択肢であろう。しかし、本書ではあえて困難な挑戦を選び、経営戦略の領域における実務と理論の架け橋となることをめざす。

一方では、社会科学としての経営戦略の理論的な議論を紹介しつつ、他方では、実務家に対する意味合いを問い直す。そして、その両方を結びつける。

そのためにも経営戦略の実務と理論の発展の「流れ」を重視して、一つ一つの考え方の間に存在する相互のつながり、遷移を確実に読み解くことに焦点を置く。特に、歴史的文脈を理解することに注力し、それを土台として理論的発展の経緯を描き出す。

社会と経済が発達するにつれて、経営戦略もその姿と形を少しずつ進化させてきた。ある一つの理論が生まれて、それが支持され応用される一方で、その理論の限界が指摘され、新しい理論が台頭してきた。その繰り返しが、現在に広がる経営戦略の体系を作り上げた。

たとえば、なぜマイケル・ポーターの『競争の戦略』の後に続いて、ゲイリー・ハメルとC・K・プラハラードのコア・コンピタンス経営が生まれたのか。それを理解するためには、ポーターが経営学分野に応用した産業構造を分析することで企業の戦略行動を決定する方法論がどのように理論的に発展したかを理解する必要がある。そのうえで、その理論に対して組織の内部資源を重視する理論体系がどのようにその弱点を補完し、自社の競争優位の源泉を丹念にひもとくことによって、自社の事業領域や戦略の方向性を決定する考え方を確立させたかを理解する必要がある。

また、歴史的文脈の理解も必要である。第二次世界大戦後の大量生産時代への経済成長。安定成長期における企業間競争の時代。消費者の成熟に伴う市場の細分化と流動化。さらには、それに伴う産業構造の不安定化、そして、日本企業やドイツ企業をはじめとする新産業領域における挑戦者がどのように競争に勝ち抜いていったかを理解しなければ、一度は一世を風靡した数々の理論体系に対して、なぜまた新たな理論体系が挑戦権を得てきたのかは理解できない。

むろん、一つの書籍に議論をまとめる過程においては、きわめて厳密な議論に踏み込めば、乱暴に見える取りまとめをせざるをえないこともあるだろう。実際のところ、こうした理論的な議論の流れに対する統一的な理解が存在しない部分もある。

そのため、どれほど優れた解説をしようとも、どこからか必ず本書の解説に対する批判が登場し、お叱りを受けることは避けることができないだろう。しかし、それでもこの複雑な議論の系譜を理解するための一つの道筋は提示できる。そう私は考えている。

このきわめて挑戦的な目的を背景として、本書は以下の大枠で議論を進める。

第I部　経営戦略の形成——紀元前から一九六〇年代まで
第1章　経営戦略とは何か……定義、系譜、応用範囲
第2章　起源を追う……経営戦略の前史
第II部　経営戦略の理論化——一九六〇年代から二〇〇〇年代まで
第3章　経営戦略の原点……予実管理と戦略計画
第4章　外部環境から考える……ＳＣＰの発展と事業環境の分析
第5章　内部環境から考える……ＲＢＶの発展と経営資源の分析

第Ⅲ部　経営戦略の実践——理論と現場をつなぐもの

第Ⅳ部　経営戦略のフロンティア——経営戦略の現代的課題

第1章、第2章、第3章は、いわゆる「経営戦略」とは何かを、できるだけ広い定義でカバーする。我々がそれを「経営戦略」と呼ぶ前から、それに類する概念を、我々はすでに実践していた。人類の歴史をひも解きながら、その概念がどのようにその焦点を遷移させていったかを探る。そのうえで、経営戦略の原点である、予実管理と戦略計画の全盛期を振り返る。

第4章と第5章は、戦略立案の基礎となる情報の分析である。第4章は、外部環境を軸として現状を把握する系譜であり、たとえばマイケル・ポーターのファイブ・フォースはこの系譜にあたる。第5章は、内部環境を軸として現状を把握する系譜であり、たとえば、ジェイ・

バーニーの資源ベース理論やゲイリー・ハメルとC・K・プラハラードのコア・コンピタンス経営はこちらの系譜である。

第6章と第7章は、外部環境と内部環境の現状把握に基づき、単一の事業戦略をどのように立案するか、そして複数の事業のポートフォリオ管理ともいえる全社戦略をどのように立案するかを考える。第6章の事業戦略は、まさに第4章と第5章で議論した外部環境分析と内部環境分析の組合せで収集した分析に基づき、意思決定をいかに行うかを取り扱う。第7章の全社戦略は、究極的にはどこまでを自社内部に取り込み、どこに投資を行うかの意思決定であり、これに関連した議論をカバーする。

第8章と第9章は、狭義の経営戦略の範囲、特に研究分野としての経営戦略という枠組みからは外れるとする主張もあるはずであるが、しかし実務としての経営戦略においては欠かすことのできない重要な要素である、経営戦略の実行と実践を二つの方向性から取り扱う。

第8章は「数値の管理」を軸とした系譜である。実際の企業経営の現場では、これが主軸となって経営の現状が把握され、またそれに対する打ち手が立案されている。きわめて伝統的な経営計画の世界から、新興企業で用いられるようなKPI管理まで、できるだけ幅広くその実態を紹介する。

第9章は「数値の管理」ではなく「考え方の管理」である。企業は、従業員に適切なインセンティブ（報酬）を与えることで、その行動の方向性をガイドする。また、ビジョンや行動規範を丁寧に繰り返し提示することで、特定の考え方を共有する個人の集団によって構成される、組織フィールドを醸成する。そしてもちろん、リーダーたる経営陣が、組織の方向性を示し、先導する。これらはまさに組織の構成員の「考え方の管理」といえる。

第10章と第11章は、現代の経営戦略が直面している二つの課題について取り上げる。第10章は、新興企業のように経営計画を立案しづらい組織、意図しない成果が多発し、意図しない失敗に直面する組織の戦略を、どのように考えればよいかを議論する。第11章は、国際的な経営環境において第4章から第8章で取り上げたような考え方をどう実践していけばよいかを補足する。

最後に、第12章は経営戦略のフロンティアを考えたい。人間の知能と知覚を拡張する新たな技術の広がりが、経営戦略の常識をどのように変える可能性があるか、未来予測を述べる。

私は今も、「普遍的な法則性」を探し求める調査研究を進めながら、しかし実務家の方々に「最適な処方箋」を提供しようとする、二兎を追い求める人間である。

本書は、各所に散在している経営戦略の諸概念を再度整理し、経営戦略にかかわる主軸の議論を再構成し、経営戦略を考えるうえでのすべての出発点となりうるような読み物となることをめざしている。

まず第1章は、通常の経営戦略の書籍では数行しか議論されない、経営戦略の定義について考えてみたい。これは簡単なようでいて、実は深い議論となるはずである。

経営戦略原論

目次

第2章

経営戦略前史

第Ⅱ部　経営戦略の理論化――一九六〇年代から二〇〇〇年代まで

第3章　経営戦略の黎明期

第4章　外部環境分析

第5章

内部環境分析

バーニーの資源ベース理論から考える …… 177

第Ⅲ部 経営戦略の実践——理論と現場をつなぐもの

第6章 事業戦略を立案する

第7章

全社戦略を立案する

組織の永続に必要な四つの取組み

第Ⅳ部 経営戦略のフロンティア――経営戦略の現代的課題

第11章 多国籍企業の経営戦略

第Ⅰ部　経営戦略の形成——紀元前から一九六〇年代まで

Know the enemy and know yourself,
in a hundred battles
you will never be defeated.

敵を知り己を知れば百戦殆うからず

孫子（BC545－BC470）

経営戦略という学問領域は、まだ半世紀ほどの歴史しかない。しかし、経営戦略という行為、それを指し示す概念は、太古の昔から既に存在する。経営戦略の本質を得るためには、まずその歴史を紐解き、その概念の多義性を理解するのが賢明である。

第Ⅰ部では、まず経営戦略という言葉の定義を多面的に把握する。それにより、なぜ多くの実務家が経営戦略の学術研究を役立たないと考えるのか、また、研究者が実務家の語る経営論に対して強い関心を抱かないのかを理解する。そのうえで、経営戦略の言葉、概念の起源にさかのぼり、そこから経営学の黎明期までの理解の発展の系譜を読み解く。

第1章

「経営戦略」をいかに定義するか

「経営戦略」という言葉の定義は、明確には定まっていない。

そのため、経営戦略という言葉は、同床異夢の巣窟となる。相手も自分も同じ「経営戦略」について議論しているはずなのに、実際は、相手が自分と違う前提をもとに議論していることが多々ある。異なった定義、前提をもとに議論を進めるがゆえに、話が噛み合わず、ときに相手の主張の意図がくみ取れず、相互の理解に至らないことがある。

本章では、この「ズレ」の原因になっている経営戦略の多義性を議論する。まず誰もが認める、経営戦略の骨格ともいえる要素を抽出する。そして、見解が多岐に分かれる個別の要素に踏み込みたい。そのうえで、実務家の視点から見た経営戦略の課題にも言及する。

1 経営戦略の多様性

経営戦略はきわめて広範な学術分野であり、経営に携わるすべての人間が、何らかのかかわりを持つ概念である。そのため驚くべきか驚かざるべきか、経営戦略は何かを一言で表そうとすると、人それぞれの多様な表現が生み出される。

図表1－1に示したのは、経営戦略に関するいくつかの代表的な書籍から引用した経営戦略

の定義である。もちろん、これらですらあくまで一例にすぎず、これ以外にも無数の定義が乱立し、それぞれに用いられている。無数に乱立する少しずつ異なる前提理解、これが経営戦略とは何かという問いに対して、一様に答えることができない原因の一つである。

戦略論の大家である、ユタ大学のジェイ・バーニーは、「戦略について書かれた本の数だけ戦略の定義は存在するといっても過言ではない」[＊01]と言及している。事実、本章を執筆する際に私が図書館やデータベースで関連文献を洗い直した際にも、一つとして統一された経営戦略の定義に出合うことはなかった。

なぜこれだけの異なる表現が乱立し続け、それが一つに収束することがないのか。それは、これらすべての定義が間違っているとはいえず、また一つの定義が他の定義を否定することもほとんどないからであろう。

特に、総論としての経営戦略のあり方について、それぞれが他を否定することはほとんどない。しかし、各論としての経営戦略を具体的に語り始めると、互いのズレが少しずつ見え隠れするようになる。いわば総論同意・各論異論の状態でそれぞれがお互いをそれほど意識することなく存在し続けている状況にある。

こうした状況を指して、一橋大学の沼上幹はこう記している。

01　バーニー（二〇〇三）上巻、二八ページ。

「コアコンピタンスを活用し、競争優位を獲得するために設計された、
統合かつ調整された複数のコミットメントと活動」

—— Hitt et al.(1977)p.115

「企業が実現したいと考える目標と、それを実現させるための道筋を、
外部環境と内部資源とを関連づけて描いた、将来にわたる見取り図」

—— 網倉久永・新宅純二郎(2011)p.3

「環境適応のパターンを将来志向的に示す構想であり、
企業内の人々の意思決定の指針となるもの」

—— 石井淳蔵ほか(1996)p.7

「価値創造を志向した、将来の構想とそれに基づく企業と環境の相互作用の
基本的なパターンであり、企業内の人々の意思決定の指針となるもの」

—— 大滝精一ほか(2006)p.14

「企業や事業の将来のあるべき姿と
そこに至るまでの変革のシナリオを描いた設計図」

—— 伊丹敬之ほか(2003)p.14

「自分が将来達成したい姿を描き、それを達成するために自己の経営資源と
自分が適応すべきか経営環境とを関連づけた地図と計画のようなもの」

—— 沼上幹(2008)p.3

「企業を取り巻く環境との関わりについて、企業を成功に導くために
何をどのように行うかを示したもので、企業に関与する人たちの指針となりうるもの」

—— 淺羽茂(2000)p.7

「一定の目的のため、顧客を絞り、自社の強みを用い、競合より安い、
またはより価値のある商品サービスを提供するための将来に向けた計画である」

—— 清水勝彦(2007)p.30

[図表1-1] 「戦略」の定義の例

「いかに競争に成功するか、
ということに関して企業が持つ理論」
—— Drucker(1994)pp.95-96

「戦争の全体計画、個別の活動方針、
およびそれらの中での個別具体的行動計画」
—— von Clausewitz(1976)p.177

「そのプレーヤーが、すべての可能な状況の下で
どのような選択肢を選ぶかを明示する包括的計画」
—— von Neumann and Morgenstern(1944)p.79

「長期的視野に立って目的と目標を決定すること、
およびその目標を達成するために必要な行動オプションの採択と資源配分」
—— Chandler(1962)

「①組織の基本的ミッション、目的、目標、②それらを達成するための政策と行動計画、
③それらが実行されることを担保する方法論」
—— Steiner and Miner(1977)p.7

「企業の基本的目標が達成されることを確実にするために
デザインされた包括的かつ統合された計画」
—— Glueck(1980)p.9

「無数の行動と意思決定のなかに見出されるパターン」
—— Mintzberg and McHugh(1985)p.161

「組織の目標を達成するための方法」
—— Hatten and Hatten(1988)p.1

「組織の意図された目的を満たすために
策定された行動と取られた行動」
—— Dess and Miller (1993)pp.5-6

注：原意が大きく崩れない範囲で、表現を適宜簡易化、編集した。
出所：バーニー（2013）上巻、p.29; 網倉・新宅（2011）p.3 などを参考に作成。

「『環境の機会と脅威に対応して、自社の強みと弱みを、時間展開の中でマッチングさせていくパターン』というような抽象的な言葉のレベルでは、強調点の相違がある程度存在するにせよ、それほど議論が分かれることはない。しかし、具体的なレベルに下りようとすると、（中略）見解が多岐に分かれていく」［＊02］

経営戦略を理解するためには、まずその定義すらもが乱立しているということの状況を理解する必要がある。そのうえで、そのズレがほとんどない骨格部分と、ズレが存在する周辺部分に切り分けて考える必要がある。すなわち、誰もが同意できる経営戦略の基本的な定義と、異論も存在する新領域・先端領域に関する定義に切り分け、複層的にこの言葉の意味を捉えるという作業である。

2 経営戦略の骨格は「組織」「目標」「道筋」

では、何をもって経営戦略の骨格といえるのだろうか。

私は、経営戦略の骨格が「特定の組織が何らかの目的を達成するための道筋」であることに異論を挟む余地はないと考えている。すなわち、主語としての「組織」があり、到達すべき「目標」があり、それを達成するに至る「道筋」がその骨格にある。

さらに主語としての「組織」は、伝統的な定義では全社戦略（Corporate Strategy）、事業戦略（Business Strategy）、機能戦略（Functional Strategy）の三つの階層に要素分解される。研究開発や製造物流など、一つ一つの「機能」が横串で存在し、テレビ事業や携帯電話事業などの「事業」が機能の縦串となり、その集合体として「全社」がある。

古くは営利企業を主語とした議論が中心であったが、現在では、非営利組織や政府など多様な組織体も含めることに異論はないだろう。人によっては個人を含めるかもしれないが、それはきわめて例外的である。例外を除けば、「複数の個人によって組成される集団」が経営戦略の主語となる。

次に、到達すべき「目標」は主語を具体的な何とするかに左右される。たとえば、主語が営利企業の場合、目標には売上や利益の絶対額、成長率や顧客数、継続率や課金率などの先行指標が含まれる。組織のビジョンや行動規範も目標となるだろう。主語が非営利組織となれば、マラリア撲滅や待機児童解消など、一企業の枠組みを超えた目標設定も行われる。主語が政府

02　沼上（二〇〇九）三ページ。

であれば、経済活性化や貿易振興などのマクロ経済的指標も目標となる。

より小さく身近な組織であれば、たとえば町内会の少年サッカーチームが主語であるとするならば、その目標はサッカーを通じた健康増進であり、地域の少年たちの社会的なつながりの醸成、またサッカーを通じた他の町内会の少年たちとの交流や、もちろんチームとして、より強いサッカーチームをめざすことが目標となりうる。

組織があり、目標があり、そのうえで、目標を達成するための「道筋」がある。「道筋」は、狭義では指針、方法、計画、設計図、見取り図と表現され、事前に決定される集団の行動方針である。この「道筋」を検討するにあたっては、特に組織が活動を行う場所（特に市場）においてどのような行動をとるべきか。それを定めることが古くからの議論の中心であった。

現在では新興国や移行経済の台頭により、「非市場戦略（Non-market Strategy）」とも呼ばれる、政府や業界団体などを巻き込んだ市場外での組織の行動も盛んに議論されている。

すなわち、製品市場において直接的な競争相手と戦い、顧客に対してより高い価値を提供する「道筋」のみならず、前提として存在する市場そのものの形成過程にまで踏み込む。市場のあり方そのものにも影響を与えうる政府、業界団体、消費者団体など各種の利害関係者との関係性をどのように作り上げるべきかまでが、「道筋」に含まれうる。

このような「組織」「目標」「道筋」の三要素を骨格として、経営戦略は「特定の組織が何らかの目的を達成するための道筋」と表現することができる。

しかし、その「組織」「目標」「道筋」の中身にどのような要素を入れ込むのかは、すでに人それぞれ異なった見解がある。また、その道筋がどのように作られるのか（Ｈｏｗ）までを含めて定義とする主張もある。たとえば、上智大学の網倉久永と東京大学の新宅純二郎は、経営戦略の定義として、以下を採用する。

「企業が実現したいと考える目標と、それを実現させるための道筋を、外部環境と内部資源とを関連づけて描いた、将来にわたる見取り図」[*03]

ここでは「外部環境と内部資源とを関連づけて」という要素と「将来にわたる」という要素が付け加えられている。網倉と新宅はこの二つの要素も、多様に存在する経営戦略の定義の共通項であると解説する。

外部環境とは、組織の境界の外側に存在し、組織の行動に影響を与えうる要因すべてを対象とする。最も広く知られる考え方が、マイケル・ポーターの「ファイブ・フォース」であろう[*04]。この考え方に基づけば、まず、外部環境の状況を理解する。そのうえで、自己の最適な立ち位

03 網倉・新宅（二〇一一）三ページ。
04 ファイブ・フォースでは、外部環境を主に産業構造を特徴付ける五つの要因の分析から理解する。なお五つの要因とは、競争業者、新規参入業者、代替品、供給業者、買い手である。詳しくは、Porter（1980）を参照のこと。

置（ポジショニング）を考えるなど、その外部環境に適応する最適な戦略を考えることが、外部環境からの「Ｈｏｗ」の典型的な導き方となる。

内部資源とは、組織の境界の内側に存在し、組織の行動に影響を与えうる要因すべてを対象とする（外部環境に対して内部環境とも呼ばれる）。代表的な考え方は、ジェイ・バーニーによって取りまとめられた資源ベース理論（RBV：Resource Based View）である。これは自社の持つ経営資源と、その組合せによってもたらされる競争力、さらにはその経営資源の組合せを刷新していく能力の特性に基づいて、戦略を立案する考え方を総称している。

外部環境の分析と内部資源の分析の二つを主軸として戦略の「Ｈｏｗ」を考えるのは、シンプルであり、理解しやすい。実際、欧米で利用されている教科書の多くは、道筋をどうつくるかの方法論を外部環境分析と内部環境分析の二軸から解説している。

たとえば、多くのビジネススクールで採用されている経営戦略の三つの教科書、ジェイ・バーニーの『企業戦略論』、ロバート・グラントの『現代戦略分析』、そしてマイケル・ヒットの『戦略経営論』は、名称の違いはあれども、一様に外部と内部の二つの切り口による解説を行っている。

これら代表的な著作以外でも、経営戦略の教科書として流通している書籍は、一般的に外部と内部の切り分けから解説を始める。すなわち、経営戦略をつくる「Ｈｏｗ」として、外部環境と内部環境の二本柱から考えることは、一つの共通理解となりつつある。したがって、経営戦略を「特定の組織が、何らかの目的を達成するために、外部環境分析と内部環境分析からつくり出す道筋」と定義することも、一定の説得力があるだろう。

ただし、「経営戦略」という言葉が指し示す概念は、実はこれにとどまらない。特に実務家と研究者が「経営戦略」をめぐって議論する際に生じるズレの原因は、以降で議論する、より広い「経営戦略」の定義を捉えたときに初めて明らかになる。

3 ミンツバーグが拡張する経営戦略の定義

戦略論の大家であるヘンリー・ミンツバーグは、一九八七年、「戦略の五つのP」という概念を『カリフォルニア・マネジメント・レビュー』に発表している。その中で彼は「戦略とは何か」という議論に対して、五つの定義を提示した（図表1－2）。この五つのPは、その主張がさらに磨き込まれた形で、戦略論の名著である『戦略サファリ』でも紹介されている。

図表1－2の考え方を援用すれば、経営戦略の骨格は、さらに二つの方向に拡張できる。

第一は「パターン」、つまり過去の行動の事実としての経営戦略を含める拡張である。これまで紹介してきた定義が、未来予測、これからの行動、計画、すなわち「プラン」を骨格とし

［図表1-2］ミンツバーグの戦略の5P

経営戦略とは何か（What）	プラン（Plan）	・これからの行動指針。未来予測に基づく、行動の計画 ・創発的に形成される、意図されない戦略行動も存在
	パターン（Pattern）	・過去の行動の事実。過去の行動の分析に基づく体系 ・観測されえない戦略も多々存在。特に頓挫したもの
経営戦略は何をするか（How）	ポジション（Position）	・外部環境の観測から、自社の位置づけを探ること ・自社を市場で独自性と価値のあるポジションに配置
	パースペクティブ（Perspective）	・内部要因から、自社の位置づけを定めること ・組織や戦略家のビジョンの実現をめざす取組み
	プロイ（策略）（Ploy）	・外部環境からも内部要因からも導き出されない行動 ・非市場要因の活用や、競合の裏をかくための取組み

出所：Mintzberg（1987）などを参考に作成。

て議論していたのに対して、ミンツバーグが説明する定義は、第三者的視点から観測される、過去の行動のパターンとしての経営戦略を含む。

未来の見取り図としてのプランと、過去の行動の集合であるパターン、この二つは必ずしも一致するとは限らない。

なぜなら、未来の行動指針たる経営戦略（プラン）を明確に定めてそれを実践しようとしても、その結果として観測される過去の行動の集合たる経営戦略（パターン）は、予測不可能であった要素や、頓挫して観測されえなかったプランの欠損により影響を受けるからである。

したがって、プランとしての経営戦略とパターンとしての経営戦略は噛み合わないことがある。

経営戦略を実務家としての視点からのみで捉えるのであれば、過去のパターンはそれほど重要ではない。「組織」「目標」「道筋」の骨格によって構成された未来の行動指針たるプランだけを議論するのでも差し障りはない。むしろ、過去を議論することは稀であろう。

しかし、研究者がより興味関心を払うのは、実はパターンのほうである。過去の事例やデータを収集し、ある特性を持つ組織の集団がどのようなパターンを示すのか、それを明らかにすることが研究者の日々の仕事である。この興味関心のズレは、経営戦略をめぐる議論がときに嚙み合わない一因である。

また「プロイ（策略）」、つまり外部要因とも内部要因とも関連づけが困難な「策略」ともいわれる戦略行動を「Ｈｏｗ」に追加して拡張することもできる。

前述のとおり、外部環境分析と内部環境分析は戦略立案の基本として理解されている。これはマイケル・ポーターのファイブ・フォース分析を古典とするような、産業構造などの外部要因から経営戦略を検討する系譜と、ジェイ・バーニーらの資源ベース理論に基づいた、内部資源の分析から経営戦略を検討する系譜の二つの方向性から発展してきた。この二つの理論体系は影響力が特に強いがゆえに、経営戦略の定義の骨格に近い主流を構成している。

しかし一九七〇年以降、認知心理学の知見であるヒューリスティック（人間が短期間で判断を下す際に、厳密な理性と理論よりも経験値や直感を重視して結論を得る傾向）と表現される特性が広く応用され始めたことが、経営戦略の議論にも影響を与え始める。もちろん、よりミクロな、意思決定当事者間の読み合いのゲームとして、経営戦略を議論する動きも進展している。

こうした議論の発展を経て、戦略形成における交渉、政治や権力を含む属人的な影響力や権力の行使が、必ずしも外部環境や内部環境に関連しない戦略行動につながることが再発見されてきた。客観的には把握しづらい当事者間の関係や、一見合理的に見えない感情的ともとりうる行動の連鎖も、最終的な経営戦略を決定しうるのである。

現代における経営戦略は、必ずしも人間の完全合理的な判断を前提とすることはなく、また、外部要因と内部要因の論理的な検討のみから編み出されるものではない。より人間的な要素が織り込まれており、より感情や感性といった不確定性の高い要因が影響を与えるものとして理解された、社会的であり、ときに政治的な行動なのである。

これらの発見は、当事者間の読み合いを科学する「ゲーム理論」の発展や、一見すると合理的には思えない人間の経済的行動を現実の事象から分析する「行動経済学」の発展と、相互に密接に絡み合っている。こうした理論体系の進化が、外部環境の分析から見出される「ポジション」とも、また内部要因から見出される「パースペクティブ」とも異なる、意思決定当事者の「プロイ」が再度注目を浴びつつある背景にある。

このように、およそ三〇年前に提示されたミンツバーグの戦略の5Pは、長い時間を経て、現代の経営戦略を語るうえでも貴重な視座をもたらしてきた。

第一に、未来の見取り図としてのプランと、過去の行動の集合であるパターンの狭間に存在するギャップは、研究者にとって未開拓領域であり、また計画しえない戦略をどう捉えるかという解決し難い疑問を投げかけている。そしてこのギャップこそが、経営戦略の実務家と研究者の間に大きな壁が存在する一因でもある。

第二に、外部環境にかかわるポジションでも、内部要因にかかわるパースペクティブでもないプロイの重要性は、理論としての経営戦略がいまだ十分に解明し切れていない、未開拓領域が残る研究領域なのである。

4 「プラン」と「パターン」のギャップとは何か

では、「プラン」と「パターン」のギャップには、何が存在するのだろうか。

特にスタートアップの経営戦略をめぐる議論においては、この問いは非常に重要な意味を持つ。なぜなら、特にスタートアップのようにダイナミックに成長する企業では、プランとしての経営戦略は曖昧にしか策定しえない。逆に、柔軟性と機動性を持って臨機応変に環境変化に対応する企業のほうが往々にして、結果としてパターンが優れている。むしろ、計画に固執することが失敗につながる可能性すらある。

事実、スタートアップ企業で、年次計画や中期経営計画に長時間を費やす企業はそれほど多くない。もちろん、予実管理の必要性は否定しない。しかし、それを実現させるための道筋たる経営戦略を立案するにあたっては、産業構造の分析や、自社の組織構造を理解することよりも、もっと大切なことがある。一定の型であるビジネスモデルを定めた後には、目の前のビジネスに逐一反応して変化することのほうが、はるかに結果としてのパフォーマンスは高まるだろう。

一九八五年に発表されたカナダ国立映画制作庁の詳細な事例研究論文は、こうした計画と結果の間に存在する創発的なプロセスの重要性を示唆している。この研究は、ヘンリー・ミンツバーグとアレクサンドラ・マクヒューによって『アドミニストレーティブ・サイエンス・クォータリー』に「臨機応変な戦略形成（Strategy Formation in an Adhocracy）」という題名で発表されている[*05]。

この研究は、それまで経営戦略が、実行される前に計画立案されるものであるという理解が支配的であったのに対して、経営戦略は実行の中から次第に形づくられていくものでもあることを示した。組織の個々人が現場で実践する方法論が積み重なり、組織の行動様式として定着していくことや、意図せずに現場から見出され、その優位性により組織に浸透した考え方が、結果的に草の根から組織の各層に広がり、全社の経営戦略として認知されるに至る過程を描写している。

ここで議論された概念は、「創発的戦略」という言葉で知られている。創発的戦略とは、事前には計画されておらず、ときに偶発的な要因で生じる「意図されなかった行動の集合体」によって構成される（図表1－3）。これが結果的に直接的な成功要因となり、さらに事後的なパターンとして観測され、経営戦略として認知されるのである。カナダ国立映画制作庁の事例研究で観測されたのも、まさに臨機応変に行われた行動の集合体として、事後的に形成されたパターンとしての経営戦略であった。

変化の激しい環境に置かれる経営者が、経営戦略の教科書を読んでもいまひとつピンとこない一因は、こうした経営戦略の創発的な側面が理解されておらず、またその解説も不足しているからであろう。

成果をあげる経営者の経営の根幹にあるのは、一日単位での試行と改善のプロセスであり、多岐にわたる試行の末にたどり着いた、結果としての経営戦略である。特に急成長を続ける企業は、劇的な変化を伴う外部環境にさらされており、成長に伴い刻一刻とその内部組織も変容している。

にもかかわらず、「経営戦略は外部環境と内部環境の分析から立案する」とだけ単純に講義されたとしたら、その講釈が腹落ちしないのも当然であろう。彼らの実務は、そのようには動いていない。たとえ動いているとしても、おそらく中途半端で結果にはあまり意味がない。な

05 Mintzberg and McHugh (1985).

［図表1-3］意図されたプランと意図されなかった行動

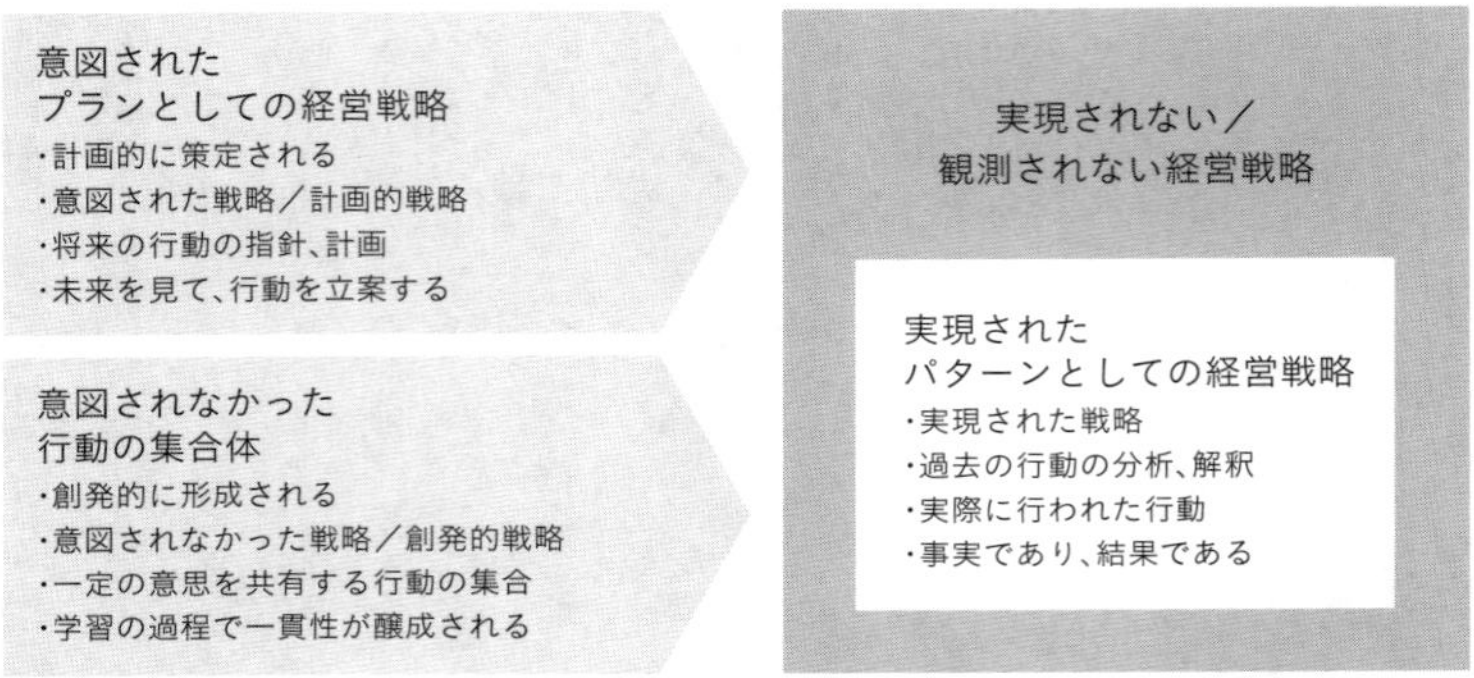
意図された
プランとしての経営戦略
・計画的に策定される
・意図された戦略／計画的戦略
・将来の行動の指針、計画
・未来を見て、行動を立案する
意図されなかった
行動の集合体
・創発的に形成される
・意図されなかった戦略／創発的戦略
・一定の意思を共有する行動の集合
・学習の過程で一貫性が醸成される
実現されない／
観測されない経営戦略
実現された
パターンとしての経営戦略
・実現された戦略
・過去の行動の分析、解釈
・実際に行われた行動
・事実であり、結果である

出所：Mintzberg and McHugh（1985）などを参考に作成。

ぜなら、入念に外部と内部を分析したとしても、彼らの外部と内部環境ははるかに速いスピードで変容してしまうため、きわめて高度な分析と立案の能力が必要となるからである。昨今のように変化の激しい競争下では、もはやそれは不可能に近いこともある。

事実、特にスタートアップが直面するような不確実性の高い領域においてどのような経営戦略の創造を実践するべきかは、依然として調査研究が不十分であると理解されている。たとえば、ティモシー・オット、キャスリン・アイゼンハート、クリストファー・ブリングハムが二〇一七年に『ストラテジック・アントレプレナーシップ・ジャーナル』に発表した論文［*06］は、起業家が創業前からできる限り正確な未来予測を行い、正確な事業計画を作り上げるべきなのか、それとも事業創造の過程で学習や経験から事業創造を漸次的に進めていくべきなのか、その答えは依然として見えておらず、その両者は別個の研究潮流として発展してきていると指摘している。

経営誌に掲載されるケーススタディや、インタビュー記事で語られる「わが社の経営戦略」や「私の経営論」が参考にならない理由もこの創発的なプロセスに起因することが多い。ケーススタディやインタビュー記事では、あたかもその経営戦略が初めから意図されていたように語られることが多い。それを真に受けて、実現されたパターンとしての経営戦略のすべてが、意図されたプランとしての経営戦略であると誤って解釈してしまうと、実態を大きく誤解することになる。

多くの経営者や広報担当者は、自らの能力を誇示したい欲求に駆られたり、自社の先進性を広く知らしめたいとする思惑に駆られている。そうした欲求がそれほど強くないとしても、「後づけの理解」は論理性を求めることが多く、また自己によって都合の良い理解となりがちである。

しかし現実の経営には、経営者自身も把握していない現場での改善活動や、競合の偶発的失敗に対する急場の対応策などの、意図されなかった行動の集合体が大きな影響を与えている。そしてこれらが、当初意図されたプランと実現されたパターンとしての経営戦略の間のギャッ

06　Ott et al. (2017).

プを生み出している。しかし、こうしたギャップ、現実の現場で発生する経営戦略の形成において最も重要な要素でもありうる創発的な要素は、経営者が語る、パターンとしての経営戦略からはつかみ取ることができない。

創発的戦略は、学習の過程で一貫性が醸成される。成功に至るための道筋は歩きながら見え始めてくる。たとえば、スタートアップ企業が行うA／Bテストによるプロダクト開発や、UI／UX（ユーザーインタフェース／ユーザーエクスペリエンス）を基軸にした事業開発の手法は、まさに創発的戦略で説明される経営戦略形成の実践例といえるだろう。

現実との対話を繰り返す連鎖の中で徐々に組織の行動様式が修正され、一つの型がつくり出され、一貫性が生じるのである。実はこれは、スタートアップのみならず、多くの企業における実質的な経営戦略が実際に生み出されている真のプロセスでもある。

さかのぼれば、一橋大学の野中郁次郎が一九八八年に『スローン・マネジメント・レビュー』で解説した「ミドル・アップ・ダウン」の概念[*07]は、中間管理職が実行の中核として創発的に戦略を前進させる姿を描いている。同様に、ハーバード・ビジネス・スクールのキム・クラークと東京大学の藤本隆宏が、一九九〇年に『ハーバード・ビジネス・レビュー』で解説した「重量級プロダクトマネージャー」という概念[*08]は、外部環境からのインプットをプロダクト開発に導入し、内部環境における部門間の調節機能を担う、中核的な中間管理職による創発的な行動様式を明らかにしている。

それらの議論が解説するのは、スタートアップのみならず、多くの伝統的日本企業においても、狭義の経営戦略は重視されておらず、実践もされていなかった可能性である。

伝統的日本企業の経営戦略の骨格は長らく創発的であり、欧米の経営戦略の教科書が語るような、外部環境と内部環境の分析からは生み出されてはこなかった。

欧米の経営戦略の知識だけをいくら身につけても、伝統的な日本の大企業はうまく動かせない。日本において特に、「経営戦略」や「戦略コンサルタント」という言葉が懐疑的に捉えられるのには、こうした背景もある。もちろん、無策であることが望ましいわけではない。重要なのは、計画と実行の間にある創発的な要因の重要性を知ることである。

プランとしての経営戦略のみを捉えていては、パターンとして経営戦略をつかむことはできない。そしてパターンとしての経営戦略のほうが、特に日本では、より一般的で重要な可能性が高い。これも大きなズレの一因であった。

創発的戦略ともいわれる、経営と現場の中間で動的に形成されていく戦略の実態は、さらにその重要性が増している。しかしながら、未開拓領域の残る部分でもあり、近年でも活発な調査研究が行われているのである。

07 Nonaka (1988).
08 Clark and Fujimoto (1990).

5 「プロイ」がもたらすギャップとは何か

では、経営戦略のもう一つの側面であり、一九八五年のヘンリー・ミンツバーグの論文がすでに言及している「プロイ」とは、どのような経営戦略のあり方なのだろうか。

それを考えるうえでは、欧米で用いられる経営戦略の教科書の中でも、経済学の理論に立脚しているロバート・グラントの『現代戦略分析』が特に参考になる。この教科書は、外部要因を扱う第3章と内部要因を取り扱う第5章とは独立した、「産業分析と競争分析における追加的話題」という第4章を設けている。そして、個々の企業における動態的な状況に依存した意思決定の連鎖が、結果的に自社の経営戦略に大きな影響を与えている事実を詳細に解説する。

同書では、いくつかの寡占市場の事例が解説されている。たとえばペプシコーラの戦略は、自社の内部環境からよりも、清涼飲料水産業の構造からよりも、最も影響力のある競合である、コカ・コーラの戦略に左右されていると解説する。同様に、ロイターの競争戦略はブルームバーグの競争戦略に影響を受けており、ボーイングのそれはエアバスの競争戦略に影響を受けているともいう。

確かに寡占市場で競争する大手企業の経営戦略は、産業構造や内部資源よりもその寡占市場で切磋琢磨する競合他社の行動に大きく影響されうる。そしてその影響のあり方は、比較的単純な要因とその方程式で表現できることも多い。たとえば鉱物や化学薬品、農作物などのコモディティ商品であれば、出荷数量とその価格が重要となる。また携帯電話事業であれば、料金プランの設計が大きく影響を与えるだろう。

個別企業の意思決定に影響を与えうる競争環境の影響は、伝統的な経営戦略の議論では外部環境分析の枠組みに取り込まれてきた。しかしプロイが取り扱うのは、現実の経営戦略が、マクロ的な産業構造の力学の帰結であるというよりも、よりミクロ的な相互の読み合いとつかみ合いであるという可能性である。

現実では、確かに多くの実務家の意識は競合他社の動向に支配されている。冷静で客観的、そして網羅的な既存企業の競争関係分析から、論理的に自社に最適な行動を冷徹に描き出している実務家はどれだけいるだろうか。産業構造を意識するよりむしろ、競合の新製品にどのような機能が搭載されているか、その仕様が自社製品と比較してどうかの理解に多くの時間が割かれているのではないだろうか。

意思決定者の決定は、現実的にはきわめて単純な誘引に大きく影響されており、個別の意思決定の集合である組織の意思決定においても、多かれ少なかれその傾向がある。したがって、ゲーム理論の知見や、それをもとに発展するマーケットデザインやリアル・オプションなど、関連する学術分野の応用可能性はきわめて大きい。

たとえば、マーケットデザインとは、ゲーム理論の知見をもとに制度設計を行い、それが現実で想定どおりに機能するかをシミュレーションや実証実験で検証する、実践的な学術分野である。またリアル・オプションの研究では、たとえば競合との競争を時間軸上に存在する繰り返しゲームとして捉え、現時点で取りうる戦略オプションの価値を算出する。

こうした数学的な考え方や方法論は、不確実性の高まった現代において、考え方の軸として大きく有用となりうる。なぜなら、曖昧なものを算定可能なものとして捉え、論理的に議論することを可能とするからである（もちろん、現実的には発展途上の側面も否めないのは事実であるが、その発展の速度はきわめて速い）。

さらに、行動経済学で議論されるようなヒューリスティックな要因が意思決定当事者の判断に与える影響を加味すれば、外部環境と内部環境のシンプルな分析だけで立案された経営戦略を超えて、より質の高い経営戦略が立案できる可能性もあるだろう。これもプロイとしての経営戦略の立論である。

組織の経営戦略という文脈で属人的な要素を議論することは、一見すると非合理に見える。しかし、現実の経営戦略が限られた数の人間によって属人的に決定されている事実を加味すれば、これも不思議ではない。

すなわち、プロイとは経営戦略を目の前に直面する競争相手とのやり取りの中から決定していく戦略策定のあり方である。たとえば携帯電話サービスの事業において、通話料金を値下げするタイミングを顧客のニーズからでもなく、また自社の収益性からでもなく、競合他社の値下げのタイミングに呼応して行うことがある。あるいは、家電量販店や食品スーパーであれば、販売価格の意思決定は近隣の競合店同士が相互に敵情視察を繰り返しながら、相手の出方をうかがいながら意思決定している。

こうした読み合いのゲームにおいては、意思決定者のバックグラウンドや、その時々の突発的な要因により、最終的な戦略の方向性がときには大きく左右される。すなわち、パースペクティブともポジションとも異なる、より細緻な個人レベルの認識と判断の理解が必要となる。

一つの方向性としては、その判断と行動のエッセンスを抽出し、ゲーム理論の知見を応用して数式で表現することで理解する方向性だろう。逆の方向性としては、人間それぞれの認知や判断に至る心理的なプロレスに踏み込んだ深い理解を応用する方向性もありえる。

実際、経営戦略のフロンティアには、トーマス・パウエルが「ニューロ・ストラテジー」と呼ぶような、経営者個人の脳内の活動を分析することで、脳科学の知見を戦略研究に役立てようとする方向性も最先端の研究領域の一つとして存在する[＊09]。しかし、こうした新しい取組

09　Powell (2011) を参照のこと。

［図表1-4］現代における「How」としての経営戦略の探究

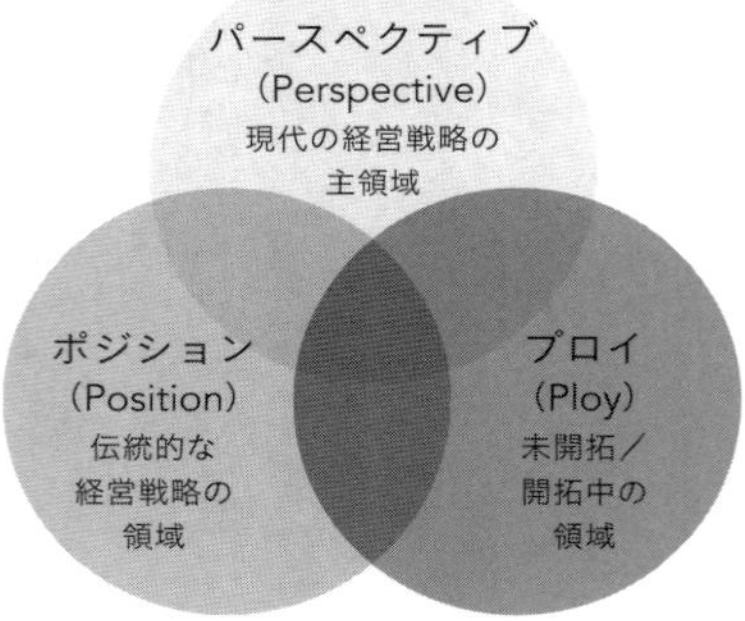

出所：Mintzberg et al.（1998）などを参考に作成。

みも、依然として確たる知見を確立するには至っていない。現在も未開拓であり、開拓中の研究領域なのである。

これまで紹介してきたような、ミンツバーグの言う、ポジション、パースペクティブ、プロイの三つ、いわば経営戦略の「How」は相互に重なりを持ちながら共存している。そのため、こうした多様な考え方は、それぞれが他の見方を否定する排他的なものではない。

たとえば、競争戦略としてマイケル・ポーターらによって広められたポジションの議論は、のちにジェイ・バーニーらが理論化した資源ベース理論を中核とするパースペクティブの議論とともに進化してきた。外部環境分析を中核としたポジションの議論と、内部環境分析を中核としたパースペクティブの議論は、相互に両立可能であり、それをうまく組み合わせることでより完成度の高い結論を得ることができる。

現代では、ときに外部要因とも内部要因とも関連づけが困難な戦略行動をも取り扱うプロイが、次第に大きな潮流となりつつある。しかしこれも、ポジションとパースペクティブの議論を補完するものであり、否定するものではない。

すなわち、現代における経営戦略の「How」の全体像を捉えようとするならば、ポジション、パースペクティブ、プロイの三つの柱をすべて理解する必要がある（図表1－4）。

6 実務家が最も知りたいことは未開拓領域にある

「経営戦略とは何か」という議論においては、経営戦略の書籍や研究で十分には取り上げられていない未開拓領域が数多く存在する。それは、日々の戦略の実践であり、実行の実態である。なかでも個別具体的な事例において、どのように創発的な経営戦略を実践していくべきなのかは、いまだ答えの見えないフロンティアである。

戦略の実行には、個別具体的な要素が多種多様に入り込む。そのため、ある産業の、ある企業の、ある事業の、ある商品の、ある側面に対する経営戦略に対して、一般化された理論で実践的な答えを出すことはきわめて難しい。

伝統的な経営戦略の定義では、実行は「戦術」の範疇であり、その定義の外にあるとすら考えられてきた。一方で、経営戦略の書籍に羅列される「競争優位」「垂直統合」「多角化」といった用語だけでは、おそらく大半の実務家には遠すぎるのも事実である。

わかった気にはなれるかもしれない。別の経験を重ね合わせて咀嚼されるのであれば、思考の具材として役に立つこともあるだろう。しかし、何よりも知りたいことは、具体的にどう実行するのかである。

確かに、すでに戦略の実行におけるノウハウが浸透している部分もある。

たとえば、伝統的な戦略計画とそれにひもづく予実管理の実践においては、各部、各事業に流し込まれた予算数字をどう達成するかに関して、ほぼ半自動化された業務プロセスが完成している企業もある。月次や週次を締める前に、期ずれや未達をできる限り未然に防ぐために、調整弁として機能できる細目を機動的に活用するような無数の小技は、現場に太く継承されている。経営戦略の中でもプランの要素、特に予算計画や経営計画の立案の実行に関しては、ある程度一般化された回答が存在するのである。

しかし、特に創発的な戦略を議論しようとすると、それを担保する枠組みや考え方は十分に提供されていない。現実問題として、多くの経営戦略は具体性と細部を欠いて提示され、そして曖昧なままに意思決定される。提示されたプランとしての方向性を、現実の事業や商品サービスに落とし込むまでには、果てしない距離がある。

この溝を埋める創発的な戦略形成のプロセスは、その定義からして流動的であり、個別の学習プロセスの中から独自に生まれるものである。したがって、一様の理論的説明からその答えを提示することは難しい。結果的に、実務家は経営雑誌やケース討議資料から個別具体的な事例を学び、ときにコンサルタントの助言にも耳を傾けながら、ほぼ独自にそれぞれの実行策を試行錯誤の中から実践しているのが現実である。

こうした背景をもとに、実務家の間では、仮説思考計画法、デザイン思考、リーンスタートアップ、ストーリーによる戦略構築といった創発的な経営戦略につながる考え方が評価され、それが理論的な検証が不十分なままに実践されているという状況が生まれているのである。

＊＊＊

本章ではここまで、経営戦略をめぐる議論のズレの原因となっている、「経営戦略」という言葉が示す概念の多義性を議論してきた。

確かに、経営戦略として最もオーソドックスなものは、事前策定される計画かもしれない。しかし実際のところ、それは経営戦略の骨格の一部にすぎない。これだけを指して、「経営戦略の理論は役に立たない」「現実とはそぐわない」「意味がない」と否定するのは誤りである。

経営戦略を日夜考えるスタートアップや、日本経済の中核である伝統的な日本企業においては、草の根の実践の繰り返しで次第に形成される組織の方向性が、結果的に経営戦略と呼ばれる組織の道筋となることが多々ある。そのため、経営戦略を狭く捉える実務家の多くは「経営戦略の理論は役に立たない」と言う。

しかし、経営戦略は事前に立案されるプランとしても存在するが、観測された行動のパターンとしても存在する。予算計画と予実管理のような数値で明確に示されるものもあれば、論理的に見えないような行動も含めて、創発的に草の根から形成されていく戦略も存在する。より広く経営戦略を定義し、創発的と呼ばれる戦略の形成プロセスも、また、プロイと呼ばれるような戦略の考え方も、科学的かつ論理的に捉えることでこのズレを解消し、科学の知見を実学の実践に役立てることが理想なのである。

本章の要点

- 経営戦略の中核は「特定の組織が何らかの目的を達成するための道筋」。
- これをつくり出すための「How」が、外部環境分析と内部環境分析の二本柱。
- 「特定の組織が、何らかの目的を達成するために、外部環境分析と内部環境分析からつくり出した道筋」は広く受け入れられうる経営戦略の定義。

- 「道筋」は、未来の見取り図とも、過去の行動の集合とも理解しうる。
- 外部や内部環境の分析以外に、状況依存する意思決定が再注目されている。そのため創発的な戦略や意思決定当事者のプロイ（策略）は、経営戦略の本質を議論するうえでも避けられない。
- 経営戦略における戦略の実行、特に創発的経営戦略の実践については、依然として未開拓のまま取り残されている事実がある。

第2章

経営戦略前史

紀元前からその歴史をたどる

経営戦略は、現代ではすでに確立された学術分野となりつつある。しかし、遠い昔からこのように体系化された広がりを持っていたわけではない。長い時間をかけ、次第にその深みを得た経緯がある。特に営利組織の経営戦略という言葉が学術的な意味を持ち始めたのは戦後のことであり、いまだその歴史は半世紀ほどでしかない。

しかし、戦略という概念自体は太古の昔から存在しており、組織が生じて、それが目標を持ち、道筋を組織的に検討し始めたのも、同じほどの歴史がある。

では、どこに経営戦略の起源を見出し、その進化をどのように捉えればよいのだろうか。本章では、経営戦略の前史を再整理する。通常の経営戦略の教科書では数行、長くても一ページ程度しか触れられない経営戦略の歴史である。経営戦略という概念を広く捉え、その起源をできる限りさかのぼることで、この言葉の持つ意味をさらに深く理解する。

まず、経営戦略という言葉と、それが意味する活動の起源を考える。次に、軍事を対象とした戦略論の中で現代経営戦略にも応用される古典的な考え方を中心に紹介する。そのうえで、現代経営学の黎明期の議論から経営戦略の源流を整理したい。

1 経営戦略の語源は古代ギリシャにある

経営戦略の起源を、その語源からひもとこうとするのであれば、それは少なくとも紀元前501年のギリシャにまでさかのぼる。

戦略は英語でStrategy（ストラテジー）と書く。直接の語源はラテン語のStrategos（ストラテゴス）であり、この言葉は古代ギリシャで生まれた。

僭主ヒッピアスを追放したアルクメオン家のクレイステネスは、各地の部族から選ばれた五〇〇名の委員で構成される評議会による民主的な改革を実行した。同時に、ストラテゴスと呼ばれる軍事上の指導職が設けられた。各部族から一名ずつ、計一〇名のストラテゴス（複数形でStrategoi〔ストラテゴイ〕と呼ぶ例もある）が再任可能な一年の任期で選出され、一名一票の平等な権利を持つ彼らが、アテナイの軍事的な活動について多数決の意思決定を行っていた。

時代の変遷を経て、ストラテゴスの部族代表としての性格は薄れ、ときには影響力のある政治家が部族にかかわりなく選出されることも一般的となった。そしてギリシャがその支配圏を拡大するにつれて、全員が同等の責任を持っていたストラテゴスも、海外遠征担当や地域防衛担当など、それぞれ独自の管掌領域を受け持つこととなる。これは現代企業の取締役会に通じるところもあるだろう。

ただし、ストラテゴスは依然として軍事的指導者という役職を意味したため、現代的な意味でのストラテジーとは異なる。現代的な意味での戦略である Strategy に最も近い表記のラテン語は、ローマの歴史家が生み出した Strategia という言葉である。しかし、これはストラテゴスが選出される各地域を指した言葉であり、その意味はさらに遠い。

現代の Strategy に最も近い意味を持つ言葉は、ローマ帝国のセクストゥス・ユリウス・フロンティヌスが紀元前一世紀の終わり頃に著した書籍の表題、『Strategematon（ストラテーゲーマトーン）』として採用されている[*01]。これはまさに、軍隊の指揮法や戦術を表す名詞として用いられた言葉である。軍隊の指揮法や戦術は、当時のギリシャ人の言葉では Taktike techne とも表現され、意義からすれば、これがより起源に近い。

古代ギリシャの時代にはすでに、軍事的な意味での戦略はすでに体系化された知識として専門家の間で共有されていた。大規模で長期的な集団行動を統率するための方法論として、そのノウハウは文明の黎明期から磨き込まれていたのである。

では、経営戦略の骨格をより広く「特定の組織が何らかの目的を達成するための道筋」と捉えたとき、人類はいつ頃からそれを意識的につくり出してきたのだろうか。

おそらく、その起源は有史以前までさかのぼることができる。戦略が先史時代から存在したと考えても何ら不思議はない。もちろん、我々がいま想像するような戦略ではなかったであろう。それはパターンとしての戦略（第1章参照）の世界であり、ほとんど記録が残っていない太古の人間生活ではある。しかし、最も広く戦略を捉えるのであれば、それもいわば戦略といえる。

2 戦略の起源を有史以前に見る

組織は、複数の人間が協調行動を行うときに生まれる。人間に意識が芽生え、人間が何らかの目的を持って他者と協調行動を行った瞬間に、何らかの道筋がその組織に生じたと考えるのが自然である。

たとえば、前史時代の壁画にはすでに、「特定の組織が何らかの目的を達成するための道筋」を実行しようとしている姿が描写されている（図表2-1）。

01 『ストラテーゲーマトーン』は、一部にローマ時代の他の書物との類似性が指摘されているものの、ギリシャ時代の戦略を具体的な事例から端的にまとめており、現代への示唆もある。日本語訳（フロンティヌス、二〇一三）もあり、一読の価値がある。

［図表2-1］北欧先史時代の壁画

こうした時代に行われていた戦略は、むしろ現代に近く、おそらく創発的な戦略が実践されていたと思われる。ある程度の事前の計画が意識されていたとしても、それを高度化するための情報の記録手段や意思を伝達する手段が限られていた時代である。

何よりも、いまだ人類は思考する生物としての能力や意識が未発達であったと考えられるため、プランとしての経営戦略を当時の人類が詳細に立案することは、ほぼ不可能であったことだろう。

事前計画に頼らず、また、過去の知識に頼れる部分も限定的であった時代。この当時の戦略は、より創発的であったと考えられる。動物的な野性の勘であり、自然との一体感であり、日常の繰り返しから生じる組織学習が集団の共有知をつくり出し、次第にそれが組織の行動の一貫性を確立させたのだろう。

この時代の戦略は体系化された知識にはなりえ

ず、組織は無意識のうちに実践する行動様式としてのみ存在し、次の世代にそれは行動の模倣を通じてのみ伝承され、長い時間をかけた自然淘汰によって磨き込まれたと考えるのが自然である。

こうした原始的な時代から時が進み、人類の文明、特に文字や言葉のような情報伝達手段の発達が黎明期を迎えると、人間の組織の活動も少しずつ高度化していく。

たとえば、紀元前四〇〇〇年頃のレバント地方（東部地中海沿岸地方。現在のイスラエルやレバノンの地域）には、小規模ながら多数の工場が存在し、分業体制が確立されていたという。すなわち、そこにはすでに組織があり、営利を目的とする経営があった。今から六〇〇〇年前には、現在の我々が「企業」と呼ぶ組織の原型が活動していた。

また、紀元前二六〇〇年頃から興隆したインダス文明では、商品の容器として使われていた陶器に生産地のブランドや製品のトレードマークを掲示することが一般的であったと推察される。実際、モヘンジョダロやハラッパ、そしてロータルから出土する数多くの土器には、コブ牛（Zebu bull）やユニコーンの刻印が押されている[＊02]。これはまさしく、自己の組織の商品を他の商品と区別する、ブランディングによる商品差別化が行われていたことを示唆する。組織的な生産活動のみならず、販売活動の発展についても、今から四〇〇〇年以上前には始まっ

02 Moore and Reid（2008）.

［図表 2-2］大林組によるピラミッド建設費用の試算（昭和53年6月1日）

01 居住地建設工事（労働者の街づくり）……140億円	08 本体石据付工事（表石共）……147億円
02 全般仮設備工事（電力設備、修理工場、管理施設）……67億円	09 玄室築造工事（巨石運搬据付共）……30億円
03 斜路構築撤去工事（運搬斜路）……68億円	10 附帯設備工事（回廊、王妃の部屋、通気孔）……10億円
04 本体石切出工事……204億円	11 機械輸送費（通関料共）……185億円
05 表石加工制作工事……39億円	12 現場経費（現地人人件費を含む）……70億円
06 基礎工事（基礎地盤掘削、礎石積工）……42億円	13 一般管理費（調査設計費を含む）……132億円
07 本体石運搬工事（表石共）……116億円	計……1250億円

出所：大林組ピラミッド建設プロジェクトチーム「クフ王型大ピラミッド建設計画の試み」（http://www.obayashi.co.jp/kikan_obayashi/pyramid/p04.html）。

ていた。

さらにこの時代、栄華を誇ったエジプト文明では、人間の組織的な行動はより大規模となっていた。運河やピラミッドなどの巨大建造物をつくるにあたって、数千人以上の人間による協調的な活動が行われていたのである。これは現代の感覚からしても大規模なプロジェクトといえるものであり、もはや事前の企画と計画、その組織的な実行なくしては実現が難しい。

たとえばクフ王の大ピラミッドは、紀元前二五六〇年頃、延べ二〇万人が三〇年の歳月を費やして建設した一大プロジェクトであったといわれる。建設会社の大林組が一九七八年に面白い試算をしている。この建設には、一九八〇年代の技術を用いても三五〇〇名の要員と、工期は五年、総工費は一二五〇億円が必要であったと同社は試算する（図表２－２）。

人間の組織的活動は、文明が発達するに従って、その規模を飛躍的に拡大させてきた。しかしそれでも、現代的な意味での経営戦略が体系的な知識として整備されていたわけではなかった。大規模な事業の主体者は国家などの特殊で限られた巨大組織に限られ、経済の主体はきわめて小規模かつ原始的な家族的事業によって担われていた。徒弟制度による伝承が、生産のみならず経営においても、そのノウハウ蓄積の主要手段として活用されていた。

3　最古の戦略書にさかのぼる

フロンティヌスによる『ストラテーゲーマトーン』は、紀元前一世紀の終わり頃に記されたといわれている。ただし、それは戦略について議論した最古の書物ではない。

戦略という言葉は用いていないものの、「特定の組織が何らかの目的を達成するための道筋」をどのように立てればよいかを体系的に議論した、それ以上に古い書物が存在する。それが「孫子の兵法書」として現代にも伝わる兵法の体系である。

同著は紀元前五〇〇年頃から、原著者である孫武やその後継者と支持者の手により徐々に成立した。たとえば、三国志に登場する魏の曹操は、現代に残る孫子の兵法書の底本『魏武帝註孫子』を編纂している。長い時間をかけ、幾多の経験を織り込み進化することから、次第に孫子の兵法書は多面的な視点から軍事における戦略を論じる書籍として完成された。

この書をもって戦略論の原点とする主張は多い。確かに、少なくとも軍事の戦略という観点からは、間違いなく孫子の兵法書こそがその体系化の先駆けであろう。孫子以前の戦いは、天運に身を委ねるという要素が強かったといわれる。生贄を捧げ、神に祈り、身を清めることこそが勝利につながる最短経路と見なされていた。これに対して、戦いの勝敗を人間の知識と行動により左右できることを明示的に主張し、その方法論を一三編からなる一連の理論体系に取りまとめたことが、孫子と、その意思を継いで体系化に貢献した者たちの大きな功績である。

もちろん、この体系化の背景に簡牘《かんどく》、すなわち竹や木の板を数珠つなぎとして書簡とした情報記録と伝達の手段の普及が存在したことも見逃せない。口頭による伝承の限界を超えて情報が地域と世代を超えて伝播し、多くの実務家と識者の知見が組み合わされることによって、戦略の初期の体系化が成し遂げられたのである。

『孫子』が時代を超えた価値を持つ理由としては、これが単なる戦術書ではなく、戦いという行為に対する哲学的な示唆を持つことも大きい。戦争という行為を国家運営の一手段と捉え、戦闘行為のみならず、補給や情報戦にまで言及する。ときには戦わないことを説き、その議論は勝負の負け方にまで及ぶ［＊03］。

その後、近代に至るまでに数多くの兵法書が記されたが、現代にも読み継がれる作品は稀である。なぜ、『孫子』が時代を超えて再び注目を浴びることとなったのか。それには時代を大きく進めて、近代の軍事戦略論の発展に目を向けなければならない。

4 近代戦争が軍事における戦略を進化させた

産業革命とフランス革命、一八世紀の後半に生じたこの二つの革命は、一九世紀の戦争の姿を一変させた。

これらの革命を機に、特に欧州において戦争が大規模化し、銃器で武装した歩兵部隊が主役となり、その細緻な運用の成否が勝敗を左右するようになる。それまでは、戦闘に動員できる人員は国防責任を負う貴族や騎士など人口のごく一部に限られ、傭兵などを雇用するにしても

03 孫子の兵法をどのように現代に活用するか。これには多種多様な議論が存在する。一冊だけ紹介するのであれば、『孫子に経営を読む』（伊丹、二〇一四）を推薦したい。同書は一流の経営学者の視点から、現代企業の事例を交えながら孫子のエッセンスを噛み砕き、そこからの学びを抽出しており、一読の価値があるだろう。

多額の費用が発生したため、大規模な兵力動員は困難であった。また武器弾薬や食料などの物資の生産力や輸送力も障壁となり、戦闘活動に実際に動員できる人員数とその動員期間はおのずと制限されていた。

しかし、中央集権的な国民国家の形成が、兵力の拡大と補充を容易にした。それまでは王族や貴族、そして傭兵など一部の存在が国防の義務を負う形が広くとられていたため、その他の国民を無作為に戦争に駆り出すことは難しかった。しかし国民国家の成立は、権利の見返りとしてあまねくすべての国民に国防の義務を負わせ、これにより大量の人員を兵力として動員できる体制を整えた。

それらと相まって、産業革命が近代国家の急速な工業化を促進させた。その結果、戦争に用いられる兵器の性能が飛躍的に高まるだけでなく、食料や関連物資の生産、輸送、そして貯蔵技術が急速に進化した。産業振興による経済の拡大、製鉄技術の進化、動力技術の発明、移動手段の高度化、さらには通信手段の性能向上など、技術の発展が近代国家が実行できる戦争のあり方を大きく変えた。そしてこれらが、一九世紀後半までに主要先進国に広く普及したのである。

こうした変化の兆候を捉え、近代戦争のあり方を変えたのが、ナポレオン・ボナパルトであった。銃器や火砲などの技術を合理的に活用し、国家の総力を動員して殲滅戦を展開した戦争は、欧州を席巻した。そして、彼の革新的な戦争の戦略を省みることが、軍事戦略論の大きな変化に結びついた。

こうした時代背景のうえで、戦略論の系譜を語るときに必ず紹介されるのが、カール・フォン・クラウゼヴィッツの『戦争論』（一八三二年）と、アントワーヌ＝アンリ・ジョミニの『戦争概論』（一八三八年）である。

クラウゼヴィッツは、戦争とは拡大された国家間の決闘であると捉え、敵の完全打倒をめざす決戦戦略を提示した。ナポレオン戦争の観察から論理的に導かれたといわれる彼の戦略論は、戦争を動態的に捉え、その実行の側面を重視していた。

対してジョミニの戦争概論は、これもナポレオン戦争以後の師団編成のあり方を参照しながら議論を進め、機動と兵力集中による攻撃という原則のうえで、しかし計画と準備に重点を置いた戦略計画の重要性を説いた。このどちらも、資源を大規模に動員して組織的に行動する方法論を提示するという点で、企業経営にも示唆を与える内容である。

国家の総力を動員して殲滅戦を展開することと、そのために入念な準備を行い、動態的に敵の行動に反応しつつ戦闘を継続する方法論の普及は、技術進歩と相まって、二〇世紀の二度の世界大戦の大量の犠牲者、すなわち第一次世界大戦の一五〇〇万～二〇〇〇万人の犠牲者、そして五〇〇〇万～八〇〇〇万人ともいわれる第二次世界大戦の大量の犠牲者につながった。

国民国家は戦闘行為をより広い人民に強いることとなり、そこに科学、生産、組織運営の技術の進展が積み重なった。この時代に培われた組織運営の知見と幾多の科学技術が戦後経済成長の礎となった一方、それが過去に類を見ない相互の虐殺を生み出したのも事実である。

その後、こうした悲劇を生み出した破滅的な戦争のあり方を見直す過程で、また新たな議論が生まれる。その代表格が、ベイジル・リデル＝ハートであった。

リデル＝ハートは二つの世界大戦を詳細に分析することから、そこできわめて有効であった戦略を理論化する。たとえば「間接アプローチ戦略」と称して、第一次世界大戦から第二次世界大戦の時期にドイツがUボートを用いて経済封鎖や通商破壊を行い、経済を弱体化させようとした戦略を解説する［＊04］。そのうえで、国家総力戦を助長させたクラウゼヴィッツの戦略論に対する批判を展開した。

直接的な戦闘行為以外をも含めた戦争遂行のあり方を議論する過程で、リデル＝ハートは孫子の兵法書を再発見し、その考え方が世界に広まることに貢献した。殲滅戦に対するアンチテーゼ、すなわち孫子の「戦わずに勝つ」という言葉を東洋だけではなく、西欧社会にまで広めたのである。

その後も軍事戦略の研究は展開を続けていく。核兵器の登場や、東西冷戦、そして宇宙開発といった時代の変化に対応するかのように、少しずつ新たな考え方が登場した。なかには、フレデリック・ランチェスターの数理モデルのように、第二次世界大戦で用いられた考え方が経営戦略へ応用される動きもあった。しかし、この時期以降、軍事戦略の知見が経営に応用されることは次第に少なくなっていく。

一方で、「営利企業にとっての、何らかの目的を達成するための道筋」を議論する系譜は、20世紀以降独自の発展を続け、軍事戦略とは異なるものとして進化を遂げる。国家総力戦の展開と密接な関係を持つ、大量生産、大量消費時代の幕開けが、現代経営戦略の直接的な起源へとつながるのである［＊05］。

5　近代的企業の成立が経営学を必要とした

もちろん、近代以前に営利組織の経営戦略が存在しなかったわけではない。

しかし、アルフレッド・チャンドラーの描いた *The Visible Hand*（一九七七年、邦題『経営者の時代』）の時代が始まった一九世紀以前と以後で、まずは米国を先頭として営利組織の姿が大きく変わった。これが、社会科学としての経営学の発展と経営戦略という学術分野が発展し始めた直接的な背景となる。

04　Liddell-Hart（1967）.

05　軍事戦略の観点からは、ここで紹介した議論以外にも、古典から現代の理論まで読み込む文献は数多い。たとえば『戦略論の名著』（野中編著、二〇一三）は、そうした文献の概要をつかむうえで参考になる。

一八四〇年代まで、米国では依然として伝統的、小規模な企業が各地に点在しており、それを貿易商が結びつけていた。それが一八五〇~六〇年代になると、水運や鉄道、そして電信の発達により、次第に地域を越えて遠方から商品を買いつける、あるいは遠方で商品の販売を行うような企業が発達し始めた。

そして一九世紀の後半には、いわゆる近代的な大企業が、地理的な隔たりをつなげて大規模な組織を運営するようになる。一八七〇~八〇年には、通信販売、チェーンストア、大規模小売店が台頭し、全国規模で展開を始めた。これにより、それまで国家や大商人しか持ちえなかった巨大組織が、市場に当たり前のように存在することとなる。

流通革命から始まったこの商業の変革は、やがて生産工程にも波及し、経営者の時代が訪れる。それはアダム・スミスのいうInvisible Hand(見えざる手)が支配する商取引の時代、すなわち小規模な市場参加者が相互の取引を重ねる中から次第に価格相場や取引慣習を確立させていき、市場参加者の相互の競争が商品の取り揃えの自然淘汰を演出していた時代が相対的に力を失い始めた時代でもある。

それに代わって力を持ち始めたのは、チャンドラーのいうVisible Hand(見える手)が支配する商取引の時代、すなわち官僚的かつ大規模な組織がその指揮命令系統を用いて、構成員間の取引の時代のあり方、他者に提供する商品の価格や特性を決定する時代、組織内に内部化された取引であった。

それ以前の時代、小規模な工場と小規模な商店をつなげていたのは、組織ではなく市場であった。そのため、取引がどのように行われるか、市場における取引の連鎖がどのように市場で機能するかは、政府のような限られた数の特殊な市場参加者のみが影響をもたらすものであり、一企業にはどうすることもできないと思われていた。いわば市場から市場参加者に対しての一方的な影響力の行使が行われると理解されていた。

したがって、市場の中の組織である営利組織の行動の戦略的な要素が議論される場合にも、それは経済学における構造的な市場の失敗、すなわち独占や寡占をつくり出すことで超過利潤を得られるという議論が中心であった。一企業の行動は、あくまで経済と市場の仕組みを議論する中で取り扱われていたのである。

こうした経済学で進化した理解が、たとえば一九世紀後半のロックフェラーのスタンダード・オイルによる独占と寡占の戦略につながり、彼に巨万の富をもたらしたことも事実ではある。またロックフェラーのみならず、多くの企業を積極的な拡大策による市場独占に駆り立てたという歴史的事実もある。しかし、こうした行動は依然として強者のみが検討できる戦略であり、広く多くの企業が参考にできる考え方ではなかった。

しかし、市場中心の時代から組織中心の時代への変遷、その転換を契機に、軍事や国家運営で培われた組織管理や予算管理の手法が、経営組織の運営に応用されるようになることで、より個々の企業のあり方に即した考え方の体系化が加速した。特に巨大組織の要員計画と予算計画においては、軍事と国家運営に一日の長があった。そのため、新たに登場した巨大な企業群は、まずそれらを営利企業の運営に模倣して実践することから、急成長する組織の経営を成し遂げた。

肥大化した組織の経営は、一筋縄ではうまくいかない。軍事や国家運営からのノウハウの拝借も、それが適した産業領域もあれば、それが必ずしも適さない産業領域もあった。こうした状況が、特に実務家からの要請としての、経営の実務の方法論の探究、その体系化、磨き込みの必要性につながった。

それまでの人類の大規模な組織的活動は、戦争やごく限られた大商人の活動（特に国家の威信を懸けた公共事業）に限られていた。そのため、一般的な営利企業（工場や商店）をどのように運営するかは、親から子へ伝えられるものであり、独立をめざして働きながら学び、自らが実践する中で身につけるものであった。

たとえば、「富山の売薬」「近江商人の三方よし」「三井越後屋の現金掛け値なし」のように、事例として参考とされる商人の心構えやそれを記した書物は、日本のみならず世界中で確認できる。しかし、急速な市場構造の変化を背景に、こうした伝統的な商いのあり方に対する歴史と伝統のみでは乗り越えられない、数々の問題が生じるようになった。

すなわち、一九世紀に始まる営利組織の大規模化と複雑化によって、経営者の勘や経験だけに頼らない、経営の方法論の確立を求める時代が呼び寄せられた。科学としての経営戦略、その原型といえる経営の科学は、近代的大企業が世に登場して初めて急速な成長とその体系化を進めたのである。

6 科学的管理法による生産性の追求へ

経営を科学する。それによって競合に対して有利に立つ。

これを初めて世に提示したといわれるのはフレデリック・テイラーであり、彼の仕事の集大成といえる *The Principles of Scientific Management*（一九一一年、邦題『科学的管理法』）であろう。この著書は、鉱山からスーパーマーケットまで、広範な組織の経営の生産性を引き上げた革新的な考え方を紹介しており、その後に続く大量生産・大量消費時代の実現を大きく後押しした。

テイラーにとっての「特定の組織が何らかの目的を達成するための道筋」は、科学的管理法による生産性の改善である。テイラーの考え方は、これまでの生産現場が職人の伝統と技能、特に個人の技量に依存していたのに対して、個人の技量に左右されることなく、ときには個人の技量を抑えてでも、全体の最適化を図るべく数値をもとに生産工程をくみ上げていくことに特色があった。

たとえば、鉱山での原材料採掘で用いられるスコップや、組立工程で用いられる工具の最適な形や重さ、そして使用方法が、工程の丹念な観察とそれにより取得された数値データで分析された。テイラーはこれまで職人芸に依存していた作業や工程を、誰でも一定の生産性で担うことができるよう標準化した。一人一人の技量ではなく、作業や工程全体のプロセスの完成度によって生産性を引き上げるべく、生産プロセス全体の最適化を推し進めた。

ストップウォッチとノートを持ち、労働者の行動を観察する。それを科学的に検討して標準化していくことで、作業効率を引き上げていく。それは、ヘンリー・フォードが一九〇八年に送り出したT型フォードの生産ラインでも作り込まれ、ある種の完成型を見たといえる。部品の規格化を進め、製品を標準化し、製造工程を細分化して、それを流れ作業で管理する。それによって大量生産による規模の経済を最大化し、低価格による市場独占をめざした。

この方法論は自動車産業以外でも試みられ、一つの時代を形成した。多種多様な工業製品が科学的に設計され、その生産性を定量的に測定する大規模な製造工程が広範な産業領域で確立されたことにより、世界は大量生産・大量消費時代の黎明期を迎えたのである。

さらに、経営を科学的に管理するというテイラーの考え方は、生産工程のみならず、組織全体にも応用可能であった。たとえば、アンリ・ファヨールの*Administration Industrielle et Générale*（一九一六年、邦題『産業ならびに一般の管理』）は、経営の要点はプロセスの管理であると説明する。

ファヨールは、経営管理は計画、組織化、指揮、調整、統制の一連のプロセスの集合体であると指摘する。生産管理を主眼としたテイラーに対して、ファヨールは企業を技術、商業、財務、保全、会計、管理の六つに分類し、企業全体を議論することで、営利組織に必要となる経営機能の全体像を議論した。ファヨールの議論は、急拡大する事象で格闘していた経営者たちに広く受け入れられた。

それまで経営者個人の感性や経験に過度に依存していた組織運営は、その規模が拡大し、変化の速度が速まるにつれ、属人的かつ感覚的な管理ではなく、組織的かつ数値的な管理を必要とするようになっていた。もはや個人の認知限界を超えて組織が成長しており、科学的な方法論なくしては、その経営は困難であった。こうした時代背景から、生産管理から生じた科学的管理の潮流は、経営組織全体の運営にまで、その議論の枠組みを拡大したのである。

ただし、ファヨールの経営者のあり方も、テイラーと同じく労働者に対して上位の立場の存在、管理者や監督者としての姿であった。科学的管理法による生産性の追求は、人間性の否定にもつながると危惧されていた。実際、その第一人者たるテイラーは、労働者の資質、およびそれが持つ成長の可能性を過小評価していたといわれる。

彼は"stupid"という言葉を多用し、労働者は学ぶ能力が限られ、管理された単純作業に従事することが最適であると考えていた。工程の分析と設計、その計画を担う役割は、能力のある管理職に任され、労働者はその計画を分担して実行する忠実で正確な部品となることが求められたのである。

確かに、当時の米国のように初等教育も受けていない貧しい移民労働者が生産活動の中心であり、彼らが担う労働も単純作業が中心であった時代には、一定の合理性があった。テイラーの活躍した二〇世紀初頭の米国の生産現場を担っていたのは、職人的な技能や高度な知性と理解能力を期待できない労働者だったのである。こうした時代における最適な経営戦略は、確かに一部の管理者による管理監督による生産性の追求と、それに対する服従を求める組織運営であったかもしれない。

しかし、次第に人々が豊かになり、その心にゆとりと教養が生まれるようになると、そうした非人間性を許容する社会慣習にも疑問が生まれるようになる。それはチャーリー・チャップリンの喜劇映画『モダン・タイムス』(一九三六年)に表されるような、意思を持つ労働者と非人間的な生産現場の対立関係につながるのである。そして、そうした疑問は組織と経営のあり方に新たな考えを生み出した。

7 生産性の追求から人間性の活用へ

たとえば、エルトン・メイヨーの*The Human Problems of an Industrial Civilization*（一九三三年、邦題『産業文明における人間問題』）では、「ホーソン実験」と呼ばれる一連の研究の成果を紹介している。

ホーソン実験とは、シカゴにあったウェスタン・エレクトリックの工場で一九二四年から一九三二年まで断続的に実施された実験である。当初、この実験は、労働者が作業する環境と労働者の作業効率の間の関係を理解するために進められた。しかし、調査が進むにつれて、物理的な作業環境の特性ではない要因が、作業効率に大きな影響を与えている可能性が示唆された。メイヨーはこの研究によって、労働者の生産性は社会的欲求や感情に左右されるという仮説を提示し、非公式な組織や人間関係が生産性向上に重要となると主張した。

ホーソン実験が提示した事実は、その分析と検証の手法に議論は残るものの、それまでの科学的管理法の理解に対抗しうるものであった。

作業環境の照明レベルに変化が起きたという事実だけで、照明を明るくしても暗くしても作業効率が高まった。組立作業の賃金や労働時間、作業環境の冷暖房を調整すると、それをどのように増減させても作業効率が高まった。研究員が調査目的の面談を行うと、面談を行ったという事実だけで、その労働者の生産性が高まった。これらの事実は、テイラーが説く科学的管理法の理解からは解釈が難しい発見である。

こうした発見を背景として、工場における生産性には、労働環境や労働条件ではない人間的な要因が大きく影響しているという仮説が導き出された。すなわち、自分たちは選ばれて実験に参加しているという意識であり、経営者や研究者が自分の仕事に興味を持っているという喜びであり、周りの人間との対話と人間関係の重要性である。それは、一九三三年に亡くなったメアリー・パーカー・フォレットが提唱した、組織の構成員の一人一人がリーダーシップを持つべきとする理想的な政治や組織のあり方を再確認するものであった。

これは現代から考えれば、しごく当たり前の発見であるが、一〇〇年前の当時には当然ではなかった。一見矛盾する結果であったために、科学的管理法を推進するコンサルタントや研究者は、単にこれは実験の失敗であり、恣意的な主張であると批判した。しかしこの発見は、その発展にすでに限界が見えつつあった、人間を部品として冷徹に管理する管理法に対して新しい進化の方向性を示した。

実際、このように人間性をも取り込んだ経営の方向性は、科学と理論を実践する監督者としての経営者のあり方に疑問を生じさせる新たな考え方であった。こうした潮流の中でも、ニュージャージー・ベル電話会社の社長を二〇年務め、ロックフェラー財団の理事長でもあったチェスター・バーナードの経営思想は、実業界に多大な影響を与えた。

彼がハーバード大学の公開講座で行った講義の内容を書籍化した *The Functions of the Executive*（一九三八年、邦題『経営者の役割』）は、経営組織を「二人以上の人間によって意識的に調整された活動と諸力のシステム」であると定義する。そして経営者の役割とは、その社会的な協働システムに対して共通の目的を与え、参加人員の貢献意欲を高め、そして従業員相互のコミュニケーションを活発化させることにあるという。

バーナードは、どのような組織であるべきかという組織論と、どのような経営者であるべきかという経営者論を一体として議論し、経営者には管理能力のみならず高い規範意識を持つことを求めた。彼は経営者としての実績とその巧みな表現、社会に対する高い発信意欲により、フレデリック・テイラーに続く新時代の理論家としての名声を高め、一つの時代を築いた。

その後、バーナードが説明した協働システムとしての経営組織のあり方は、ハーバート・サイモンの *Administrative Behavior*（一九四七年、邦題『経営行動』）によって理論化される。

サイモンは、経営組織とは、人間の限定合理性と不完全情報を前提とした、客観的な合理性を備えた判断を範囲の限定によって可能とする装置だと理論化した。意思決定の本質を単純な原理原則の集合として理解し、それを束ねる存在としての経営のあり方を提示することで、その科学的な理解を深めた。

バーナードが説いた経営哲学は、同時期に頭角を現した二〇世紀を代表する経営哲学者であるピーター・ドラッカーの *Concept of the Corporation*（一九四六年、邦題『企業とは何か』）や *The Practice of Management*（一九五四年、邦題『現代の経営』）によっても別の角度から再定義されている。

Concept of the Corporation は、ゼネラルモーターズの事業部制がもたらした功罪に対する分

析から、組織活力を向上させるための分権化を進め、権限移譲と労働者の自己管理を推進し、作業者を管理すべきコストではなく、活用すべき経営資源と捉えるべきと主張した。そして、*The Practice of Management*では、社会的存在としての企業の理解をさらに推し進め、企業の存在価値は、最終的には顧客や市場が決定するという考え方を提示することで、マネジメントのあるべき姿を広く世に示した。

ここに至り、社会における経営者、経営組織、労働者のあり方に対する理解が一つの完成を見る。依然として、企業経営の文脈において経営戦略という言葉は一般的ではなかった。しかし、それが必要とされる要素は出揃ったのである。

＊＊＊

本章は、前史時代にまでさかのぼり、経営戦略の起源からその黎明期までを駆け足で概観した。このように振り返ると、経営戦略は、本格的にそれが進化する以前に、それに必要な素材があらかた議論されていたとも理解できる。

それを示すように、本章で紹介した数多くの古典は、現代においても経営戦略の文脈から活発に議論されている。ただし、こうした経営戦略以前の戦略の歴史は、標準的な経営戦略の教科書では通常一ページも割かれない前史である。その理由は、それ以後の発展がより科学的な検証と議論であり、企業の実態に根ざす経営戦略として、磨き込まれた一つの系譜として存在するからであろう。

確かに、本章で紹介した素材を現代に活用するには、いくつか注意すべき点が存在する。最も重要なことは、それらが生み出された時代背景と、本来の目的を理解したうえで議論を噛み砕かなければならないことである。あくまで軍事が目的であったり、生産管理が目的であったり、当時の経営者のあるべき姿を議論しているため、現代にそのまま用いて経営戦略とするならば、多少なりとも無理が生じる。より広い目的や異なる目的に対して磨き込まれた議論であることもあるため、現代の「経営戦略」に応用するうえでは、再解釈を避けることができない。

また、そうした再解釈を通じて生み出された後世の第三者による多様な解釈は、元来の意味や文脈から駆け離れた応用となる場合もある。すなわち、こうした古典はあくまで思考の具材として用いるべきであり、現代に応用する際にはそのまま鵜呑みにして実践してはならない。もちろん、目的や対象や考え方の違いを超えて、こうした古典には現代にも通じる普遍的な学びがあることも確かである。であるからこそ、本章は経営戦略の語源や起源をできうる限りさかのぼり、その源流からの発展の流れを少しばかり詳細に紹介することとした。

次章は、前史に対して正史を扱う。時代は一九六〇年代頃、一九八〇年代に登場するマイケル・ポーター以前の発展である。経営戦略の骨格と同様に、経営戦略発展の骨格ともいうべき、現代の経営戦略論に直結する議論の系譜を追う。

本章の要点

- 戦略（Strategy）の語源は、何をもって語源とするかで複数存在する。
- 戦略の起源をさかのぼるのであれば、それは先史時代に至る。
- 人間活動の組織化の手法は、国家権力と戦争により磨き込まれた。
- 軍事戦略は、孫子からリデル＝ハートまで経営戦略にも幅広く応用される。
- 近代的な大企業の成立が、経営を科学する行為を必要とした。
- 管理監督による生産性追求の行きすぎは、逆に人間性の発見につながった。
- 単なる監督者ではなく、高い規範の実践者としての経営者が理想となった。
- 経営戦略という言葉が生まれる前に、必要な要素はすでに出揃っていた。

第Ⅱ部　経営戦略の理論化——一九六〇年代から二〇〇〇年代まで

Business is like a car.
It will not run by itself except downhill.

ビジネスは自動車に似ている。
下り坂以外では、それ自体では動かない

米国の格言（20世紀中頃）

経営戦略の黎明期は、二〇世紀中頃であった。大規模化する組織の効率的な運営のために、予算管理をはじめとする経営管理がその重要性を増した。経済変動の不確実性が高まり、また事業の複雑性が高まる中、組織運営における戦略計画の重要性も理解されるようになる。

第II部では、研究分野としての経営戦略が確立されて以降、それぞれの時代を風靡した諸概念を概観する。ポーターやバーニーなど、代表的な概念を個別に詳細に解説するのではなく、つながり合う理論の系譜の一部と捉え、その進化の過程を描写することから、社会科学としての経営戦略がどのように理論的な発展を遂げるかを解説する。

第3章

経営戦略の黎明期

予実管理から戦略計画へ

前章では、「経営戦略」という言葉が一般に語られる以前の歴史を概観した。フレデリック・テイラーに代表される科学的管理法は、営利組織の経営という職人芸の世界に、数値と分析を多用する科学的な手法を取り入れることで営利企業のあり方を一変させた。一方、数値を用いて高度に管理された生産工程は、人間性を寄せつけることがなく、そこで働く個々人の個性を否定する組織のあり方でもあった。

エルトン・メイヨーのホーソン実験は、実証データの取得手法とその分析のあり方には批判がある。しかし、その調査結果が提示した、生産性に大きな影響を与えうる非科学的にも見える要因、「人間性」の発見は間違いなく価値の高い発見であった。

この実験とそれに続く調査研究が示した労働者の人間性を理解することの重要性は、経営の議論に心理的な要素を取り扱う大きな潮流を生み、経営のあり方をさらに進化させた。そして、それは多くの実務家や経営思想家によって磨き込まれ、二〇世紀中頃には実業界に広く浸透した。

ここまでが「経営戦略」の前史だとすれば、二〇世紀中頃から先が「経営戦略」の正史といえるだろう。この時期を境に、経営学の研究者が経営戦略を独立した研究領域として取り扱い始め、また多くの実務家が経営戦略を考えるという行為を、他の意思決定とは区別して理解し、それを実践し始めた。

なぜ、この時期を境に「経営戦略」という概念がこれほど広まったのか。それを考えるために、本章では経営戦略正史の始まりともいえる、第二次世界大戦後の一九五〇年代頃から一九七〇年代の終わりまでの歴史を概観する。

1 米国を中心に多角化が進み、戦略の専門家が必要とされる時代へ

経営学の文脈における「戦略」の始まりを議論するには、まず、第二次世界大戦を契機に訪れた経営環境の大きな変化を押さえておく必要がある。

一九世紀後半から二〇世紀初頭にかけて、営利組織の活動を科学的に検証し、改善するという慣習が広く普及した結果、人類は組織を活用した生産活動の効率性を飛躍的に増大させた。組織運営の効率化は、大量に安価に財を生産することを容易にし、大量に安価に提供された財は大量の消費を喚起、さらにその消費がまた大量の生産を呼び込むという好循環が生まれた。経済の好調な発展は、第一次グローバル化とも称されるような国際交易の急成長も伴い、順調に継続した。

しかし、第一次世界大戦による混乱や、大恐慌への対抗策として列強各国が行ったブロック経済化によって、世界はふたたび断絶の時代に取り込まれてしまう。さらにその結果として生

まれたファシズムと軍拡のうねりは、第二次世界大戦というさらなる悲劇を誘発し、世界中に大量の戦死者と広大な焼け野原という負の遺産を残した。

しかし、経済的打撃をほとんど負わないまま大戦を終えた国家が存在した。それが米国である。米国は、欧州の疲弊とアジアの混迷によって超大国として不動の地位を築き、戦後復興の中心的役割を担うことになる。米国は大戦を勝利に導いた大量生産方式を復興に用いることで、世界的な大衆消費社会の発展に寄与した。東西の冷戦構造により世界経済に暗雲が垂れこめてはいたものの、米国の「黄金時代」とも呼ばれる経済成長を謳歌した。これは米国が消費社会の再発展を牽引する時代の始まりである。これを機に、経営に関する議論も米国企業を主な研究対象としてさらに発展した。

第二次世界大戦後、米国を中心とした企業は、ある商材で成功を手にすると、その成功の方程式をもとに関連産業にも精力的に進出、事業の多角化を進めていた。その結果、どのようにして多数の事業領域に効率的に参入し、自社の組織内で経営資源を融通し合い、それぞれの事業領域でいかに他社が持ちえない優位性を得るかを検討することがきわめて重要となった。

それは、事業の賞味期限、ライフサイクルが異なる事業群を単一の営利組織が一体運営し、衰退する事業から成長する事業へ資源を移転していくことにより、組織の長期的継続を成し遂げるための方法論の普及につながった。そして、米国から始まったこの流れは、遅れて経済成長を遂げた日本やドイツといった他の先進国へも波及したのである。

無数の事業を把握し、それらのそれぞれに対して適切な方針を打ち出し、さらにはその事業群全体の方向性を検討していくことは、いかなる経営者であっても困難を極める。無数の意思決定を次々にこなし、無尽蔵に生み出される情報を経営者個人が属人的な職人芸で処理していくのには、おのずと限界があった。

多角化が高度に進展し、組織が巨大化する中で、経営者の認知限界を超えて肥大化する組織が生まれた。経営者自身ですら、無数に展開する自社製品やサービスの特徴を充分に理解できないことも珍しくなくなり、経営者の意思決定を助ける特別な存在が求められるようになった。

たとえば、企業内の「経営企画（部）」がさらに拡充された。経営企画部は、経営者の判断を具体的な予算人員配分に落とし込むために、組織の日常業務とは切り離された中長期的な資源配分を検討して、必要な情報を収集する部署である。経営者本人がその経験や勘に基づいて判断するのではなく、こうした専門部隊が組織として確立されたプロセスに基づいて各種の経営数値を収集し、それを分析、加工して経営陣に提供することで、その意思決定を支援する陣容が拡充され、企業がより多くの経営人材を求めるようになった。

また、こうした変化に付随して、組織の外部から経営のあり方に助言を行う経営コンサルタントという専門職がその存在感を増し、生産や会計財務の現場のみならず、事業機能のそれぞれに影響力を持つようになる。

依然として、各事業機能の現場で脈々と継承されていた職人芸の世界、属人的な能力に基づく直感や時間の経過によって蓄積されていく経験値は重要であった。しかし、組織の中・長期的な存続をいかに成し遂げるかを議論する専門家としての戦略家と、それを助ける思考の道具、それを活用するための知見がより強く求められる時代となった。経営戦略という言葉が一般化したのには、こうした時代背景があった。

2 経営戦略の始祖
チャンドラーとアンゾフ

「戦略」という用語を経営学の文脈で初めて議論したのは、経営史の大家であるアルフレッド・チャンドラーが著した*Strategy and Structure*（一九六二年、邦題『組織は戦略に従う』）といわれている［*01］。

この著作は、米国の巨大企業が環境に対して自社が最適と考える基本的な長期目標を決定し、それに基づいた行動指針を定め、その指針を実現すべく諸資源を割り当て、組織体制を整備していく経緯を詳細に描写している。実在する企業の組織的な変遷の分析から、環境変化と戦略変化の間に存在する相互のインタラクションを議論し、その成果は多くの示唆を与えた。

特に、職能部門別組織から近代的分権組織としての事業部制組織への移行過程、たとえばデュポンが直面した需要変動による経営危機と、その対応策としての事業の多角化、そして、その困難を克服するために実践された事業部制のあり方などの事例から、環境変化が戦略変化を呼び込み、それが組織の変化を導くことを示したのは、その代表である。こうした環境変化に対応するように生じた組織変化は、ときに「組織は戦略に従う」とも表現され、随所で引用された。

ただし、この著作はあくまで経営史の観点から歴史事実をひも解き、過去に存在した歴史的事実としての経営環境、戦略、組織の関係の特定の事例を紹介、その解釈を試みたものである。多角化を進めた米国企業の分権化と、事業部制導入の歴史に関する細緻な分析が行われてはいるものの、経営戦略を体系的に整理しようとする試みではなかった。

営利組織の経営戦略を分析的かつ体系的に取り扱った初めての著作は、「経営戦略の父」と称されるイゴール・アンゾフが出版した *Corporate Strategy*（一九六五年、邦題『企業戦略論』）である。

01 なお、チャンドラーは、組織が無条件に戦略に従うと述べているわけではない。戦略上の変化が組織上の変化に先立って起きることは明示されているが、組織構造が戦略形成に何ら影響を与えないという意味ではない。確かに、戦略から組織を変化させたほうが無難であろうが、実際の実践と応用は個別事例の特殊状況にも左右される。

アンゾフは、ランド研究所で米空軍の調達戦略やＮＡＴＯの戦略分析などに従事した後、ロッキード・エアクラフトの経営企画部に活動の場を移した。その後、副社長にまで昇進すると、一転して大学教員としての道を歩み始める。そして、その多様な経験を背景として、戦略の概念を企業経営の中核に応用するに至った人物である。

アンゾフは、組織はまず、事業環境の分析から自社の方向性に関する戦略的意思決定を行い、それを土台として、予算をはじめとする行動計画を定めるべきだと主張した。なぜなら、人間が未来を完全に予測するのは不可能であるため、予算や計画も完璧にはなりえないと考えたからである。

確かに、アンゾフ以前にも、目標数値を達成するために必要な経営資源を配分し、その達成状況をモニタリングする仕組みは一部で確立されていた。それは、一九世紀に登場した近代的大企業という巨大組織の運営から磨き込まれた経営プロセスであり、軍隊や国家運営のノウハウを起源とする予実管理においては、最も中核的かつ基本的とされたプロセスでもあった。

戦前からまずは米国で設立され始めた、経営管理の専門家を育てる大学院であるビジネススクールにおいても、「ビジネスポリシー（Business Policy）」という名称で経営者に求められる各種の意思決定に対する講義が行われ、その成果が学生に講義や教材の形で還元されていた。

しかし、アンゾフ以前の企業経営の実際は、各部署が達成すべき数値を土台に積み上げ方式で事業計画が立案され、そのための方策は各部署の自律的な活動に任されていた。巨大組織を運営するために、まずは数値をベースにした計画を立て、それを着実に実行することが経営管理の実際であった。

逆にいえば、予算策定とそれをもとにした経営管理の骨格となる、企業の方向性の決定や戦略の立案に際しては、経営者個人の属人的な才覚に委ねられるところが大きかった。巨大組織の戦略的意思決定をどのように行うかについてはあまり明確に議論されておらず、したがって、いまだ一般化された議論にはなってはいなかった。

これには一定の合理性があった。なぜなら、戦後から一九六〇年代中頃までの米国経済は、冷戦構造における軍事費の増大と相まって、都市部の人口増加と技術革新による大衆消費社会の成長により、長期的に安定した成長を実現していたからである。こうした環境下において、成長と繁栄のために最も重要なのは、安定的に成長する経済に確実に充分な商品を計画的により多く供給することであった。

長期的かつ安定的な市場成長が実現し、すべての市場参加者がその果実を得ることができる環境下では、予算を組み、それを達成するということが比較的容易であり、また、それがときに最も効果的であった。市場規模の成長予測をもとに自社が達成すべき目標を定め、その目標を実現するための計画を立案し、それを実行することは不可能ではなく、むしろ堅実だったのである。

市場予測の不確実性が低く、急激な市場成長を背景として事業者間の競争も限定的であった時代においては、数値目標さえ定まれば、以降の事業計画立案のプロセスがほぼ自動的に進むような状況もあっただろう。多少の変動があるとしても、当初予算に対する上振れと下振れ、それに対する修正予算の提示をすることで、おおかた充分な対応がなされていた。

しかし、一九六〇年代後半にはすでに、安定成長の黄金時代に陰りが見え始めていた。そのため、経営者は次第に、経営環境を取り巻く不確実性に頭を悩ませるようになる。そうした時代の変化は、アンゾフの主張が広く注目を浴びるようになった要因の一つともいえる。想定外の事態が起こるときに必要なのは、単なる数値計画ではなく戦略的な計画、すなわち組織の中長期的な方向性であり、数値の背景となる思想と哲学である。

経営者にとって最も重要な意思決定は、そうした組織の方向性に対して大きな意味を持つ戦略的な意思決定である。そのような意思決定は、より体系的な考え方、整理された情報、適切な分析を背景に行われなければならない。こうした発想が評価され始めたのである。

また、アンゾフが事業の多角化に焦点を当てて議論を進めたことも、彼が時代の波に乗った一因である。多角化もまた、当時の米国企業が抱えていた経営課題の中核であった。長期的成長を実現するためにも、また来たるべき景気減速と産業構造の変化に備えるためにも、事業の新たな柱を用意することは経営者たちの切なる希望であった。

多角化は、特にその顧客もその商材も異なる未知の領域に対する多角化であれば、経営者の経験値や直感が生かしにくい可能性が高い難しい意思決定である。その意思決定は考えさせるものであり、ときに他者の助けを必要とするものであったことは、想像に難くない。

チャンドラーとアンゾフ、同時期に登場した彼らはともに、組織の方向性を決定づけるものとして経営戦略を位置づけ、その存在を示した。チャンドラーは、具体的な企業の分権化と組織変化の事例をもとに、それを詳細に解説した。それに対してアンゾフは、経営戦略という概念を分析的かつ体系的に取りまとめ、経営戦略の方法論とその研究分野として確立に大きく貢献したのである。

3 予算ありきから、戦略ありきへ

アンゾフの主張は、経営戦略という議論の系譜の直接の起源といわれている。では、アンゾフはどのような主張を展開したのだろうか。

アンゾフは、組織の意思決定を「戦略的意思決定」「管理的意思決定」「業務的意思決定」の三つに分類し、その中でも戦略的意思決定が特に重要であると説いた。この「戦略的意思決定」を主題として取り扱ったことが、アンゾフのCorporate Strategyをして経営戦略の正史の始まりとする第一の理由であろう。

戦略的意思決定とは、不確実性の高いある環境に対して自社の経営資源をどのように活用するかを決めることである。また管理的意思決定とは、自社の経営資源を付加価値に転換するための、具体的なプロセスを検討することを意味する。そして業務的意思決定は、その実際の運用を検討することである。それぞれ具体的に見ていこう。

業務的意思決定は、最も実務に近く、日常業務で行われる一つ一つの判断である。たとえばレストランのウェイターは、どのテーブルに来店客を案内すべきなのか、配膳と会計のどちらを優先するのかといった、小さな意思決定を繰り返し行っている。

このように企業が日々の業務を遂行するうえで必要であり、現場で日常的に繰り返される定例的な意思決定が業務的意思決定に分類される。

管理的意思決定は、組織が決定した一定の方針に対して、それを実現するための具体的方策に関する意思決定を指す。たとえば、ある企業が製品の価格を二〇%引き下げるという戦略的意思決定をしたとしよう。その実現のために、どのように調達先や生産工程を調整するか、どの程度の販売数量を目標として、そのためにどれだけの資源を投入するかを決定することは管理的意思決定に分類される。

戦略的意思決定は、Corporate Strategy（企業戦略）の根幹であり、経営環境の特性とその変化に対して組織がどう対応するかを検討することである。たとえば、自動車会社が産業全体の電動化と知能化の潮流をどう見極め、どのような要素技術を採用するかを判断することは、戦略的意思決定である。

すなわち、内燃機関からモーターへの主機関の移り変わりと、走る、曲がる、止まるといった機械としての付加価値から、自動運転、ネットワーク接続、エンターテイメント機能などの情報処理端末としての付加価値への重点の変化を適切に捉え、それに対応するべく長期的な視座で組織の形を変化させ、経営資源を組み替え、商品とサービスの取り揃えを変容させる作業である。

あるいは、鉄鋼メーカーが全世界の合従連衡の潮流をどう見極め、どのような資本政策を立案するかを判断することも当てはまる。鉄鋼全体に対する全世界の需要の推移を検討するのみならず、アルミやカーボンなど鉄鋼を代替しうる財の性能や価格がどのように変化するかを可能な限り見通し、また、競合がどのような技術を生み出すか、どのような生産計画を立てるかを細緻に検討する必要がある。

このように企業の長期的な生存を左右し、かつ不確定要素が大きな意思決定が、戦略的意思決定である。

言い換えれば、管理的意思決定や業務的意思決定と比較して、戦略的意思決定は、より不確実性を許容している。経営者は、こうした意思決定に際して、いかなる形で努力をしても不確定要素を抱えたままに、部分的には無知である状態で望まなければならない。それゆえアンゾフは、前述したとおり、その不確実性を前提とした体系的かつ戦略的な計画が必要だという議論を展開したのである。

もちろん、アンゾフだけが孤軍奮闘していたわけではない。同時期に活躍した、カリフォルニア大学のジョージ・スタイナーをはじめとする戦略計画の伝道師たちは、戦略的意思決定が困難となる巨大組織であっても、一定の明確なプロセスを導入することによってそれを適切に行えるようにすべく、数々の指針を示した。予算ありきから、戦略ありきへ。それは、時代が求めた潮流であった。

その根本は、第一に戦略策定プロセスの明確化であり、第二に自社とそれを取り巻く環境の理解であり、第三にそれをもとにした成長のための施策の整理にある。たとえば、まず経済や産業全体の未来予測を行い、それをもとに組織の売上や利益などの目標を設定する。その目標を達成するために戦略的意思決定を行い、優先事項を整理し、経営資源を配分し、それを円滑に実行する。そして、計画の成果を絶えずモニタリングし、その進捗を次の戦略的意思決定に織り込む。

当時は、こうした戦略策定と実行における一連のプロセス〔＊02〕が未整備の組織が大半であった。そのため、戦略的意思決定は経営者や経営チームの属人的な知見や素養のみに大きく依存していたのである。

しかし、安定成長の時代から不確実性の時代が訪れたことで、予算・動員計画の背後にあるべき戦略的意思決定の重要性が増すこととなる。アンゾフが「経営戦略の父」と呼ばれるのは、その重要性を前面に押し出し、これまでの経営管理の手法に対して正面から挑戦した先駆者だからである。

4 戦略的意思決定としての経営戦略

アンゾフが体系化した経営戦略は、その後に発展した調査研究の根源を数多く内包している。特に、アンゾフが整理した戦略的意思決定の四つの要素は、現代でも示唆に富む。

①製品と市場分野（自社がどの市場を事業領域とするか）
②成長ベクトル（自社の成長のためのアクションをどうとるか）
③競争優位（自社の競争優位の源泉をどこに持つか）
④シナジー（自社の事業領域間の相乗効果をどう作り出すか）

02 たとえば、スタイナーの一九六九年の著作（Steiner, 1969）は、これを「前提条件の整理（Premises）」「計画の立案（Planning）」「実行と評価（Implement and Review）」の三段階に切り分ける。

［図表 3-1］アンゾフ・マトリックスの原型

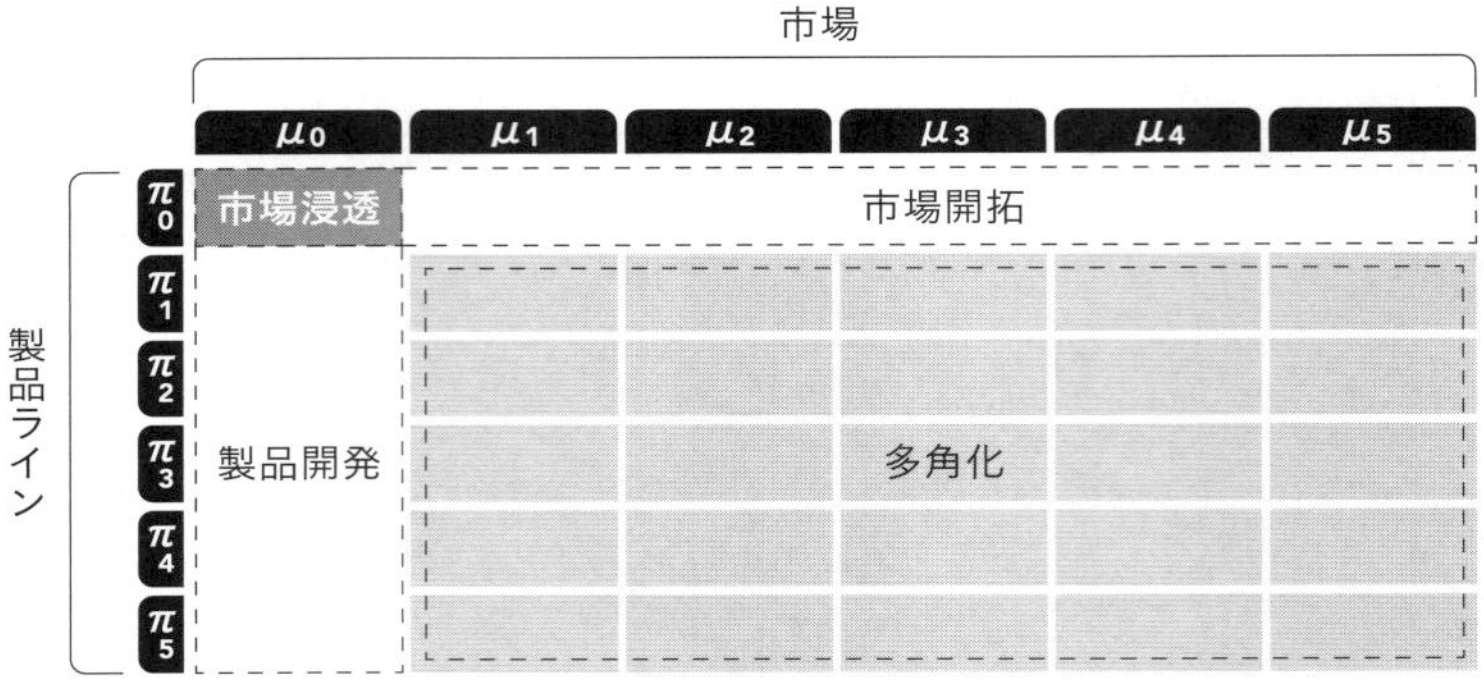

出所：Ansoff（1957）p.114; DIAMOND ハーバード・ビジネス・レビュー編集部（2010）p.6 より作成。

これを見ると、アンゾフはすでに、経営戦略の議論における基本的な要素をカバーしていたことがわかる。一つ目の議論は、のちのポジショニングの概念に通じている。二つ目の議論は、組織が取りうる成長のための施策を概観する。三つ目は、資源ベース理論や、そこから派生したコア・コンピタンスの議論につながる。四つ目は、多角化した組織の経営に欠かせない基本要素である。

なかでも、アンゾフの特筆すべき貢献は、成長ベクトルに関する議論であろう。彼は *Corporate Strategy* の出版より以前、一九五七年の時点で、組織が成長するために実行できるアプローチをまとめた論文を発表している。その中で四つの成長ベクトルをすでに解説しており、これは「アンゾフ・マトリックス」として、現代の経営戦略の教科書でも、たびたび紹介されている。それはまさに、軍事戦略を原点に予算・動員計画とその忠実な実行を目的とする従来の発想と、経営戦略の立案を発想の原点とする以後の議論の分水領であった。

アンゾフ・マトリックスは、縦軸に「製品ライン（Product Line）」（自社が提供する「商品特性」）を、横軸に「市場（Markets）」（市場に存在する「顧客ニーズ」）を取り、成長ベクトルを「市場浸透（Market Penetration）」「製品開発（Product Development）」「市場開拓（Market Development）」「多角化（Diversification）」の四つに切り分ける（図表3－1）[＊03]。

最もなじみがあるのは、既存の商品特性を既存の顧客ニーズにより深く浸透させる「市場浸透」だろう。たとえば飲料水などの消費財の場合、消費者にその消費量を増やしてもらうことを期待する。耐久消費財であれば、サポート契約を締結してもらうなど、自社との関係、契約を増やしてもらう方向性を指す。

ただし、これは確度が高い反面、成功で得られる果実も限定的である。より高い成長を望むのであれば、市場ニーズか製品特性のいずれかを新規とする「市場開拓」か「製品開発」に臨まなければならない。市場の開拓は、海外展開など地理的な拡大を図ることもあれば、百貨店専売からコンビニエンスストアへの販売網の拡大など、販売チャネルの拡大も含む。大塚製薬がポカリスエットを風邪治療に有用と売り込んだり、ネスレがキットカットを受験祈願として売り込んだりするような用途の拡大も、その範疇である。また、新たな機能を追加したり、仕

03 第三の軸として、「地域（既存・新規）」を追加する発展型も存在する。

様を改善したりと、新製品を開発したり、機能を追加することも成長ベクトルとしては有用である。

それらを踏まえて、自社の事業領域に成長の限界が訪れて衰退期に入る前に、新規の顧客ニーズに対して新たな製品特性を投入する「多角化」を視野に入れる必要が生まれる。アンゾフの論文のタイトルがStrategies for Diversification（多角化の戦略）であることからもわかるように、この論文の焦点は、多角化の位置づけを明確化することであった。

多角化は、他の三つ（市場浸透、市場開拓、製品開発）と比べて広範な可能性を持つ一方で、自社が理解している顧客ニーズとも、すでに提供している商品特性とも異なる製品・サービスを提供する困難を抱えている。自由度が高い反面、既存事業の経験やそれによって形づくられた組織や事業構造の転換を図る必要があり、複雑で高度な戦略的意思決定である。だからこそアンゾフは、これこそがCorporate Strategyの中核であると位置づけた。

アンゾフによれば、多角化には「水平型」「垂直型」「集中型」「集成型」の四種類があるという。そして企業の長期的かつ持続的な成長のためには、異なる方向性を持つそれらの選択肢を吟味したうえで、戦略的に実行する必要があると説く。

水平型とは、近い事業領域に別の製品群を投入する多角化であり、たとえば牛丼の吉野家が、うどんのはなまるを運営するような方向性を指す。垂直型とは、自社の調達先や販売先の事業に進出することであり、ユニクロを展開するファーストリテイリングが衣料の自社による委託製造（SPA：Speciality store of retailer Private label Apparel）を開始したことや、ドトールコーヒーがコーヒー栽培に乗り出すこと、テスラが大規模なバッテリー生産に乗り出すのは、その例といえる。

集中型とは、自社製品と近い製品群への多角化であり、ダイソンがモーターを基軸として、掃除機からヘアドライヤーや加湿扇風機に参入しているのはわかりやすい。そして集成型とは、中核事業の競争力を背景に、一見無関係に見える事業に参入することである。たとえば、クリニックの入居するメディカルモールや銀行を経営するイオンや、旅行や書籍、保険も扱う楽天の事例が当てはまる。

このように多角化とは、戦略的意思決定の中でも、既存事業や既存組織のあり方とは最も独立した方向性を吟味する必要があるために、これまで培われた予実管理や生産管理、販売促進の知見とは異なる専門性が求められる意思決定である。不確実性が高く、最も困難な検討を迫られる。戦略的意思決定がCorporate Strategyの代名詞として、長らく重要な地位を占めているのには、やはり理由がある。

5 戦略的意思決定の不在は、いまだ大きな経営課題

五〇年以上前の時点で、成長戦略の方向性が包括的に語られていた事実は特筆に価する。しかし現代から見れば、企業には四つの成長のベクトルが存在するという主張はしごく当然であり、そこに新鮮な驚きや学びを感じる実務家は皆無であろう。多角化に四つの方向性があるという説明も同様である。

しかし残念ながら、いまだ多くの企業において、戦略的意思決定が経営者の属人的な才覚に依存しているのが実状である。当たり前のように理解してはいるものの、その当たり前を改善しようとすると、とたんに困難に直面する。

たとえば、依然として積み上げ型の年次予算が重視され、それとほとんどひもづかない「ポンチ絵」が主役の経営戦略は珍しくない。また、名ばかりで曖昧な経営ビジョンが申し訳程度にその詳細な数字に添付される状況も散見される。それらは銀行からの借入に必要な資料の一つとして採用されることはあるかもしれないが、残念ながら、ほとんどの従業員の記憶に残らない。

残念ながら、毎年恒例の方針発表会において経営陣が美しい将来ビジョンを語るものの、そ

のビジョンが日々の業務に具体的な影響を与えることは、むしろ珍しい。確かに一部の先進企業の戦略策定は高度に仕組み化されているが、ほとんどの実務家にとって、経営戦略はいまだ異次元の世界に存在するようである。

また、目標にすぎない各種の数値が、手段の目的化により独り歩きする傾向も変わっていない。売上高や営業利益、ＲＯＥ（株主資本利益率）やＲＯＡ（総資産利益率）といった数値目標を経営計画に落とし込むことに時間が割かれ、しかし、その達成のために必要な、具体的に何をするかの説明が漠然としたまま終わる。

本来、目標設定と同等かそれ以上に重要なのは、それをどのように達成するかである。しかし、それがほとんど議論されない企業も少なくない。多くの場合、具体的に何をするかは「現場への権限移譲」という言葉によって責任放棄されている。

特に社歴の長い企業であればあるほど、そうした経済が安定的に成長した時代の方法論を引きずっているように思える。また大企業であればあるほど、変更に伴う混乱も大きいからか、管理会計の発展系としてのＡＢＣ（活動基準原価計算）やバランスト・スコアカードなどの部分的な導入にとどまっている。

アンゾフの時代、すなわち、今から五〇年ほど前の常識のままに経営戦略を検討する企業は、まだまだたくさん存在する。全社的な戦略的意思決定が行われず、管理的意思決定と業務的意思決定の積み重ねが、緩やかに全社の方向性の舵取りを行っている。これは諸外国の多国籍企業に比較して、日本の大手企業に特に散見される状況にも思える。

この一因には、第1章でも触れたように、日本企業が創発的な戦略の流れに身を置き、中間管理職が戦術レベルでの提案を無数に積み重ね、その成功体験の蓄積が実質的な戦略的意思決定につながってきたという事実も見逃せない。

しかし、成功の一つの方程式として長らく機能してきたものも、産業レベルでの大きな変化が到来したとたんに、その弱みをさらけ出すのである。日本企業は、多角化した事業の経営管理が未成熟であり、環境判断をもとに戦略的な事業ポートフォリオを組み替える戦略的意思決定に慣れていなかった。

その結果、経営のビジョン、目標、戦略、予算の間に断絶が存在している。そして、経営の雲行きが完全に怪しくなってから、追い込まれるように事業売却を余儀なくさせる悲しい事態が、現在も数多く生まれているのではないだろうか。

実は、そうした事業再編と混乱の歴史に直面したのは日本企業だけではない。一九六〇年代後半から七〇年代にかけて、米国企業も同様の痛みを経験している。確かに一九六〇年代末までは、多角化によって経営資源を有効活用することが、企業成長を継続する手段として啓蒙された。しかし、多角化の進展により、経営資源が無作為に分散した結果、経営陣すら把握できないほど、事業ポートフォリオが複雑化した。子会社や事業の数が数百にも及び、その名前を覚えることすら困難な状況が多発するという副作用を生み出した。

多数の事業が併存する中でどの事業に追加で投資し、どの事業を縮小すべきなのか。利益率で考えるか、売上高で考えるか、それとも別の指標で考えるべきか。すなわち、多数の事業に展開したとき、その事業間の優先順位をどのように判断すればよいのか。

これら一九六〇年代の経済成長期には見えていなかった課題が、一九七〇年代初頭より、新たな経営課題として浮上した。単に経済成長の速度に合わせた事業計画を立案してそれを着実に実行し、自社の事業領域の周辺に広がる新規事業に無作為に取り組めばよかった時代が終焉したのである。

経済停滞という新しい事業環境において、伸び切った兵站を整理し、事業の形を見つめ直す必要性が生まれた。ときに急速に業績が悪化する中、早急な課題解決が求められるようになった。そして、実務家と研究者に並ぶ次なる経営戦略への貢献者として、戦略コンサルティング会社が台頭することとなった。

6 多角化の失敗によりコンサルティング会社が台頭

この時期、戦略コンサルティング会社の存在を一躍有名にしたのは、「ＢＣＧマトリックス」

あるいは「成長／市場シェアマトリックス」と呼ばれる方法論である［＊04］。この方法論は、「多数の事業が併存する中でどの事業に追加で投資し、どの事業を縮小すべきなのか」という課題に一つの明確な答えを提示することで、大きな注目を浴びることとなる。

ある推計［＊05］によれば、一九七〇年代終わりから八〇年代初めには、この考え方は全米の売上高上位五〇〇社（フォーチュン５００）の企業の半数以上で用いられるに至ったという。一九七三年の第一次オイルショックを契機とする経済混乱に伴い、米国企業を中心に急速に導入が進展した。一九七〇年代初頭までに多角化を進めていた米国企業は、突如として訪れた経済停滞に対して、早急に自社の事業を再検討、再整理する必要性に迫られていたのである。

ＢＣＧマトリックスという名称からもわかるように、このマトリックスを世に広めたのは、ボストン コンサルティング グループ（ＢＣＧ）である。では、なぜこの時代に、戦略コンサルティング会社が台頭し、その知見が急速に浸透したのだろうか。ＢＣＧマトリックスの概要に触れる前に、それまでの流れを簡単にひも解いていこう。

多角化の時代より以前にも、コンサルティング会社は外部の専門家として企業の経営支援に携わり、大きな成果をあげていた。たとえば、第2章で紹介したフレデリック・テイラーは、生産工程の専門家として、多くの企業の経営支援にかかわっていた。それ以外にも、財務会計や管理会計の手法、労務管理や生産管理の領域など、高い専門性を求められる多くの分野で経営管理の専門化としてのコンサルタントはすでに活躍していた。

さらに、アンゾフが戦略的意思決定の重要性を世に広め、それが組織的かつ科学的に実践されるようになる過程で、経営の意思決定はより複雑化し、そこに携われる専門家集団の需要がいっそう高まるようになる。

そうして、実務家でも研究者でもない第三の存在であり、実務家や研究者の知見の伝道師であるコンサルティング会社に対して、戦略的意思決定の支援を望む声がこれまで以上に大きくなったといえる。

その要請にまず応えたのは、マッキンゼー・アンド・カンパニーだった。マッキンゼーは戦前から事業を開始し、戦略コンサルタントという職業とその職業倫理を確立させつつあった。マッキンゼーは、「グレイ・ヘア・コンサルタント」と呼ばれるような、豊富な経験や知見を有する年長者に依存していた戦略コンサルティング業務を、ビジネススクールの卒業生を中心とする若手でも実行できるように定式化し、それにより積極的な事業拡大を実現した。

定式化された経営診断、数値と分析を重視した論理的な戦略検討、若手層の大量採用により、老練な熟練コンサルタントの技量に過度に依存し、大組織化が難しかった戦略コンサルティングの事業領域において急成長を果たしたのである。

---

04 BCGマトリックスや経験曲線が誕生した経緯については、Kiechel（2010）が詳しい。
05 Haspeslagh（1982）.

マッキンゼーは、多角化に伴う事業部制の導入を支援する取組みでさらに業容を拡大し、戦略コンサルティングという新たな事業領域を確立、確固たる地盤を築いていた。しかし、分権化を推し進めるその方法論は、多角化が過度に進展した企業群のニーズ、すなわち、事業再編の要請に応えるものではなかった。むしろ事業部制の導入支援に注力し続けた結果、企業に大きな転換が求められる時代になると、顧客が求める最適な知見を提供できなくなっていた。少なくとも、マッキンゼーが適任であるとクライアント企業から思われなくなっていたのである。

代わって台頭したのがＢＣＧだった。同社が世に広めたＢＣＧマトリックスは、事業ポートフォリオの特性を一覧できるという利便性を提供すると同時に、キャッシュを生み出す事業とキャッシュを求める事業のバランスを一覧することも可能にした。各事業への投資と事業ポートフォリオの組み替えを検討するうえで、特にキャッシュフローの配分に関する明朗な議論を実現した。

そうして、ＢＣＧマトリックスと、それと同時期に開発された経験曲線を武器に、ＢＣＧは戦略コンサルティング会社としての知名度を飛躍的に高めていったのである。

7　ビジネススクールが経営戦略の普及に果たした役割

この時代は、戦略コンサルティング会社の成長とともに、経営管理の専門家を教育する大学院であるビジネススクールも急速な成長を遂げた。

米国における戦略コンサルティング会社の成長と、ビジネススクールの成長は切り離せない。前述したとおり、明確で論理的な経営革新の方法論を確立していた有力経営コンサルティング会社が求めていた人材とは、白髪を誇る経験豊かな実務家、「グレイ・ヘア・コンサルタント」ではなかった。やる気があり、知的許容力にあふれ、時間を忘れて問題解決に没頭できる若い人材であった。

代表的な戦略コンサルティング会社は、旺盛な需要に応えて組織をさらに成長させるため、ビジネススクールを卒業した若手人材を精力的に採用した。たとえば、マッキンゼーの実質的な創業者であるマービン・バウワーが著した*Perspectives on McKinsey*［＊06］によれば、マッキンゼーはまずハーバード・ビジネススクールに焦点を定め、魅力的な条件による積極的な採用活動を展開したという。同様に、ＢＣＧもマッキンゼーに劣らない好待遇を提示し、優秀な若手を積極採用していった。

そして、戦略コンサルタントとして活躍してクライアント企業に引き抜かれた人材の中に

06　Bower (1979).

は、短期間で経営人材となる成功事例がいくつも生まれた。こうした経営人材は、いわば戦略コンサルティング的なアプローチの伝道師であった。

経営課題を構造化し、優先順位を定め、現場の情報を丹念に収集し、それに細緻な分析を加え、戦略オプションを描き出す。戦略コンサルティングの出身の実務家が共有するこうした経営思考の型が一定程度存在している。

しかし、こうした方法論の素養を持つ経営人材を転職先の企業で見出し、教育するのは大変な手間がかかる。したがって、経営幹部として引き抜かれた元戦略コンサルタントは、まずは短期的な実績を確実に仕上げるために古巣のプロジェクトチームと契約することも多く、それがまた戦略コンサルティング会社の事業拡大の一つの大きな経路となっていた。

戦略コンサルティング会社の事業が拡大すれば、戦略コンサルティング会社はさらに多くの若手人材をビジネススクールに求めるようになる。ビジネススクールから戦略コンサルティング会社に進み、経験を積んだ後に最短経路で事業会社の経営幹部になる。こうしたサクセスストーリー（成功の逸話）が積み重なるにつれて、ビジネススクールの志願者も増大し、その旺盛な需要を背景に各地に新たなビジネススクールが生まれていく好循環が生まれた。

こうしてビジネススクールの卒業生たちは、複雑化した営利組織の経営を担う経営人材として、また、新しい経営概念の伝道師として、経営戦略の黎明期を彩る重要な存在となった。

当然、大学院としてのビジネススクール自体も、知識を生み出す研究教育機関としてその重要性を高めていく。教育の前提となる研究活動が重視され、社会科学としての経営学が大いに前進した。また、卒業生たちの裏には著名ビジネススクールの花形教員の姿があり、彼らはその著作のみならず、教え子を通じて実業界に大きな影響力を発揮した。

特に著名な人物は、ハーバード・ビジネススクールのケネス・アンドリュース[＊07]であろう。彼が担当したコースであるBusiness Policy（ビジネスポリシー）は、アンゾフが市場環境が変化する中でどう戦略的意思決定を行うかに注力したのに対して、企業の社会的な責任、マネージャー個人の価値観や考え方、目的達成のために必要なシステム、そしてリーダーシップの役割まで幅広く取り扱っていた[＊08]。

ビジネススクールでこうした考え方を学んだ経営幹部候補生が、戦略コンサルティング会社に進み、キャリアの初期から戦略的な意思決定に触れる機会を多数得るようになった。業界横断的に実務の知見を蓄積する戦略コンサルティング会社でさらに経験を積んだ次世代の経営幹部は、事業会社に転身し、さらに経営人材として成長していった。ＭＢＡ（経営管理学修士号）が若手経営人材の登竜門としてのブランドを確立したのが、この時代である。

07　アンドリュースは、「SWOT分析」を世に広めた人物としても認知されている。彼が著者の一人を務める著作（Learned et al., 1965）は、分析ツールとしてのSWOT分析を確立した。

08　Andrews（1971）を参照。

経営戦略普及の背景には、こうした伝道師たちの活躍も見逃すことはできない。企業間でノウハウの媒介となった戦略コンサルタントと、そこに人材と知見を提供したビジネススクールと、外部の専門家と人材を活用した経営者の組織的な協業の構図が好循環を生み出した。

この好循環が、経営戦略という言葉とその概念、そして方法論を広く一般的に広める原動力となったのである。

8 BCGマトリックスからポーターの競争戦略の時代へ

BCGマトリックスは、それを生み出した戦略の伝道師たるコンサルティング会社と、そこに大量の人材を安定供給したビジネススクールの助けも経て、広く受け入れられた。では、現代においても広く経営戦略の基本として教えられるBCGマトリックスとはどのようなものであろうか。

ここからは少し踏み込んでBCGマトリックスを検証し、それを批判し、次の潮流を作りだしたマイケル・ポーターの競争戦略までの流れを確認したい。

BCGマトリックスは、縦軸に市場成長率、横軸に相対的市場シェアを取り、事業を四象限

［図表3-2］多角化した企業におけるモデルケース

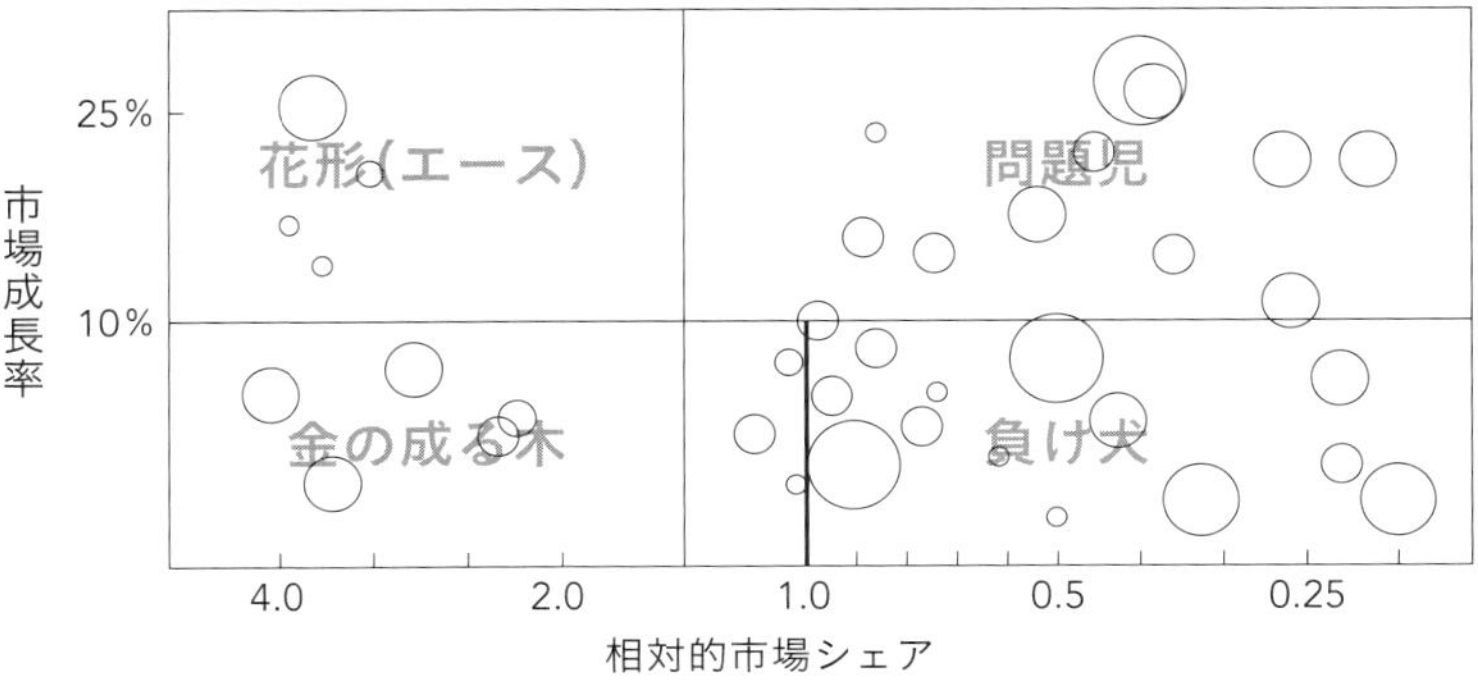

出所：Hax and Majluf（1983）p.47 をもとに作成。

に分類する。そして、左下のマトリックスから時計回りに「金の成る木」「花形（エース）」「問題児」「負け犬」の四種類に事業を分類する。

「金の成る木」では投資を抑制してキャッシュを生み出し、「花形」にはキャッシュを注ぎ込み、「問題児」は「花形」になれるかを見極め、「負け犬」からは撤退を検討する。これが最も基本的な説明である。

図表3－2は、多角化が進行したある企業におけるBCGマトリックスのモデルケースを示している。BCGの解説によれば、最適なキャッシュフローの再配分を実現するためには、左下の「金の成る木」から右上の「問題児」へ資源の再配分を行い、「問題児」をできる限り左上の「花形」に成長させるべきだという。また、右下の「負け犬」に対する投資は極力抑制し、できるだけ早い段階で事業からの撤退や売却も検討すべきとする。

あまりにも有名で、あまりにも多くの企業で導入されて実際の戦略的意思決定に用いられたがゆえに、ＢＣＧマトリックスは今でも随所で紹介されている。しかし、この概念は経営戦略のほとんどの入門編で紹介されているにもかかわらず、頻繁に誤用されてもいる方法論である。

そもそも、これはあくまで自社の状況を視覚化することで発見を促すツールであり、この分類のみで経営判断を下すことは大きな危険をはらんでいる。たとえば、図表３－２では全事業の市場成長率がプラスになっているが、その状況下において、右下の事業をすべて「負け犬」と判断してよいのかは疑問が残る。

もしかしたら、全事業に成長可能性がある状況であり、外部からの資金調達を行うなどをして、内部の経営資源再配分よりも、外部からの経営資源調達を優先したほうがよいかもしれない。

別の極端な例では、本業に強く関連する多角化しか行っていないために、市場成長率も相対的市場シェアも、各事業の差がほとんどないマトリックスになってしまうこともある。この場合、ＢＣＧマトリックスは事業間の相対的な比較を行うため、実務上は誤差にすぎないような成長率とシェアの差を、あたかも大きな差があるように誤解するような尺度で捉えてしまう可能性がある。

何より、このマトリックスは、活用する企業が多数の事業を抱えていることを暗黙の前提としている。数個の事業しか存在しないのであれば、わざわざマトリックスに各事業を配置する必要性は低い。また、これを眺める人物には、一つ一つの事業に関する定性的な情報を豊富に持っていることが求められる。それぞれの経営幹部の中に眠る定性的な情報を整理し、議論するための補助係、あくまでツールとして、このマトリックスは最大の価値がある。

さらに、縦軸に市場成長率を配置することが有効に機能するためには、自社の各事業の成長率が産業全体の成長率に大きな影響を受けるという前提条件が必要になる。すなわち、市場そのものが拡大すれば競合他社の事業も自社の事業も拡大し、市場が縮小すれば競合の事業も自社の事業も縮小するという議論の単純化がされているのである。

しかし当然ながら、市場全体が縮小しても自社事業まで縮小するとは限らない。たとえば、製品差別化が困難な事業領域において、もし自社のみがその差別化に成功しているのであれば、その前提は適応されないだろう。適切な「市場」の定義を用いて適切な状況でのみ用いなければ、各事業の成長可能性を見誤ってしまうのである。

同様に、横軸を単に市場シェアと表現する文献もあるが、これも正確な理解を妨げる一因である。市場シェアという単純な数値が持つ意味は市場の寡占度によって大きく変化するため、BCGマトリックスで用いるのは、あくまで最も重要な競合に対する相対的市場シェア（自社の市場シェア／最も重要な競合の市場シェア）でなければならない。

たとえば、単純な市場シェアで六割以上の寡占的なシェアを持つ競合が存在する中での市場シェア二割と、市場が細分化され、シェア数パーセントの競合しか存在せず、市場シェア二割

［図表3-3］典型的な経験曲線

標準目盛

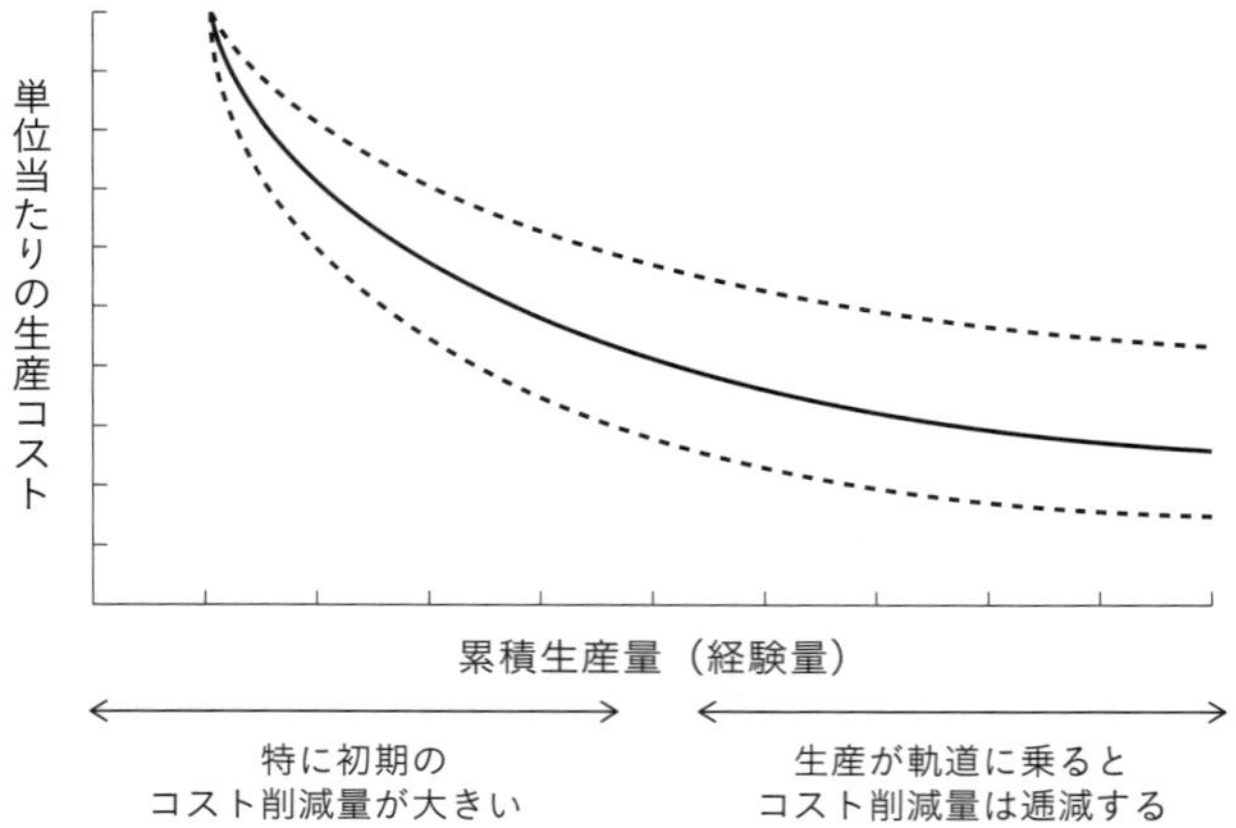

対数目盛

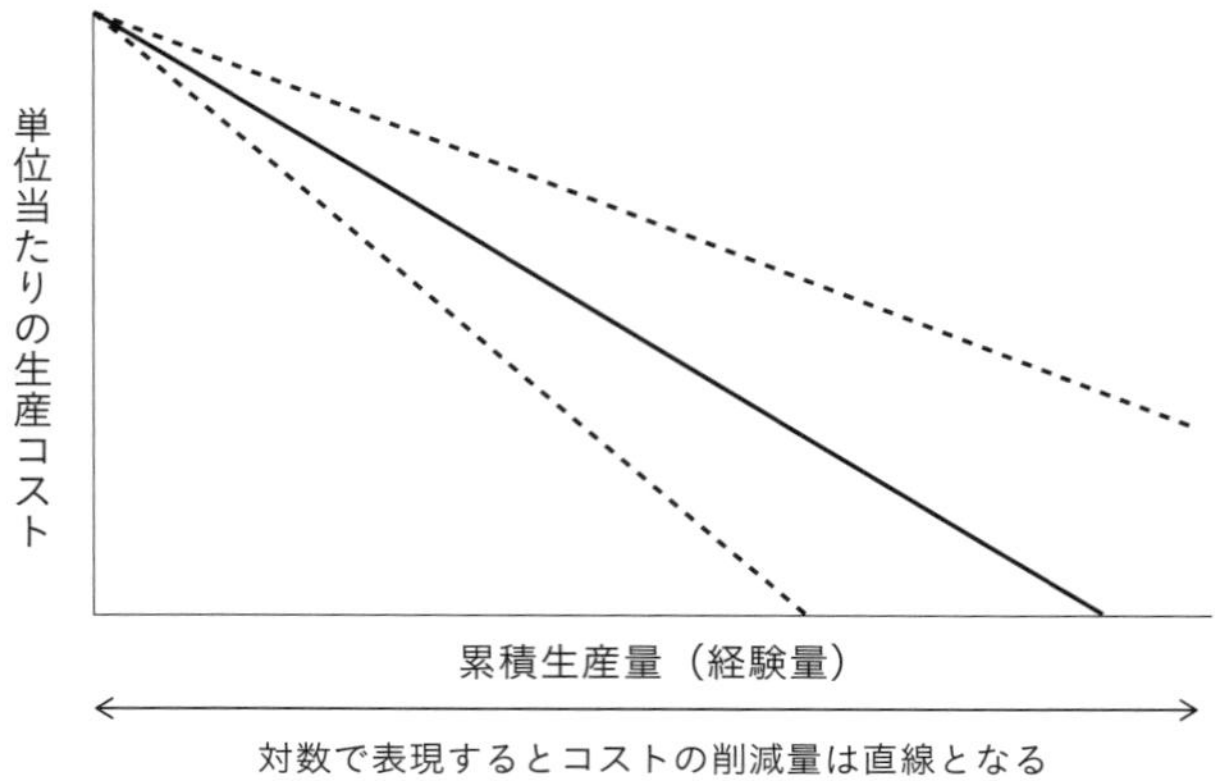

出所：網倉・新宅（2010）p.174を参考に作成。

の自社が業界ナンバーワンの状況では、この数字が持つ意味は大きく変わってくる。

関連して、この相対シェアを実数値でプロットしている例もあるが、これも元来、対数スケールでプロットするものとしてデザインされている。なぜなら、相対シェアを横軸とする発想は、BCGが一九六〇年代中頃から提唱している経験曲線の知見（累積生産量に対するコスト削減幅は対数スケールで表現すると直線になること）[＊09] に基づいているからである（図表3－3）。

言い換えれば、横軸で表現される各事業の収益率の向上は、経験曲線効果を織り込んだ量産効果によるコスト削減が主因であり、それとひもづく対数スケールで判断しないと、事業の可能性を過小あるいは過大評価してしまうのである。

なぜ、このような誤用が多く見られるのだろうか。

その裏には、BCGマトリックスが、製品イノベーションが限定的であり、大量生産から生まれる標準品が産業の中心であった一九六〇年代を前提に設計されているという事実がある。縦軸には競争の概念が抜け落ちており、横軸には標準品の前提がある。

すなわち、経済が安定的に成長しており、営利組織が競合との競争をそれほど意識せず、単

09　経験曲線はウィンフレッド・ヒルシュマンによる『ハーバード・ビジネス・レビュー』の論文を参考としており、BCGがゼロから考案した概念ではない。詳しくは、Hirschmann（1964）を参照。

にその経済成長に追いつくために生産を拡大していればよい時代が背景にあり、また、それぞれの製品やサービスがまだ充分に差別化されておらず、経験曲線が当てはまりやすい標準品の大量生産が生産活動の主役の時代であったことが背景にある。

しかし、製品仕様が多様化し、それが短期間で革新される現代においては、原義を忠実に適応すると機能しない。競合に対する相対的な競争優位がなければ、いくら市場成長率が高くても、その市場成長の果実を得ることはできない。

たとえ市場が順調に成長しているように見えて、しかも相対的な市場シェアが高いとしても、強力な代替品が登場すれば、数年で自社の事業が崩壊することもありうる。iPhoneの登場によって急速に進化したスマートフォンが、ノキアやモトローラ、ブラックベリーが保持していたそれまでの携帯電話の牙城を数年で崩壊させたのは、そのわかりやすい事例であろう。

だからこそ、実業のあり方が大きく変化した現代における多くの教科書では、BCGマトリックスを単純化した四象限のマトリックスで表現することで、細部の議論を避けている。「負け犬」や「金の成る木」といった目を引く言葉だけが生き残り、その意味が誤解されている。単純化されたマトリックスによる表現は、必ずしも間違いではない。しかしそれは、何の示唆も与えてくれない抜け殻の可能性もある[*10]。

BCGマトリックスは、経営者の属人的な経営センスと補完し合い、相乗効果を発揮することで広く受け入れられた。しかし、時代の変化とともに、この考え方にも疑問符が投げかけられるようになったのである［＊11］。

ＢＣＧマトリックスによる多角化企業の経営支援が一巡し、戦略コンサルティング会社やビジネススクールを通じて経営戦略策定のノウハウが一般に普及した後、マイケル・ポーターによる競争戦略の時代が訪れた。

ポーターは競争戦略に関する議論の出発点としてまず、ＢＣＧマトリックスを批評し、その不足を指摘している。一九七九年、彼が初めて「ファイブ・フォース」の概念を提示した『ハーバード・ビジネス・レビュー』の論文［＊12］では、約一ページにわたって経験曲線とその限界に言及している。

この論文は、産業の収益性（すなわち、事業領域としての魅力度）は、ＢＣＧマトリックスが暗示するようにその産業の成長段階や事業のライフサイクルで決定されるのではなく、その産業構造の特色、特に五つの競争要因で決定されると主張する。

そのうえで、ＢＣＧマトリックスが暗黙の前提としている、経験曲線をめぐる理解に疑問を

---

10 同様の問題は、ケネス・アンドリュースが広めたＳＷＯＴ分析にも当てはまる。単にマス目を埋めるだけでは、ほとんど意味がない。実態のある分析を伴わなければ、自己の持つ誤解や思い込みを表現するのみとなり、かえって判断を鈍らせてしまう。

11 ＢＣＧ自身は、二〇一四年六月四日に"BCG Classics Revisited: The Growth Share Matrix"という記事を公開し、四〇年以上の時を経ても、この考え方は有用だと解説している（https://www.bcg.com/publications/2014/growth-share-matrix-bcg-classics-revised.aspx）。

12 Porter (1979) p.139.

投げかける。ポーターは、確かに経験曲線は既存の事業者が新規参入者に対して優位性を築くことには貢献するが、それは確立すべき参入障壁であっても競争戦略の有効な到達目標にはなりえないと批判している。

多くの企業が経験曲線効果を追い求めるあまり、相対的市場シェアをめぐって目の前のライバルに集中しすぎているとポーターは批判する。その結果、より重要な競争要因となる顧客や供給者との交渉力、新規参入や代替品の脅威を忘れがちであると説いたのである。

この論文は、BCGマトリックスを代名詞とする、機械的な事業環境の評価に対するアンチテーゼといえる。一九八〇年代の幕開けが近づき、市場全体の成長が緩やかになると、企業経営の焦点は市場全体の成長による果実を得ることから、市場構造を理解し、競合との競争に勝利することに移り変わっていった。市場そのものの成長が望めない中、競合との競争に勝利しなければ利益を得ることができなくなりつつあったのである。

次章では、外部環境から経営戦略を考える系譜を概観しながら、特にマイケル・ポーターのファイブ・フォースを中心に、その理論的背景と学術的価値について考える。産業組織論を背景にしたSCP理論と、それを応用した事業環境分析の手法を解説する。特にポーターのファイブ・フォースを中心に、その理論的背景と学術的価値について深掘りしたい。

本章の要点

・経営戦略の正史が始まる以前に、すでに基本的な要素は出揃っていた。
・黄金時代の終焉が、予実管理の前提となる戦略計画の重要性を高めた。
・「経営戦略の父」と称されるアンゾフは、その後の主要な議論の原型（製品と市場分野、成長ベクトル、競争優位、シナジー）に言及している。
・当初の経営戦略の焦点は多角化による長期安定的な事業成長にあった。
・多角化の進展後、経済停滞による事業再編への要請が事業ポートフォリオ管理としての経営戦略を普及させた。
・経営戦略という概念の一般化には、その伝道師たちの活躍があった。コンサルタントは知識の媒介者として、また教育機関は専門人材の供給を通じて経営戦略の普及に貢献した。
・事業ポートフォリオへのアンチテーゼの一つとして、その後、産業組織論を背景に経営戦略を検討する、マイケル・ポーターを代表格とする競争戦略が注目を浴びた。

第4章

外部環境分析

ポーターのファイブ・フォース分析から考える

第3章では、「経営戦略の父」と称されるイゴール・アンゾフの登場から、戦略コンサルティング会社やビジネススクールの台頭に触れ、マイケル・ポーターのファイブ・フォース分析が初めて登場した論文までを紹介した。

本章では、「ポジショニング・スクール」とも呼ばれる、ポーターの競争戦略の原点を追う。ポーターのファイブ・フォース分析は、産業構造の理解から企業戦略を検討する考え方である。経営戦略を学ぶ際に必ずといってよいほど紹介されるが、それがどのような文脈で生まれ、学術研究とどう関係しているかは十分に理解されていない。

そこで本章では、この考え方が生まれた時代背景をまず読み解き、その源流である不完全競争の考え方に触れる。さらに、ファイブ・フォース分析の直接の前身であるSCPモデルを読み解くことから、ポーターの学術的な貢献を理解したい。加えて、現代企業が外部環境を検討する際の留意点までを紹介する。

1 一九七〇年代に迎えた経営戦略論の進化と停滞

産業構造の分析をもとに経営戦略を考えることが一般的となったのは、いつ頃からだろうか。少なくともその黎明期は、一九七〇年代後半にまでさかのぼる。

第3章で議論したとおり、一九七〇年代初頭、オイルショックの余波を受けたことで、米国のみならず世界経済は停滞期を迎えることになる。それは特に、多角化が進展した米国企業の事業再編のうねりを作り出した。そして一九七〇年代を通じて、BCGマトリックスが前提とするような、事業ポートフォリオの管理を中心とした経営戦略の流れが実業界へと浸透する。

こうした流れを受けた学術界は、リチャード・ルメルトの研究［＊01］に代表されるように、いかなる多角化が収益性を高めるのかを科学的に検証する段階を迎えた。しかし、市場そのものの成長がさらなる停滞を始めると、複数事業のポートフォリオを検討する戦略的意思決定よりも、それぞれの産業内でどのような競争戦略を取るべきかに関する知見が必要とされるようになった。

同時期にはまた、「プロセス型戦略論」とも呼ばれる、実践の意思決定を通して次第に形成される戦略のあり方の探究も進んだ。たとえば、第1章でも紹介したヘンリー・ミンツバーグは、こうした戦略形成のあり方を創発戦略として提唱しており、一九七〇年代前半からその形成プロセスの探究を続けていた［＊02］。

ただしそれも、戦略計画を立案して実行するために確立された「分析型戦略論」を代替する

01　たとえば、Rumelt（1974）。

ものにはならなかった。その理由は、経営者がどのように行動すればよいかの具体的な答えを提示できなかったからであろう。明確な分析と意思決定のプロセスをテンプレートとして提示した「分析型戦略論」に対して、プロセス型戦略論は、個別具体的な事例紹介にとどまることが中心であった。創発的に形づくられる戦略は、その特性も形成過程もそれぞれが個性的であるため、参考にはなるにせよ、いまだ答えを提示するものではなかった。

議論の余地はあるが、一九七〇年代の経営戦略の主な発展は、計画立案のプロセスを体系化して細緻化することであり、アンゾフの立論を深耕するのが議論の中心であった。アンゾフ以降、その主張を裏づけるべく実証研究が進み、また、実務家が参考にできる、より細緻な工程表、それぞれの分析や立案手法の具体的な解説が着実に蓄積されていった[*03]。ただし、それらはあくまで一つの流れの延長線上にある理論であり、立論の大筋は変化していなかった。

ここに旋風を巻き起こしたのが、当時三十代を迎えたばかりの気鋭の若手研究者であった、ハーバード・ビジネススクールのマイケル・ポーターである。彼は経済学を探究することからそのキャリアをスタートさせ、特に産業組織論の知見を経営学に応用することで、経営学の研究者として世界的に認められることとなる。

時代を席巻した事業ポートフォリオ経営と分析的な経営戦略の立案プロセスは、一九七〇年代の後半にはその限界を露呈しつつあった。なぜなら、当時の経営者が求めるものは、魅力的な事業領域を選択することよりむしろ、選択した事業領域でいかに競争に打ち勝つかに変化し始めていたからである。

経済全体が成長していた時代には、より成長可能性が高い産業を選択することが重要であった。市場成長を素早く見出し、適切な投資によって経験曲線効果を得ることで、競争に勝利できたからである。競争に負ける可能性が高い事業から撤退し、成長が期待できる新領域に投資する便益のほうが大きかったことも同様である。

それが一九七〇年代後半以降、経済全体の成長が停滞する状況下では、単に事業ポートフォリオを組み替えるだけでは経営が立ち行かなくなる。一つ一つの産業をより細緻に分析して理解することが必要となり、その産業構造の理解に基づき、自社の打ち手を戦略的に検討する必要性が生まれてきた。

こうした時代の要請があり、ファイブ・フォース分析は一躍注目を浴びたのである。

---

02 ミンツバーグは、自身が発表した創発戦略に関係する最も古い発表資料は、一九七二年のアカデミー・オブ・マネジメントの年次総会で発表された「Research on Strategy-making（戦略創造の研究）」だと述べている（Mintzberg and Waters, 1985）。ただし、それが著名査読誌に掲載されるのは、Mintzberg（1978）を待たなければならなかった。

03 たとえば、チャールズ・ホッファーとダン・シェンデルの一九七八年の著作はその代表である（Hofer and Schendel, 1978）。

2 ロビンソンとチェンバレン
不完全競争の議論に見るポーターの源流

ポーターのファイブ・フォース分析とは、①企業間競争、②売り手の交渉力、③買い手の交渉力、④新規参入の脅威、⑤代替品の脅威という五つの力を理解することによって、自社が属する産業や戦略グループの構造的な収益性を分析できるという考え方である。

ポーターはさらに、その構造下における最適な「ポジショニング」を選択することで競合に対する競争優位を確立できるという議論を展開している。

その基本的なポジショニングは三つ存在する。一つ目は、他社に対してデザインや性能など商品特性で優位に立とうとする「差別化戦略」。二つ目は、他社に対して価格面で優位に立とうとする「コストリーダーシップ戦略」。三つ目は、それら差別化戦略やコストリーダーシップ戦略を顧客の範囲を絞って提供する「フォーカス戦略」である。これが、ポーターの基本戦略と呼ばれる三つの戦略の方向性である。

当然ながら、ポーターが独自に、突如としてこうした結論を生み出したわけではない。その基本的な考え方は、それよりはるか以前に誕生したものである。そのため、その発展の経緯をひも解くことが、ファイブ・フォース分析とそれをもとにした戦略論を真に理解するためには不可欠となる。

ロビンソンの議論は何をもたらしたか

不完全競争がなぜ生じるのか。この問いの答えを探究する潮流こそ、ファイブ・フォース分析に続く原点である。まずこの議論の源流を探ることから、ファイブ・フォース分析に至る道を理解してみよう。

この議論の始まりは、一九世紀に始まる経営者の時代（第2章参照）、すなわち近代的大企業が登場した時代にさかのぼる。技術進化と市場成長、大量生産と大量販売に後押しされ、一部の企業は市場のあり方にまで影響力を行使できるほど規模を拡大させた。

その結果、市場メカニズムに影響される多数の市場参加者の行動が産業の競争状況を決定づける、という従来の考え方が、必ずしも当てはまらない状況がいくつも生まれた。少数の企業が市場に対して支配力を行使し、その動態を決定づける状況が観測され始めたのである。

このような現実の市場の構造に着目し、不完全競争の理論をもたらした初期の代表的人物は、経済学者のジョーン・ロビンソンであろう。

ロビンソン以前の時代、すなわち完全競争を前提とした時代は、価格とその背景に存在する産業構造を所与のものと仮定しており、企業や個人がどのような行動を取ろうと、それは変化

［図表4-1］完全競争において個々の企業が直面する残余需要曲線

しないことが前提であった。これは、一つ一つの企業がまだ小規模であり、産業全体に影響をもたらしえない状況下では、納得感のある説明であったといえる。

この理解のうえで、完全競争では、個別企業は少しでも財の価格を引き上げようとすれば一気に需要がゼロになる、とされていた。これは、個々の企業が直面する残余需要曲線（以下、需要曲線と呼ぶ）は水平であるという前提につながる（図表4-1）。

需要曲線が水平である状態は、企業行動と産業構造（それが反映される残余需要）が切り離された状態ともいえる。こうした状況下で、企業は産業構造を所与の要件として捉えると理解されており、企業は、与えられた環境に応じてその行動を定める存在であった。

それに対して、ロビンソンが一九三三年に著した*The Economics of Imperfect Competition*（邦題『不完全競争の経済学』）では、現実の市場では顧客が分散して存在するために製品の提供に輸送費がかかること、そして、顧客は使用する製品に対して一定の信頼を置くことなどから、財の価格が需要量に対して一定にならない状況があるとした。

完全競争が想定するように、一定以上に商品の価格を上げると需要が一気にゼロになるような状況は、消費者の数が限られ、かつその商品に対する信頼や愛着があれば考えにくい。また、商品自体の価格をある程度引き下げたとしても、分散する消費者に商品を届ける輸送費を考えれば、需要が一気に増大することも考えにくい。

そのため、個々の企業が直面する需要曲線は、財の価格を上げれば減り、下げれば増える形となりうる。さらに、不完全競争下における需要曲線は、新規参入や代替品の普及などによってもその形を変える。

このように、よりダイナミックに変化する需要曲線の性質を扱い、それに対して企業の数やその財の特性などが直接的に影響する、という議論がロビンソン以降は積極的に展開されるようになる。

こうした前提に立てば、企業は自社の利潤を最大化させるために、市場の需要に対する価格の曲線と、自社の供給に対する費用の曲線の分析に基づき、自社の行動を最適化させる。すなわち、外部環境たる市場の特性を理解したうえで、それに最適な打ち手をとる。

たとえば図表４－２は、不完全競争の最も極端なケースである、独占市場における需要曲線

［図表4-2］不完全競争の需要曲線

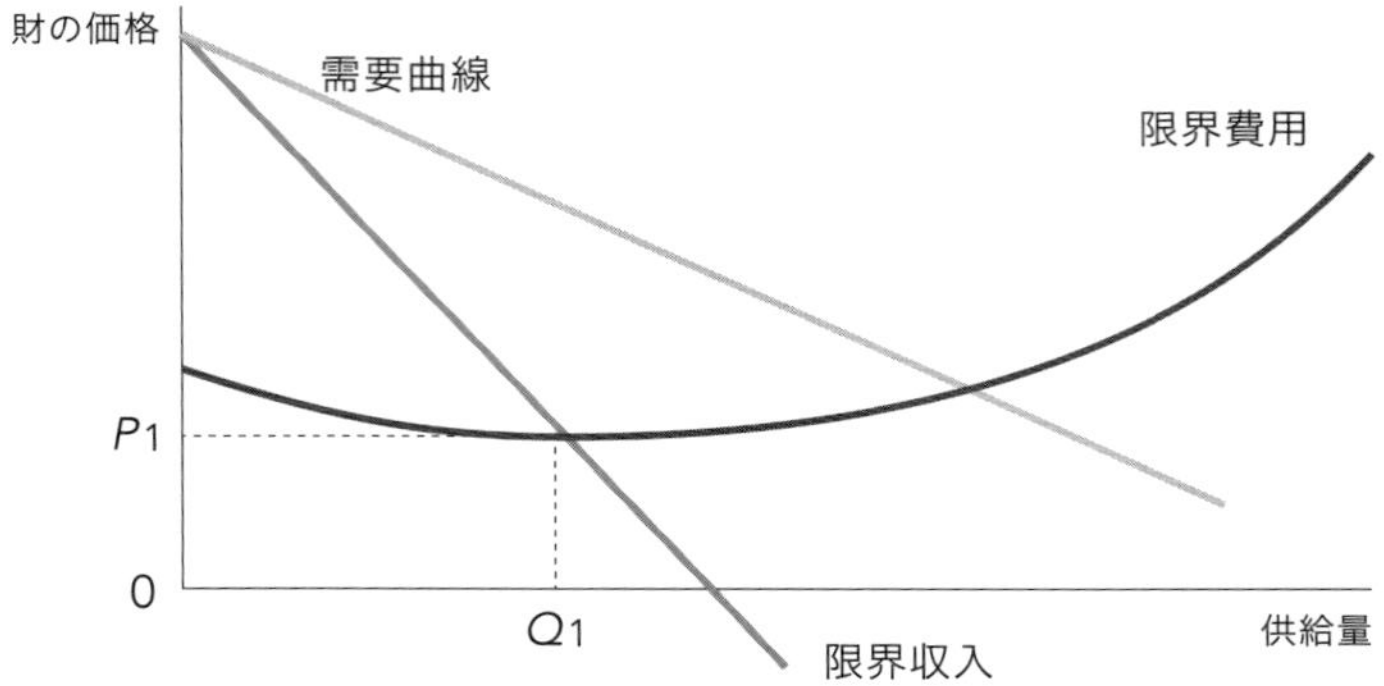

とそれに対する企業の費用と収入の関係性を示したものである（より厳密なものは経済学の教科書を参照していただきたい。ここでは、その基本的な発想だけを解説する）。

供給量を増やすほど財の価格が下がるのであれば、企業が販売量を増加させることで追加的に得られる収入は低減する（限界収入）。その一方で、企業が販売量を増加させるための費用は、当初は規模の経済効果で逓減するものの、一定水準以上では、むしろ技術的な困難などで上昇すると考えることができる（限界費用）。

この場合、企業の最適な生産量は限界収入と限界費用の交点で定まる。追加的な収入と、それを実現するための費用が一致するまでは企業は追加的な利潤を得られるが、それ以上になると赤字を垂れ流すことになるからである。

ここで重要なのは、企業の経営戦略が「市場の需要曲線の性質にも大きく左右される」ということである。すなわち、ロビンソンの説明を現代から再解釈すれば、外部環境を分析することから経営戦略を検討すべき、という考え方の源流を発見することができるのである。

ロビンソンはさらに、需要曲線の性質は、生産量を通じて企業がどの程度価格を支配できるかを左右し、その財を生産する企業の数と財の代替品の有無に左右されると説明する。この説明は、競合の数と代替品の脅威が市場特性（需要曲線の性質）を定め、それが企業の最適な行動を決定づけると解釈できる。

これは、ファイブ・フォース分析における五つの要因の二つ、競争環境と代替品の脅威の要因と大きく重なる。つまり、ロビンソンの議論には、すでにポーターのファイブ・フォース分析の源流を見出すことができる。

チェンバレンの議論は何をもたらしたか

ロビンソンと同時期に不完全競争の議論を展開した経済学者として、エドワード・チェンバレンにも言及する必要があるだろう。彼の一九三三年の著作 *The Theory of Monopolistic Competition*（邦題『独占的競争の理論』）は、限られた数の寡占的企業、すなわち近代的大企業が取りうる「競争戦略」を主題とした最初期の作品といえる。

前述のとおり、チェンバレン以前の経済学では、企業は与えられた環境に応じて、受動的にその行動を最適化させるという暗黙の前提を置いていた。それに対してチェンバレンは、企業は経営環境に応じて能動的に行動しうるという説明を展開している。つまり、企業は経営環境の分析を通じて自社の行動を決定するのみならず、主体的に経営環境の特性に影響をもたらすべく、戦略的な行動を取ると主張したのである。

たとえば、市場構造の特殊性と消費者の不完全性ゆえに、企業は広告支出を増大させるなどの施策を通じて、他社と差別化する手段を選択するようになるという。チェンバレンは、当時の米国企業が広告宣伝に熱を入れていた状況を観察することから、寡占企業が不完全競争を繰り広げる状況では、必ずしも企業は受動的な存在とはならないと理解するに至ったのだろう。企業は販売費用（Selling cost）を能動的に増加させることで、総需要を増加させ、また、顧客に自社のブランドを優先的に選択させることができると彼は説く。

さらにチェンバレンは、そうした差別化によって、個別企業が市場の需要曲線の位置や形状に影響を与えられると説明する。需要曲線は市場参加者全体の行動の総和であるが、自社のみが他社より安い価格を提供することは可能である。それが実現すれば、一時的にせよ自社の販売量だけを増大できる。さらに、財の低価格化を通じて一部の企業の市場退出が生じるのであれば、結果的に自社のシェアを増大させることも可能となる。

これは、個別企業による戦略的行動を意味している。自社の基本戦略としての差別化と低価格化。ここにも、ポーターの競争戦略の源流を見ることができる。ポーターが説く三つの基本戦略のうちの二つは、差別化と低価格化であり、これはチェンバレンがすでに述べている。さらにいえば、もう一つのフォーカス戦略は、差別化か低価格化のいずれかを、市場全体ではなく、市場の特定のセグメントに絞って展開する戦略であり、いわば差別化と低価格化のバリエーション（派生形）にすぎないのである。

産業組織論は不完全競争の議論から発展を遂げた

産業構造は企業の利益率に影響を与える。これは産業組織論のごく基本的な理解である。ロビンソンとチェンバレンに代表される不完全競争の議論は、その後、産業構造とそれに伴い変化する企業行動の細緻な分析へと進化していった［＊04］。

完全競争の市場では、自由競争によって多数の競合が乱立しているため、業績は一定以上には向上しない。その状況では、企業間の競争の結果として社会的厚生が最大になる可能性はあるが、激しい競争で企業の業績は頭打ちとなる。それは、利潤を最大化できるのは競争が存在しない独占市場であり、企業にとってはできる限り競争のない産業構造が好ましいということ

04　ここで解説したのは、あくまで初学者のための初期的な議論である。より厳密な理論と、戦略に対する経済学の議論の進展については、Besanko et al.（2016）などが参考になる。

［図表 4-3］**産業構造の分類の例**

	完全競争	独占競争	寡占	独占
業界の特徴	多数の競合企業 低い参入 退出コスト 均質的な商品	多数の競合企業 低い参入 退出コスト 差別化した商品	少数の競合企業 高い参入 退出コスト 均質または同質	一社独占 きわめて高い 参入コスト 一社単独
例	株式市場 原油市場	歯磨き粉 シャンプー 米国国内航空	1950年代の 米国の 自動車、鉄鋼 シリアル（米国）	インスタント 写真での ポラロイド OSの マイクロソフト
企業の戦略	市場価格 変動への 適応／反応	低価格戦略 差別化戦略	暗黙的談合	市場専有力を 活用
業績の期待値	標準	完全競争以上	独占的競争以上	寡占以上
社会的厚生	最大	完全競争より 低い	独占的 競争状態より 低い	寡占より低い

出所：バーニー（2002）上巻、p.117 を参考に作成。

を示す（図表4－3）。

そして、企業にとって有利な特定の産業構造がありうるという理解から、市場や産業の構造を自社に有利に導きうるという議論が次第に発展した。当初は所与の要件として考えられていた市場や産業の特性も、企業行動が影響を与えうるもの、企業が選択しうるものとして解釈されるようになったのである。

当初、こうした理論的な発達は経済学の世界にとどまっており、経営学や経営の実務の世界との間には議論の断絶が存在していた。しかし、産業組織論で蓄積された知見が、一九七〇年代の終わりから経営戦略の世界に突如流入し始める。

その口火を切ったのが、ハーバード大学で産業組織論を研究していた経済学者のグループであり、そこで博士号を取得した後に同校のビジネススクールに職を得た、若かりし頃のマイケル・ポーターであった。

3 ポーター理論の基礎はSCPモデルにある

ポーターは、社会的厚生を最大化するための立論を中心とした産業組織論の知見を、企業戦略の立案に応用した。経済の仕組みを解き明かし、社会全体の仕組みを改善するために磨き込まれていた議論を、経済の仕組みを理解することから、それぞれの営利組織の活動を改善するために用いるべく、議論をわかりやすく整理し直し、体系化した。

ポーターは、第一に、できる限り自社にとって望ましい業界構造を持つ事業領域を理解すること。第二に、できる限り自社にとって望ましい業界構造を能動的に手に入れることを説いた。これらを外部環境から経営戦略を検討するフレームワーク（考え方）として体系化し、実務家でも理解しやすい実践的な経営戦略の検討手法として確立することで、産業組織論の知見を背景とした経営戦略論の先駆けとなった。

このポーターの立論の直接的な源流となったのが、「SCPモデル」である。このモデルは、前述した不完全競争の議論の発展を受けて、それを企業行動とその収益に直接的に結びつけて議論する潮流から生まれた。ポーターはSCPモデルをさらに拡張することで、それを経営戦略にまで結びつけたのである。

SCPモデルの起源は、エドワード・メイソンによる一九三九年の論文［*05］にさかのぼり、さらにジョー・ベインによる一九五六年の著作［*06］を通じてその体系化が行われている。その後、このモデルを経営戦略に取り入れた代表的な人物こそが、他でもないポーターであった。

SCPとは、Structure-Conduct-Performance の略である。Structure とは産業構造を指し、その業界がどのような特性を持っているかを示すさまざまな指標で評価される。また、

Conductとは企業行動であり、その業界における企業の典型的な行動様式がどのようなものかを検討する。そしてPerformanceとは、文字どおり業績や利潤といった企業のパフォーマンスを指し、第一に業界全体の平均的な利益率、第二に個別企業それぞれの業績や利潤を示す。すなわちSCPモデルとは、産業構造、企業行動、パフォーマンスがどのように結びついているかを議論するためのものである。この考え方は、その後二〇一四年にノーベル経済学賞を受賞したジャン・ティロールらが推進したゲーム理論を応用した寡占競争理論の研究［＊07］や、ティモシー・ブレスナハンらの新実証産業組織論［＊08］へと発展していった。

SCPモデルは元来、産業構造が企業行動の制約条件として存在することを前提としていた。企業は制約条件の下で最適な行動を選択して行動せざるをえないために、その長期的なパフォーマンスはおのずと業界全体の平均的なパフォーマンスに収斂する傾向があると説明していた。これは、産業構造と企業の利潤の関係を数理モデルで分析する、古典的な産業組織論の考え方と一致する。

ポーターの最大の学術的貢献は、この考え方を経営戦略に取り入れて発展させたことにあ

05　Mason（1939）.
06　Bain（1956）.
07　Tirole（1988）.
08　Bresnahan（1989）.

る。一九八一年に『アカデミー・オブ・マネジメント・レビュー』に掲載した「The Contributions of Industrial Organization to Strategic Management（産業組織論の経営戦略への貢献）」という論文は、産業組織論の理論体系を経営戦略に導入し、外部環境の分析から経営戦略を立案する礎となった。

この論文は一九七九年八月にアトランタで開催された米国経営学会で初めて発表され、ポーターに代表される産業組織論を経営学の世界に応用した研究者たちの学術的貢献を概観できる論文である。その冒頭で、ポーターはこう述べている。

「産業組織論を研究する経済学者も、経営戦略を研究する経営学者も、これまでその大半は互いを懐疑的に見るか、そもそも互いの存在を認知していなかった」[＊09]

確かに、当時は産業組織論の知見が政策立案の参考とされることはあっても、経営戦略を立案する現場で活用されることはほとんどなかった。しかし、一九七〇年代後半から産業組織論に言及する経営戦略の議論が増え始め、各地のビジネススクールで採用されるようになると、次第に産業組織論の知見が経営戦略検討の中核として捉えられるようになった[＊10]。

ポーターによれば、それには以下の七つの変化が背景にあるという。

①企業レベルの分析の一般化……戦略グループ研究に代表されるように、産業レベルだけではなく、産業内の個別企業の動態の分析が進んだ。

②市場参加者が相互に影響しあうという前提……市場参加者が相互に独立して存在せず、それらがときに同調すること、影響しあうことの理解が進んだ。

③動的なモデルへの拡張……静的なモデルだけでなく、産業の成長や衰退といった動的な要因を考慮した理論モデルの検討が進んだ。

④企業が産業構造を変えるという理解……産業構造が一方的に企業行動を決めるのではなく、逆に企業行動とそのパフォーマンスも産業構造自体を変えうるという理解が進んだ。

⑤個別企業の競争や取引の関係の分析……需給関係のみならず、供給者や買い手の交渉力まで、個別企業の競争力の検討が進んだ。

⑥より細緻な分析の発展……たとえ政策提言など、実務的な貢献を目的とした分析でも、より細緻な分析と議論が求められるようになった。

---

09 Porter（1981）p.609.

10 ポーターは、自身が一九七五年にハーバード・ビジネス・スクールのケース教材としてまとめた「Note on the Structural Analysis of Industries（産業構造分析の要点）」が、産業組織論を経営戦略（ビジネスポリシー）の議論に翻訳した最初期の資料であると説明する。なお、ポーターが講義でこの資料を使用し始めたのは一九七四年であると書かれており、この教材は現在もハーバード・ビジネススクールで参照されている（https://cb.hbsp.harvard.edu/cbmp/product/376054-PDF-ENG）。

［図表4-4］**伝統的なSCPモデルとポーターの時代のSCPモデル**

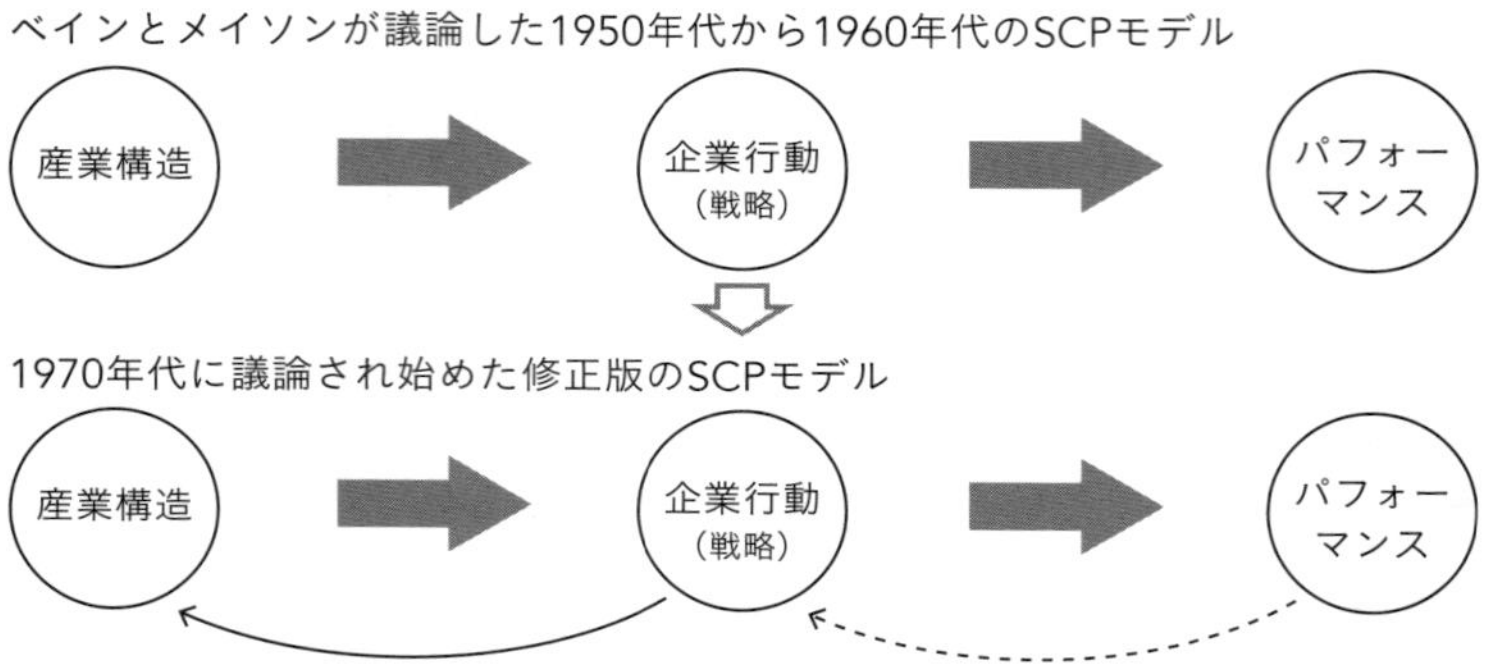

出所：Porter（1981）pp.611、616より作成。

⑦企業の競争行動に対する理論化……ゲーム理論に代表されるように、企業間の競争行動を取り入れた定量モデルの研究が進んだ。

特に強調されているのは、第四のポイントである。前述したとおり、ベインとメイソンの時代の産業組織論では、産業構造が企業行動を決め、それがパフォーマンスに影響を与えるという一方通行の議論が中心であった。

しかし、実際は双方向の影響が存在する。産業構造が企業行動を決め、それがパフォーマンスに影響するのと同様に、パフォーマンスの差異が企業行動を導き、それが産業構造を変えることもありえるのである。産業組織論の研究が進展することにより、この当たり前の事実が学術研究としても強く意識されることとなった（図表4-4）。

産業構造が企業行動を決め、それがパフォーマンスにつながるという一方向の理解だけでは、この考え方がこれほど注目を浴びることはなかっただろう。きわめて重要な変化は、企業が自ら行動を起こすことで、一つの産業の内部においても、自社が直面する産業構造の実態を選択できる可能性が示されたことである。

確かに、チェンバレンやそれに続く研究もすでに、企業の能動的な行動を説明していた。しかし、ポーターはそれとは異なる角度から、企業が一つの産業の内部で自社の「ポジショニング」を変更させることで、自社が直面する産業構造を主体的に変えうることを示した。そして、それを体系化し、実務家でも使いこなせるシンプルなフレームワークに落とし込むことにより、その考え方を広く普及させることに成功したのである。

4 産業組織論を応用することで、ポーターとケイブスは経営戦略論に貢献した

では、一つの産業の内部においても、自社が直面する産業構造を選択できることは、何を意味するのだろうか。

ベインやメイソンが議論していた時代のSCPモデルは、企業がそう簡単には自分が属する産業を変えることはできないという理解から、産業構造が企業行動とパフォーマンスを一方

［図表4-5］伝統的なSCPモデルとケイブスとポーターの議論の比較

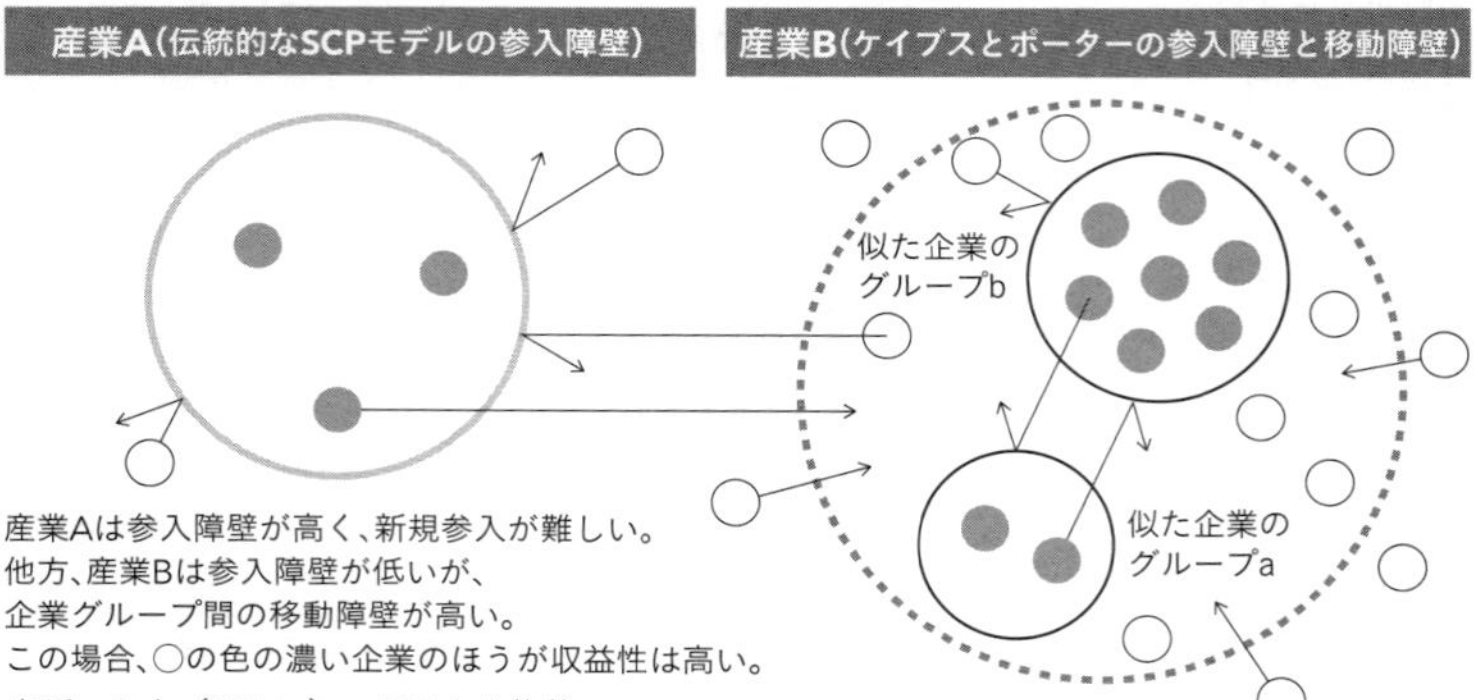

産業Aは参入障壁が高く、新規参入が難しい。
他方、産業Bは参入障壁が低いが、
企業グループ間の移動障壁が高い。
この場合、○の色の濃い企業のほうが収益性は高い。

出所：入山（2014a）p.135より抜粋。

的に決めるという暗黙の前提を置いていた。すなわち、寡占企業や独占企業を除き、産業構造は企業がコントロールできる変数とは思われていなかった。

しかし、ポーターはSCPモデルの発展を参照しながら、それが産業内における企業の行動を内包するべく拡張した。企業は自社の属する産業を変えなくとも、戦略的意思決定によって収益性の異なる同一の産業内の別の位置に自社を「ポジショニング」できると説明したのである。

この考えの原点は、ポーターがリチャード・ケイブスと共同で発表した一九七七年の論文[*11]に見ることができる[*12]。

それまで、一つの産業内にあるすべての企業は同質的な産業構造下にあるという理解が支配的であったのに対して、この論文では、一つの産業内でもその行動特性ごとに異なる企業の集団（グループ）が存在し、そのグループはそれぞれ別の競争構造に置かれていると説明する。

産業全体の参入障壁とは別に、産業内に似た企業同士のグループが存在するという前提を置き、そのグループ間には移動の壁、すなわち「移動障壁」が存在するとした（図表4－5）。これは産業全体に対する企業の入退出と、それに伴う「参入障壁」の知見を、産業内部の企業行動の説明に応用した点で画期的であった。

たとえば、腕時計産業について考えてみよう。そこには、高級ブランドや機械式時計のような、高付加価値の商品を提供することで差別化を図る企業のグループが存在する一方で、クォーツ式の大量生産の時計を提供するような低価格戦略を取る企業グループもある。また、機能性やファッション性を追求することによって、限られた顧客層に製品を提供するフォーカス戦略を採用する企業もあるだろう。

このように同じ産業内で異なる収益性を持つ企業が併存する状況を説明するために、ケイブスとポーターは、同じ戦略の方向性を持つ企業を一つのグループとして、産業内に複数のグループが併存する環境を解説する。

11 Caves and Porter (1977).
12 完全競争から不完全競争、そしてSCPモデルに至る発展に関しては、早稲田大学の入山章栄の論考が参考になる（入山、二〇一四a）。

腕時計の例で考えれば、高付加価値の商品を提供するグループ（差別化戦略を取るグループ）、低価格の商品を提供するグループ（コストリーダーシップ戦略を取るグループ）、特定の顧客に注力するグループ（フォーカス戦略を取るグループ）の三つがあると解釈できる。

さらにケイブスとポーターは、あるグループから別のグループに移動するには、移動障壁が存在すると説明する。彼らは、その特性をベインやメイソンから始まる産業全体に関する参入障壁の知見を応用して説明し、産業内で企業が「ポジショニング」を変えることを理論化した。

移動障壁の概念を導入すれば、同じ産業構造の中でも、特定のポジショニングのほうが他のポジショニングよりも移動しにくいこと、すなわち企業の数が少なくなり、競争が不全となりうることが理解できる。そして競争が不全であれば、独占や寡占の状況が生まれ、そのポジショニングを取る企業が高い利潤を得ることが可能になる。つまり、同じ産業構造下においても、企業のポジショニングによってパフォーマンスが変わりうることが説明できる。

その後、ポーターはこの議論をさらに拡張し、より高い移動障壁を持つポジショニングを取ることが理想であり、その理想の類型を三つに整理することによって、前述の差別化戦略、コストリーダーシップ戦略、フォーカス戦略という三つの基本戦略を提唱するに至った。

なお、産業内で同質的な行動を取る企業の集団は、戦略グループ（Strategic group）とも呼ばれる。これはマイケル・ハントによる一九七二年の博士論文で初めて導入された言葉である。ハントは、コスト構造、差別化の程度、垂直統合の程度、製品多角化の程度、組織構造、管理構造、その戦略的な趣向など多面的な側面から、同一産業内の企業は複数のグループに分類できるとした[*13]。

ポーターとケイブスは、ハントの戦略グループの概念と同じ着想から、一つの産業内においてSCPモデルを応用する可能性を切り開いた。一つの産業構造(S)から導き出される企業行動(C)は一つではなく複数が存在し、どの企業行動を選択するかで企業のパフォーマンス(P)は変わるという知見を理論化したのである。

業界内の戦略グループを選択すること、それはすなわち、自社を業界内の特定の戦略グループに「ポジショニング」することである。一つの産業構造においても、その中で特定のポジションを築き上げることで移動障壁を作り出し、企業が異なるパフォーマンスを得られる可能性があると主張した。

この論文が優れているのは、産業組織論における不完全競争と参入障壁の議論を応用することで、ある産業内に存在する企業が取るべき最適解を(可能かどうかは別として)提示できる点にある。それはきわめてシンプルであり、「可能な限り移動障壁(すなわち参入障壁)が高く、したがって、多くの場合は同グループ内の企業数が少ない戦略グループを選択すべき」という

13 Hunt (1972).

ものである。つまり、特定の産業内に存在する競合他社にとって、実行がより困難な選択肢を選ぶべきであるという。

たとえば、製品の性能面で他社には真似できない差別化ができるのであれば、それを追求することで独占の超過利潤を享受できる。また、他社が真似できないほどの低価格化を実現できるのであれば、それも追求することで独占の超過利潤を得ることができるだろう。

いま聞くと、特別なことは何もない。他社にできないことをすべきという、当然の選択を説明できるだけである。しかし当時は、産業レベルの分析で得られた知見をもとに、パフォーマンス（P）をもとに選択した企業行動（C）から産業構造（S）を選べるという考え方は、きわめて先駆的であった。

特定の産業で事業を営むことを所与の条件としつつも、企業が能動的に自社の立ち位置を選択できる可能性が提示されたことで、産業組織論の知見を経営戦略に応用する大きな鉱脈が切り開かれたのである。

5 ファイブ・フォース分析の意義と限界

では、それぞれの産業や、その中に存在するそれぞれの戦略グループの収益性をどのように分析すればよいのか。それを検討するために考案され、実務家に向けて提示されたのが、ファイブ・フォース分析である。

このフレームワークは、前述の「産業組織論の経営戦略への貢献」と同じ一九七九年に、『ハーバード・ビジネス・レビュー』に「How Competitive Forces Shape Strategy（五つの環境要因を競争戦略にどう取り込むか）」というタイトルで発表された。この論文は、同誌の年間最優秀論文賞（マッキンゼー賞）を受賞し、実務家の大きな注目を浴びた。マッキンゼー賞を受賞したことは、翌年出版された*Competitive Strategy*（邦題『競争の戦略』）が世界的ベストセラーとなった一つの理由でもあるだろう。

この考え方は、ＢＣＧマトリックスのように、産業内部の競争を単純化する事業管理の考え方に対して、産業内の競争という、より当時の企業経営の実態、実務家の問題意識に即した答えを提示した。それは、アンゾフ以降に複雑化しすぎた経営戦略の議論にはなかったシンプルな回答であったため、それを探し求めていた実務家から圧倒的な支持を集めたという。

ファイブ・フォース分析の議論はまず、自社が置かれている競争環境を、その特性を左右する五つの要因から分析して理解することから始まる。そのうえで、できる限り産業の魅力度が高い事業領域を選択することを勧める。そして、選択した産業の魅力度を高く保全できるように多様な打ち手を設計すべきであるとする考え方である。

［図表 4-6］ファイブ・フォース分析の5つの要因

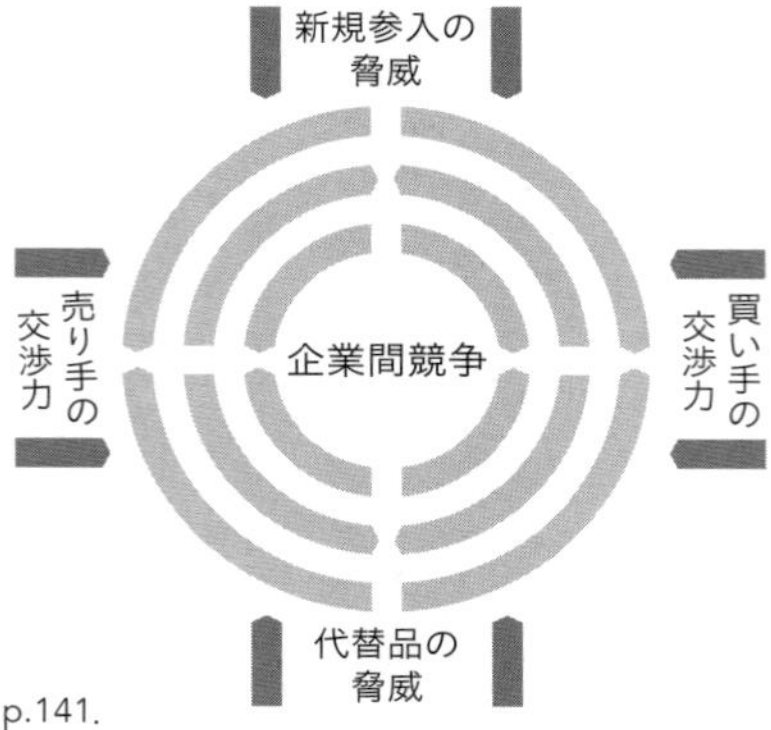

出所：Porter（1979）p.141.

前述したとおり、ポーターが示した五つの要因とは、①企業間競争、②売り手の交渉力、③買い手の交渉力、④新規参入の脅威、⑤代替品の脅威である。そして、五つの要因それぞれが、自社が属する産業や戦略グループの構造的な収益性を決めると考える（図表4－6）。

これら五つの要因を理解することで、少なくとも単に相対的な市場シェアや経験曲線、市場成長率などのマクロな指標のみだけで産業の特性を理解するよりは、自社の置かれた経営環境を細緻に理解できる。また、単にその産業構造を受動的に受け入れるのではなく、その産業構造の理解を背景として、それぞれの要因に作用する適切な打ち手を設計することで、自社が直面する競争環境をより有利なものにできる可能性がある。

つまり、企業が第一にすべきことは、自社にとってできる限り有利となる事業領域や事業モデルを設計することである。そのうえで、それらが自社に有利な方向に変化するように、多様な打ち手を検討することとなる。

本章では、五つの要因に関する詳細な解説は経営戦略の教科書に譲る。こうした情報は氾濫しており、わざわざ繰り返すまでもないだろう。しかし、このフレームワークを実務で活用するうえで留意すべき点については、それが見逃されることも多々あるため、多少の解説を加えたい。

まず、この分析を用いる際には、いくつかの重要な注意事項がある。特に重要ないくつかを理解するためには、二〇〇八年、ポーターが『ハーバード・ビジネス・レビュー』に寄稿した「The Five Competitive Forces that Shape Strategy（戦略を導く五つの競争要因）」という論文が参考になる。一九八五年の原典と異なり、この論文は二〇〇〇年代中頃までの多種多様な議論、ファイブ・フォース分析に対する批判や批評を加味したうえでの議論が行われており、ポーターの競争戦略論を理解するうえで示唆に富む。

この論文によれば、ファイブ・フォース分析は、企業が現在直面している目の前の競争に対応するだけではなく、新規参入や代替品の脅威など、将来訪れる脅威に関する分析を行う点にも価値があるという。同時に、実務家が目に見える要因だけにとらわれずに、影響を与えうる多様な要因を網羅的に検討できる点もその価値だと言及する。

ただし、まず産業の収益性を決定づける構造的な要因を分析するためには、短期ではなく長期的な構造変化を理解すべきだという。そして、単にその産業が現時点で魅力的か否かを判断するのではなく、利益率の背景に存在する根源的な要因と、競争のダイナミズム、本質的な構造を理解することが肝要であると説く。これはファイブ・フォース分析に対する最も根強い批判、産業構造が動的に変化しうる中で、その一時点を切り出した分析を行っても意味が薄いとする批判に対して直接的に答えた主張である。

そのうえで、定性的な理解だけではなく、市場参加者の財務諸表にまで踏み込み、産業構造を決定づける要因が実際にどれだけ数字に影響を与えるかを理解する必要性を述べる。さらに、最終的に価値ある分析とは、単に良い点と悪い点を列挙するだけではなく、全体を統合した戦略的な洞察を導き出すことだとポーターは説く。これらも、ファイブ・フォース分析を行う実務家が陥りやすい罠であり、裏返せば、原著に対する大きな批判であった。

五つの要因それぞれに定性的な数行の評価を加えて、それをもって分析であると納得してしまう初学者は多い。しかしポーターの説くように、それぞれの要因の分析は、それぞれの市場参加者の具体的な行動を左右する要因を可能な限り定量的に捉えたものである必要がある。相互に依存しあい、補完しあう五つの要因の関係性を適切に捉え、それを自社の戦略の方向性に示唆を与えうる、戦略的な洞察に磨き上げなければ意味がない。

また入山章栄は、ファイブ・フォース分析を用いる際には、複層的な産業構造を理解し、複数の階層・レベルでそれぞれ分析を行うべきであるとする［＊14］。同一産業内においても、五つの力が異なる働きを示す場所は必ず存在する。それを見定めるためには、産業レベルの分析だけでは不十分である。産業内のそれぞれのセグメントに対してこの分析を行うことで、より粒度の高い競争環境の理解が可能となる。

特に新産業領域においては、産業構造が複雑化し、産業という区切り、境界線も曖昧になりつつある。たとえば、大枠で飲食業と捉えるだけでは、意味ある議論につながらない。外食、麺類、うどん類、讃岐うどん系とより細部に踏み込んだ競争の複層的な枠組みを理解する必要がある。

残念ながら、こうした「正しい使い方」が守られているかと言われれば、疑問を抱かざるをえない。現実には、ポーターの期待とはかけ離れた利用がされているのが現状であろう。伝言ゲームを繰り返すうちに、本来の価値が毀損しているように思える。

なお同論文では、よくある間違いとして以下の七つが列挙されている。

①産業の定義が広すぎるか、狭すぎる
②要因だけが単純に列挙されており、厳格な分析がされていない
③すべての要因を平等に扱い、重要な要因を深掘り（重みづけ）できていない

14　入山（二〇一四b）。

④結果（例：価格弾力性）と原因（例：買い手の購買要因）を混同している
⑤単年の統計数字のみを用いて、業界の変化のトレンドを無視している
⑥一時的あるいは周期的な変化と、真に構造的な変化を混同している
⑦戦略的決定のためではなく、ただ業界の魅力度を判断しようとしている

ファイブ・フォース分析は、応用可能性が高いフレームワークであるがゆえに、実務の一つ一つに深く適合して利用できる考え方ではない。ここで列挙したポイントも、このフレームワークが普遍性を持つがゆえに生じる限界である。テンプレートを埋めるかのように情報を列挙しても、この分析が価値を生み出さないのは、ポーターも指摘するとおりである。

ただし、それがまったく役立たないというわけではない。あくまで議論の出発点として、思考を手助けするツールとして適切に用いれば、この分析は十分に価値を持つ。フレームワークがその形のままに示す汎用性と、実務に応用するために必要な細緻さと特殊性の間のギャップを埋めることができるのは、それを用いる実務家や理論家のみなのである。

6 外部環境分析は進化する
マクロ要因、非市場要因、メガトレンド

ファイブ・フォース分析を実用する際は、産業構造を複層的に捉える必要があるのは前述のとおりである。ただし、外部環境を理解するには、それだけでは十分ではない。よりマクロ的な要因に関しては異なる考え方の活用が求められる。なぜなら、ときに大きな社会経済の変化の流れが、中長期的にあらゆる産業のあり方を劇的に変容させるからである。

そうした経済や社会のあり方にも影響を与える大きな潮流を議論するのは、ファイブ・フォース分析には荷が重すぎる。また、目の前の産業構造や事業の連続的な変化ばかりに注力していると、その変化に気づくことは難しい。たとえ気づいたとしても、その頃には手遅れになっている可能性すらある。

したがって、外部環境を分析する際には、マクロ的な環境全体の傾向、そして国家や世界全体に影響しうる潮流までを理解したうえで、個別具体的な産業構造の分析に取り組むのが望ましい。

マクロ的な環境要因の理解でよく活用されるのは、「ＰＥＳＴＬＥ分析」と呼ばれる考え方である。これはPolitical（政治的）、Economical（経済的）、Social（社会的）、Technological（技術的）、Environmental（環境的）、Legal（法的）の頭文字を取ったもので、企業が事業を行う市場に対して影響を与えうる各種要因を整理している。

昨今、新興国市場の重要性が増す中、こうした市場は先進国とはまったく異なる社会経済環境に置かれている。そのため、その産業や市場が存在する社会・経済の特性を取り扱う重要性が繰り返し指摘されてきた。当然、自社が慣れ親しんだマクロ環境下で経営戦略を検討する際にも、目の前の産業構造のみならず、それに間接的な影響を与えうるマクロ要因の分析を欠かすことはできない。

日本を例に挙げれば、少子高齢化でシニア層の購買力をめぐる競争が激化し、子ども一人当たりに家庭が支出できる金額が上昇するかもしれない。労働者人口が頭打ちで政府債務が積み上がる中、公共事業に関連する産業には苦しい時代が訪れる可能性もある。また、エアビーアンドビーやウーバーのような新サービスが、どの程度自社に影響を与えるかは、法規制がどう整備されるか、ひいてはどのような政治勢力が力を持ってくるかにも大きく影響される。

このようにマクロ要因とは、一見すると日々の業務には無関係のようでありながら、実は企業経営に重大な影響をもたらす長期的な市場変動をもたらす存在である。

同様に、市場競争の外に存在する暗黙の前提条件も無視できない。企業や顧客の属人的なつながりであったり、ある社会に慣習や規範として存在する行動原理も市場参加者の行動に大きな影響を及ぼす。

たとえば、日本で競争する製薬会社は、製薬業界に影響力を持つ大学病院の著名な医師に対して積極的な支援を行うことがある。それは、その医師が影響力を行使することにより、自社の製品をその医師と関係する多数の病院・医院に導入できる可能性があるからであろう。

また、たとえば中東で事業を展開する際には、王族の影響力を無視することはできない。いったんは実務家の間で合意に至ったと思われた案件であっても、その合意が地域の実力者の意向と反するものであれば、いつそれが反故にされるかわからない。

こうしたマクロ環境や非市場の要因は、超長期的で大規模な社会経済の流れ、いわゆる「メガトレンド」や「グローバルトレンド」と呼ばれる大きな時代の流れに影響される。それは、目の前の外部環境をいつの間にか変容させてしまう、社会経済の大きな変化の潮流である。

近年では、直接的に把握しうるマクロ要因以上に、こうした経済や社会に包括的な影響を与える大きな潮流を理解し、その影響を議論する重要性が理解され始めている。

たとえば、マッキンゼー・アンド・カンパニーが二〇一五年に出版した*No Ordinary Disruption*（非正常の断絶、邦題『マッキンゼーが予測する未来』）は、こうした大きな潮流を「グローバル・フォース」と名づけ、近未来の世界を左右するであろうグローバル・フォースを四つ提示している。

①新興国の成長
②技術による市場競争の変化
③世界人口の高齢化

④商品、資本、人の流通の加速

世界を変化させる大きな時代の流れは、理解しているようで十分には理解できていないことが多い。いったん理解したとしても、その大きな潮流は時代の推移に合わせてその方向性をいつの間にか変えている。もちろん、データをもとにして論理的に検討できる目の前の競争と、それが存在する産業構造の理解が最も重要であることは自明である。

しかし、その背景にある、漠然としていて、ときには感覚でしかつかみえない、大きな流れを理解しなければ、その産業構造がなぜ誕生したのか、そして、この先どうなるのかに関する適切な結論を導くことはできない。

確かにこうした変化の潮流は、目の前の事業に注力せざるをえない経営者にはなかなか見えてこない。しかし、目の前の事業の数字を追いながらも、市場環境の前提条件を根源的に変えうる要因にも目を光らせなければ、外部環境を充分に把握しているとはいえないのである。

7 現代の外部環境分析は未知を織り込む

もちろん現実には、こうした大きな変化を予測することは不可能に近い。不確実性が高く、過去の延長線上に未来が存在しない昨今において、特にそれは難しい。しかし、外部環境から自社の将来像を導き出すためには、ある程度の不確実性を許容しながらも、未来の産業構造やマクロ環境を予測しながら経営戦略を立案する必要がある。こうした要請に多少なりとも応えることができるのが、不確実性を許容する将来予測の方法論であり、その代表格ともいえる、シナリオ分析である。

一九八五年、『競争の戦略』から五年後、ポーターは*Competitive Advantage*（邦題『競争優位の戦略』）を出版した。同書では『競争の戦略』の多くの弱点に回答する中で、未来予測をするうえで不可避の不確実性にどう対応するかについては、シナリオ分析を用いることで対応できると解説している。

シナリオ分析とは、一九七〇年代初頭、石油会社のシェルが導入したマクロ環境予測の手法である。これは未来を決め打ちで予測するのではなく、いくつかの起こりうるパターンとして予測する手法である[＊15]。わからないことに目をつぶり、決め打ちで一つの理解や計画を提示するのではなく、わからないことを認め、未来を少数の可能性の束に整理し、その可能性のそれぞれに対して今取りえる打ち手を検討する。

15　琴坂（二〇一四a）三九六〜四〇七ページ。

［図表 4-7］ シナリオ分析におけるシナリオの例

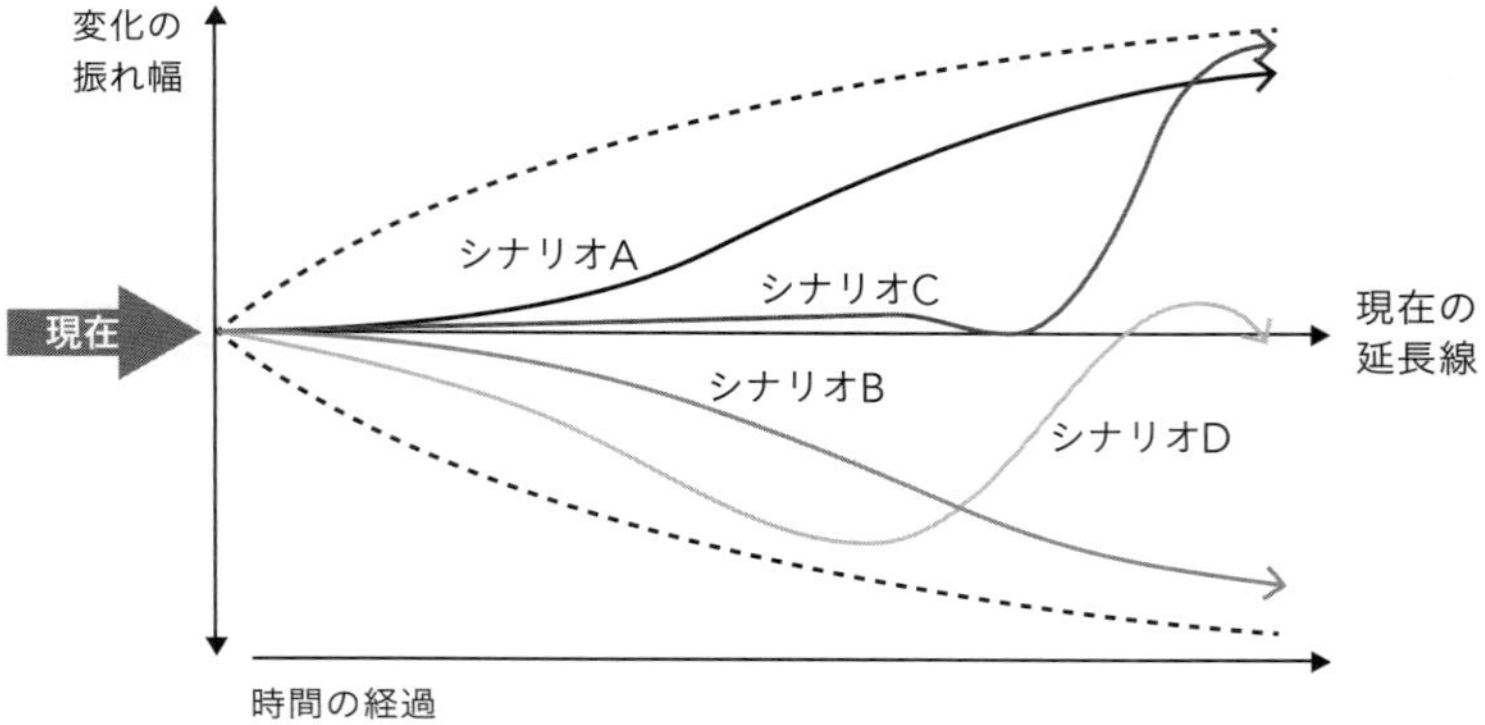

たとえば、現在の延長線上にある未来だけを検討するのではなく、図表4‐7で示すシナリオCやシナリオDなどのように、非線形に状況が変わりうる可能性まで取り込んで未来の動きを検討する。

いま何が目の前に存在しているかに着目するだけでは、真の未来の可能性にたどり着けない。同様に、非線形に刻一刻と状況が変わりゆく産業構造を理解するためには、過去の分析のみに頼っては不十分である。自社が属する戦略グループ、産業、そしてマクロ環境の現状を網羅的に理解したうえで、その変化を一定の不確実性を許容しつつ予測し、適切な戦略的意思決定に結びつけることが求められる。

すなわち、現代という変化の激しい環境下で外部環境をもとに戦略を検討するためには、それが不確実性にあふれているという事実を許容する方法論を駆使する必要があるのである。

8 内部環境分析で外部環境分析の不足を補う

すでに述べたように、ポーターが生み出したファイブ・フォース分析は、外部環境の特性、特に産業の魅力度と、その産業内の戦略グループ間の移動障壁から、最適な経営戦略を導出する方法論であった。

この方法論は優れた洞察を与えてくれる一方で、外部環境の分析に過度に依存しているようにも見える。企業内部の要因がいわばブラックボックスのように扱われている論考もいくつかあり、果たして外部環境の特性を特に重視した戦略検討のあり方が、どれほど実際のパフォーマンスを説明できるのかを問う声も生じていた。

その結果、ポーターの理論が実務家を中心にきわめて大きな注目を浴びたことと相まって、長年にわたる学術的な論争が展開されるようになる。「産業構造が企業の収益性をどの程度まで説明できるか」という問いをめぐり、多くの研究者が議論を戦わせることとなった。

図表4－8は、企業ごとの収益性を産業構造でどの程度説明できるかを検証した、特に重要とされる学術論文の統計結果を取りまとめたものである。

［図表 4-8］ 個別企業におけるROAの差異の要因

（％）

	総資産利益率での差異説明要因		
	産業効果	企業独自の要因	説明できない差異
Schmalensee（1985）	19.6	0.6	80.4
Rumelt（1991）	4.0	44.2	44.8
McGahan and Porter（1997）	18.7	31.7	48.4
Hawawini et al.（2003）	8.1	35.8	52.0
Roquebert et al.（1996）	10.2	55.0	32.0
Misangyi et al.（2006）	7.6	43.8	データなし

注：1. 企業での効果（ファームエフェクツ）は、事業単位での効果と全社レベルでの効果との総計である。
2. 行の和は、他の分散に関してデータがないので、100％にはならない。
出所：グラント（2008）p.134。

最初の検証は、一九八五年、マサチューセッツ工科大学のリチャード・シュマレンジーが行った。この分析では、総資産利益率（ROA）の差異の二〇％しか説明できなかったとはいえ、その二〇％のほとんどが「産業効果」、すなわちその企業がどの産業に属しているかに起因していることを示唆していた。

一方で、産業効果の一九・六％に対して、「企業独自の要因」は〇・六％しか見出されなかった。すなわち、産業構造のほうが企業独自の要因よりも強く業績に影響する可能性を示す結果であり、ポーターの主張を強く支持する結果である。

当然ながら、シュマレンジーの研究の限界は、ROAの差異を説明できない部分、すなわち「産業効果」であるのか、「企業独自の要因」であるのか、そのどちらでもないのかもわからない結果が八〇％を超えて存在していたことにある。この限界を乗り越えようと、これに続く研究では、複数年のデータを用いて、より大規模なサンプルを分析すること、また、手法の改善を試みることで、「説明できない要因」の割合を大きく低減させることを試みている。

それらの結果から見えてきたのは、産業効果は有意に企業パフォーマンスを説明できるものの、その説明力は全体の二割に満たないという可能性である。事実、図表4-8で紹介されている代表的調査研究のうち、シュマレンジーの論文以外の研究は、産業効果よりも企業独自の要因に説明力があるという結果を示している。

もちろん、これらの研究は、産業内に存在する戦略グループ間の差異にまで踏み込んだ検証はできていない。企業独自の要因と計測されている要素が、実際には産業効果に起因する可能性もあるだろう。ただ、戦略グループを実証検証した論文でも、企業が属する戦略グループが、その収益率にどのような影響を与えるかの結論は出ていない。

これらの論文はトップジャーナルに出版された優れた学術論文であり、相当な統計的検討が行われている。したがって、これらの結果が完全に的外れであるとはいえないだろう。少なくとも、外部環境の分析のみから経営戦略を検討していては、企業パフォーマンスを最大化できないのは確かなはずだ。

もう一つ、外部要因が企業の収益性をどの程度まで説明できるのか。この問いを考えるにあたり、興味深い分析がある。

［図表 4-9］ROAの差異に対する一時的な業績変動、産業内不均質性、産業間不均質性の寄与率

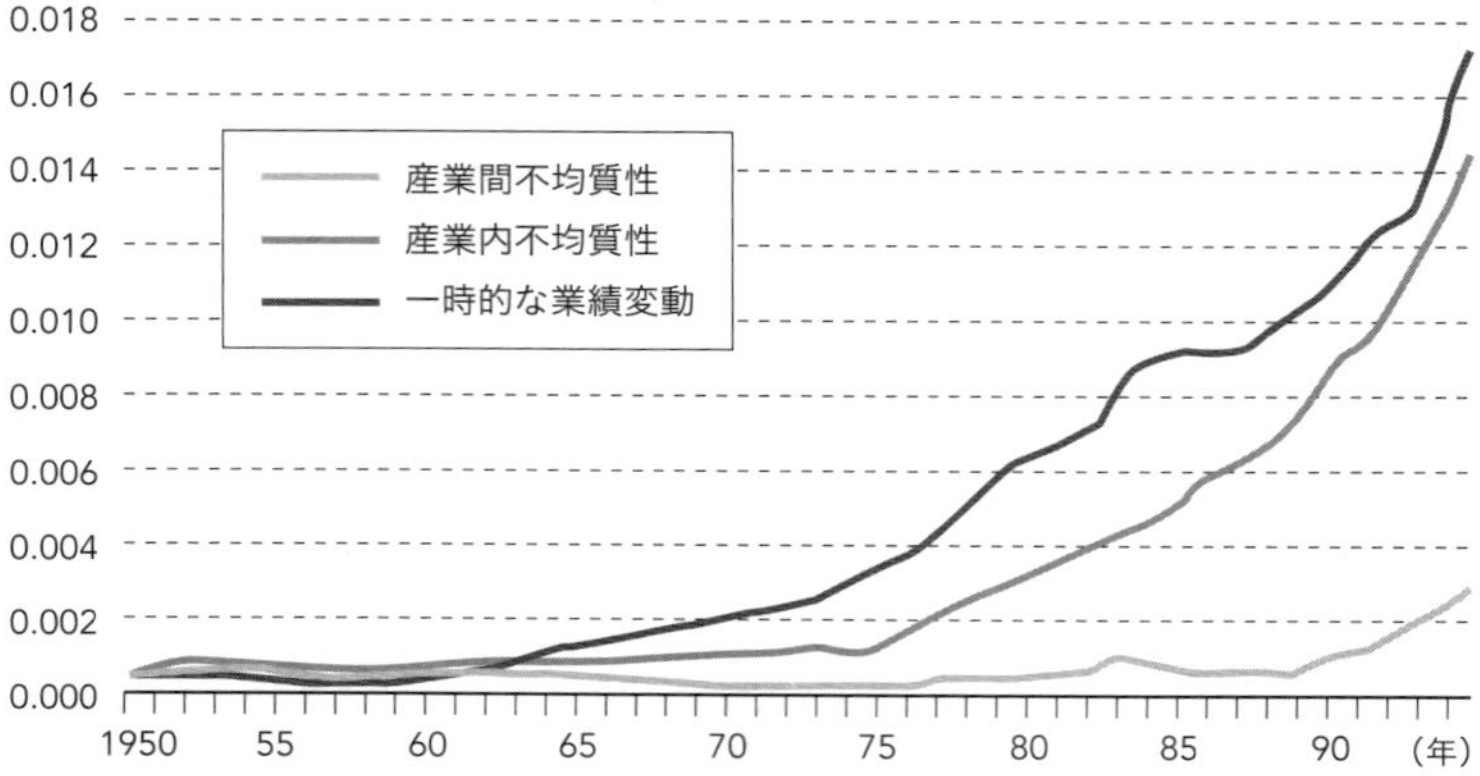

出所：Thomas and D'Aveni（2009）p.399.

図表4―9は、産業構造の長期的な変化を企業のROAの分布から分析した図表である。この分析で示されている変化は米国における製造業のデータではあるが、この変化は、米国を先頭として全世界へと波及したと推測される。

この図表からは、一九七〇年代の中頃を境に、ROAの差異に対する一時的な業績変動の寄与率と、一つの産業内におけるROAの各企業間の差異の寄与率が大幅に増加している様子が見て取れる。

一九五〇年代から一九六〇年代にかけて、産業内の業績の差異はまだ小さかった。こうした環境下では、多くの企業にとって、安定的な経済発展と市場成長を享受すること、すなわち、他社との競争よりも自己の組織拡大と事業の多角化が最大の関心事となる。

この時代の経営戦略の議論は、これと整合する。同一産業内における企業間競争は限定的であり、したがって産業内の各企業の業績の差異も小さかったのであろう。

しかし一九七〇年代からは、景気の低迷と経済成長の鈍化が、企業に他社との競争の必要性を痛感させた。そのため、外部環境を適切に理解して、自社のポジショニングを明確化させることで競争に勝とうとする動きがより重要となった。これにより、同一産業内においても企業間での業績の差異が顕著に見られるようになる。

さらに一九八〇年代半ば以降の競争の舞台は、それ以前にも増して産業構造が不安定化し、変化のスピードが速い世界へと変わる。産業内での勝ち組と負け組の格差が拡大し、一時的な不安定性も増した。こうした状況を背景として、比較的安定した産業構造を前提に立論されたポーターの競争戦略も、その不備が指摘されるようになったのではないだろうか。

ポーター自身、前述の『競争優位の戦略』の中で、たとえば企業内部の構造を分析するバリューチェーンという概念を導入することで、企業内部の競争力を高める重要性を解き、前作の弱点を補完している。しかし、時代に求められていたのは、そもそも産業構造に立脚した外部環境からの議論ではなく、内部資源に立脚した内部環境の分析であった。

特に一九八〇年代後半以降の国際競争の進展と産業変化の加速が、企業自身が持つ力を中核とした新たな理論体系の登場を待ち望んでいたのだろう。これを背景として、資源ベース理論と呼ばれる内部環境分析を重視する考え方が誕生し、新たな潮流を築き上げることになる。

次章は、内部環境から経営戦略を考える系譜を概観する。企業の内部資源の希少性に着目した議論を起点に、いかに資源ベース・ビューが生まれたのか。そして、それはどのような進化を遂げつつあるのか。その理論的背景と学術的価値を中心に議論したい。

本章の要点

- 一九七〇年代の経営戦略論の停滞が、ポーター登場の素地を作り上げた。
- 産業構造から外部環境を分析する手法の源流は、不完全競争の議論にある。
- SCPモデルの経営戦略への応用が、ポーターが演出した新たな潮流である。
- ポーターの学術的貢献の中核は、戦略グループ間のポジショニングにある。
- ファイブ・フォース分析の活用には、いくつかの注意事項を守る必要がある。
- 産業構造を取り巻く、マクロ要因、非市場要因、メガトレンドの理解は必須である。
- 不確実性を織り込む外部環境分析こそが、経営戦略に有益となる。
- 実証研究の成果をひも解くと、外部環境だけで戦略を定めるべきとはいえない。
- 産業構造の不安定化と競争の激化が、資源ベース理論興隆の素地となった。

第5章

内部環境分析

バーニーの資源ベース理論から考える

産業組織論に原点を持つ競争の戦略は、市場そのものの成長が停滞したことにより、競合と顧客の熾烈な奪い合いに直面していた経営者に高く評価された。

しかし、一九八〇年代も終わりに差し掛かると、産業構造はさらに不安定化し、外部環境の分析から戦略を作り出すことの限界が叫ばれるようになる。産業構造の分析に基づいて自社のポジショニングを議論しているうちに、いつの間にか事業モデルや技術標準にイノベーションをもたらす新規参入者が次々と現れ、市場を席巻する事態が頻発したからである。

たとえば、日本企業は一九六〇年代頃から米国市場に本格的な進出を開始し、一九八〇年代には、半導体、テレビ、カメラ、造船、化学など多数の分野できわめて大きなプレゼンスを発揮していた。産業構造が安定的であれば、そしてポジショニングがすべてであれば、このような短期間での順位逆転は起きえなかったであろう。

しかし、産業構造や競争の構図が短期間で大きく変わる事態が同時並行的に数多く発生した。それは、日本やドイツ、もしくは米国西海岸からの新興勢力が新技術や革新的な製品を片手に、次々と新たな産業領域を作り出したためである。その結果、いったんは作り出したポジショニングも、産業構造そのものがダイナミックにその形を変える環境下においては、持続的な競争優位にはなりえないという共通理解が生じ始めた。

産業構造が短期間で劇的に変化し、企業間の競争原理が変貌を遂げる中で、学術界にも新たな前進が求められていた。どこを突破口に新しい理論的展開を切り拓けばよいのか、新たな方向性をめぐって多様な議論が繰り広げられた。

こうした動きの中から、不安定化した外部市場からではなく、企業が持つ資源に再度着目し、その希少性を理論化しようとする動きが少しずつその影響力を強めていったのである。

本章では、この流れを生み出した源流である「資源ベース理論」の形成過程とその骨格を追うことから、内部資源をどう捉えるか、それをどう活かしていけばよいかを議論する。

1 なぜ内部要因が注目を浴びたのか

経験曲線とBCGマトリックス、さらにそれに続くファイブ・フォース分析は一世を風靡した。しかし、それを背景に立案された競争戦略をもってしても、米国企業の多くは長期の低迷から脱け出せずにいた。むしろ革新的な商品やサービスを片手に世界市場で成長する新興企業に、米国市場のみならず世界市場で猛烈な追撃を受ける状況が続いていた。

その結果、一九七〇年以降主流となっていた外部環境の分析を主軸として構成された経営学の理論体系に対して、少しずつ疑問の声が上がり始めていた。

そもそも、優れた戦略は外部市場の構造分析からもたらされるのであろうか。

この誰もが抱いていた疑問に対して、明確な事実を根拠に問題提起をしたのが、スタンフォード大学ビジネススクール教授のリチャード・パスカルである。彼は一九八四年に『カリフォルニア・マネジメント・レビュー』に「Perspectives on Strategy: The Real Story behind Honda's Success（戦略の視点――ホンダの成功の真実）」という論文[＊01]を発表している。この論文は、戦略の大家であるヘンリー・ミンツバーグに「これほどのインパクトを与えた経営学の論文は他に類を見ない」と言わせたほどの論稿である[＊02]。

この論文は、一九七五年、ボストン コンサルティング グループ（BCG）が英国政府の要請で作成した「Strategy alternatives for the British motorcycle industry（英国自動二輪車産業への戦略提言）」[＊03]の説明を真っ向から否定した。BCGによるこのレポートは、当時は全米各地のビジネススクールで戦略と産業の分析の手本として紹介されていたほど著名なものであり、大きな影響力を持っていた調査レポートであった。

BCGによるレポートでは、英国の自動二輪車産業の衰退をその市場シェアと利益率の低下から描写しており、その原因を競合に比較したときの技術開発、販売、製造における規模の経済の不足であると説明していた。

その分析対象の中心は、日本企業のホンダである。このレポートは、ホンダは母国市場・日本での成功によって規模の経済を享受し、その価格面での優位性を小型から中型、大型の商品に移転させたという。ホンダの世界各地の市場での成功は、その規模の経済によるコスト優位性を背景とした成功であると解説する。

すなわち、母国市場での生産量の蓄積で経験曲線効果を得たことが低価格の源泉であり、それにより海外市場でも競争力を得たと解説する。さらに、小型の商品で得た利潤を戦略的に中型、大型の製品に投資をする、優れた事業ポートフォリオ管理を戦略的に行ったことにより、さらに大きな成功を手にしたと説明する。

つまり、この調査レポートは、ＢＣＧの戦略ツールを用いて説明できる経営戦略の成功例としてホンダを位置づけ、それと比較する中から英国の自動二輪車産業がどうあるべきかを議論したのである。

これに対してパスカルは、このレポートの主張は企業の内部で実際に発生していた現実を無視していると主張する。細緻な事実を軽視した大味な分析であり、特にミクロ経済的な要因に依存しすぎていると批判した。彼は、ホンダ社内で実際に行われた戦略検討プロセスを丹念に描写し、立地選択、予算計画、商品企画など多くの要素が産業構造や競争環境に基づいて決定

---

01 Pascale（1984）.

02 原典では、次のように述べている。"Perhaps no other article published in the management literature has had quite the impact of Richard Pascale's California Management Review piece on the 'Honda Effect'"（Mintzberg et al. 1996, p.78）.

03 原文は以下よりダウンロードできる（https://www.gov.uk/government/publications/strategy-alternatives-for-the-british-motorcycle-industry）。

されたのではなく、きわめて属人的かつ偶発的に決められたことを、関係者に対する丹念なヒアリングから、事実をもってして示したのである。

これは、第4章も触れた「プロセス型戦略論」とも呼ばれる、実践を通じた一連の意思決定から戦略が次第に経営されるという理解とも符合する。パスカルは、BCGの分析は、企業行動を外部環境の要因にひもづけすぎていると主張し、経営の現場で重視されているのは何よりも内部要因であることを説いた。

実際の企業経営は、外部環境の分析のみで決まることはない。企業の業績は実際には企業内部の要因、ときに属人的な要素に大きく左右されることがある。こうした当たり前の事実を、パスカルの分析は再度議論の俎上に載せた。

事実、産業構造をいかに緻密に分析しようとも、その分析結果が企業の業績とは結びつかないことが多々観測されていた。そこで事業の効率性向上、持続的な製品改良、企業内部での価値観の共有といった、企業内部の要因こそが競争優位につながるという主張は、一九八二年に発売された *In Search of Excellence*（邦題『エクセレント・カンパニー』）が世界的ベストセラーとなったことと相まって、再度注目を浴びるようになっていた。

2 内部要因の学術的探究は一九八〇年代初頭から

こうした土壌を背景として、学術界でも、企業内部の探究が新たな展開を迎えていた。第4章で述べたように、一九七〇年代後半以降、特に産業組織論の知見の応用が進んだことで、外部環境の要因が企業行動にいかなる影響を与えるかについては、体系的な理論化が着実に進みつつあった。その一方、企業内部の要因を学術的に捉え、それを理論化しようとする試みは、一九八〇年代初頭からようやく本格的な発展を始めたのである。

その初期の流れを総称して「資源ベース理論」（リソース・ベースト・ビューとも呼ばれる）という。ポーターのファイブ・フォース分析がそうであったように、この理論も一人の天才によって突如生み出されたものではなかった。社会科学の発展の典型と同じく、数々の研究者たちが貢献を積み重ねることから形成された考え方であった。

この資源ベース理論の礎を築いたのは、一九八四年、マサチューセッツ工科大学教授のバーガー・ワーナーフェルトが発表した「A Resource-Based View of the Firm（企業を資源から捉える考え方）」という論文であった[＊04]。この論文は、SCPモデルが、企業の収益性を決める要因は企業が産業内のどこにポジショニングするかである、と説いたのに対して、企業の収益性は製品市場においてのみならず、企業が活動するにおいて必要とする経営資源を取得する資源市場での独占によっても向上させうると説明した。

ワーナーフェルトは、それまでの考え方が製品市場、すなわち外部環境の分析に偏りすぎていると批判した。そして、企業が他社に真似できない資源を保持することは「資源獲得障壁(Resource position barriers)」を築くことであり、それにより企業は競争優位を得ることができると説明した。

それは産業組織論が確立させた超過利潤の源泉とした参入障壁(Entry barriers)や、ポーターらがそれを拡張した移動障壁(Mobility barriers)の議論をさらに発展させた考え方である。すなわち、ワーナーフェルトは製品市場(外部環境)の分析によって検討が進んでいた理論体系を資源市場(内部環境)の議論に応用し、両者を統合的に説明する道を切り拓いたのである。

ワーナーフェルトの貢献が特に評価され、経営学の学術的な議論の発展の本流を形成すると位置づけられるのは、ポーターによって産業組織論を原点として拡張された、産業構造から企業の競争優位の源泉を検討する学術的な考え方を応用し、それを企業の外部の議論から内部の議論に拡張したことにある。

同時期にはたとえば、リチャード・ルメルトの一九八四年の論文[*05]でも、異なるアプローチでSCPモデルが抱える課題、すなわち同様の産業構造下でなぜ企業の収益性に差異が生まれるかが議論され、理論化されていた。

ルメルトは、各企業が持つ生産資源が本質的に異なるという前提を置き、その生産資源のコスト効率の差異が経済的レント（Economic rent：経済学の用語であり、ここでは資産の利用から得られる余剰価値）につながるとき、それらの生産資源は競争優位の源泉となりうることを数式で示している。

この論文も、企業の外の資源ではなく企業の中の資源を分析することから企業の異質性を説明しており、数多く引用される文献である。しかしそれは、それまでの理論的な展開からの円滑な移行を許すものではなかった。

ワーナーフェルトの論文がなぜ特に注目を浴びたのかは、彼の言葉［＊06］を借りれば、「多くの人々がこの論文を拡張し、そして、この論文が他の理論研究や過去の伝統的な理論体系と高い整合性を持っていたから」である。それまでの議論を援用しつつも前進させ、また、他の議論も包括できる応用可能性を持つこと。それがなければ、理論の評価は高まらない。

04 Wernerfelt（1984）.
05 Rumelt（1984）.
06 ワーナーフェルト自身が、一九九五年に受賞を振り返るエッセイで述べている（Wernerfelt, 1995, pp.171-172）。

発表から一〇年後、資源ベース理論の礎となった功績が認められ、この論文は、一九九三年、経営戦略の国際学会であるストラテジック・マネジメント・ソサエティから発表五年以上経った名著論文に贈られる学会賞を受賞している。一〇年を経て、その評価が最終的に定まったともいえるだろう。

逆にいえば、発表当初はこの論文はまったく注目を集めることはなかった。この論文には、パラダイムを変える転換点となる論文によく見られる特徴がある。確かにGoogle Scholarの引用件数が一万件を超えていることからもうかがえるように、この論文は現代では高く評価されている。しかし、この論文は発表当時にはまったくと言ってよいほど興味関心を持たれていなかった。発表から三年間での引用件数はわずか三件であったという。しかも、そのうちの二件はワーナーフェルトの門下生の論文であり、もう一件は彼の同僚の論文であった。

実は、ワーナーフェルトのみならず、資源ベース理論の源流とも言われるエディス・ペンローズの一九五九年の著作 *The Theory of the Growth of the Firm*（邦訳『企業成長の理論』）も、三〇年近くの長きにわたり埋もれていた。この著作が注目を集めたのは、ワーナーフェルトによる前述の一九八四年の論文と、同じくこの理論体系の確立に多大な貢献をしたデイビッド・ティースによる一九八二年の論文［＊07］で言及されたことがきっかけだった。これらがなければ、そのまま埋もれていた可能性すらある［＊08］。

ペンローズは、企業とは個々の生産資源の束であり、その束の特性が異なることから、たとえ同一の産業構造下でも根本的に異質であると主張した。また、その生産資源に関しても、単に土地や設備のみならず、経営者や従業員のスキルなど多様な要素が含まれると解釈する先進性を持っていた。しかし、当時の研究者や実務家は、その主張を聞き入れる素地をまだ持っていなかったのである。

ワーナーフェルトもペンローズも、いわば幸運であった。社会科学としての経営学の理論形成の歴史の中には、多大な貢献をしたにもかかわらず、それほど一般には認知されていない偉大な研究者たちも、無数に存在しているのである。

3 資源ベース理論はいかに構築されたか

当初は研究者の間で議論が進んでいた資源ベース理論が、一般の実務家にも知られるようになるのは、一九九〇年代に入ってからである。しかし、資源ベース理論の発展は、一九八〇年

07 Teece（1982）.
08 Rugman and Verbeke（2002）.

代の中頃から着実に進行していた。

ワーナーフェルトの論文が注目を浴び始めたのは、発表から五年を経た頃、一九八八年から八九年のことである。ワーナーフェルト自身によれば、その背景には、特にジェイ・バーニーの一九八六年の論文、インゲマル・ディエリックスとカレル・クールの一九八九年の論文[*09]、ワーナーフェルト自身の一九八九年の論文[*10]など、資源をめぐる市場の特性に関する理論の細緻化が進展したことにあるという[*11]。

たとえば、バーニーの一九八六年の論文[*12]では、戦略的資源市場(Strategic Factor Market)という表現を用いて、資源市場における経営資源をめぐる競争に対して、製品市場における顧客をめぐる競争をより明確に対峙させている。

SCPモデルなど産業組織論で取り扱われる製品市場の理論モデルは、もともとはまったく同じ産業構造下に存在する企業の業績に、ときには明確な差異が生じる理由を説明できるようには作られていない。したがって、ブラックボックスとして扱われることとするある、企業内部に存在する経営資源の獲得過程、それぞれの企業に特有のスキルや能力の偏在に重点を置いた理論モデルを取り扱うほうが、より正確に個々の企業の競争優位の源泉を特定できるはずである。バーニーはこうした主張を展開した。

ワーナーフェルトの一九八四年の論文が、製品をめぐる競争と資源をめぐる競争との間に明確な優劣を示さなかったのに対して、バーニーは資源をめぐる競争の重要性を強く説いた。

バーニーは、自社を産業内で最適な位置にポジショニングすれば超過利潤を得られるというSCPモデルの理解が正しいとしても、そのポジションを得るために必要な資源を獲得する競争が存在するがゆえに、必ずしもすべての企業がそのポジショニングを得られるとは限らないことを示すことで、既存の理論モデルの限界を提示したのである。

それに続くディエリックスとクールの一九八九年の論文は、ワーナーフェルトとバーニーの議論をさらに発展させている。彼らは、超過利潤を企業が得るためには、資源市場での競争に打ち勝ち続けなければならず、そのためには保有する資源が代替しづらく、模倣困難な必要があると説明する。

そして、企業が保有する資源が代替しづらく、模倣困難となる条件は、その資源が蓄積される過程が独特であること、その結果として生じる資源の組合せが他社には構築しづらいことであり、それが競争優位の源泉であると説く。

すなわち、資源の調達コストや調達に伴う機会コストのみの理論化を進めては、企業の持続

09 Dierickx and Cool (1989).
10 Wernerfelt (1989).
11 入山章栄による論考(入山、二〇一四c)では、特にペンローズ(一九五九)、ワーナーフェルト(一九八四)、バーニー(一九八六)、ディエリックス／クール(一九八九)を紹介した後に、バーニー(一九九一)の骨子を概観、その後の発展を追っている。
12 Barney (1986a).

的競争優位を説明できない。その資源を自らの組織内で構築、または蓄積するプロセスまでを勘案する必要があり、その資源がどれだけその組織にとって戦略的に重要であるかは、その入手困難性、模倣困難性、代替困難性に左右されると主張したのである。

この議論に重ねるかのように、ワーナーフェルト自身の一九八九年の論文は、より具体的な戦略策定のプロセスにまで踏み込んでいる。この論文は、それまでの理論的検証によってある程度特定された、資源を活用する際に必要な要素を体系化し、それを実務家にもわかりやすい形でまとめようとした最初期の作品といえる。

ただし、この論文自体は、それほど大きな注目を浴びることはなかった。おそらくそれは、その体系化が不十分で明瞭ではなかったこと、またそれがゆえに、この論文が多くの読者の目に触れる主要な論文誌に掲載されなかったことが原因であろう。

もちろん、資源ベース理論の形成に貢献した研究者はこの限りではない。すでに紹介した経営戦略の「正史」以後の代表的な理論家だけを列挙したとしても、アルフレッド・チャンドラー、イゴール・アンゾフ、ケネス・アンドリュースなど多くの先駆者たちがすでに、言葉は違えど、さまざまな表現で内部資源の重要性を指摘していた。

また、資源ベース理論の形成初期過程を読み解こうとすれば、リチャード・ルメルトやマーガレット・ペタラフなど多数の研究者たちが、資源を軸に企業とその戦略を捉える調査研究を協調・競争しながら進めていたことがわかる[*13]。

ワーナーフェルトは、前述の一九九五年の論文でこう振り返る［*14］。

「一九九四年のSMS（Strategic Management Society）の年次総会（引用者注：経営戦略の世界最大の国際学会）において、この論文が受賞する際に私はこう述べた。『私は石を地面に置いてそれを残しただけだった。ふと振り返ってみると、他の人がその石の上や横に石を置いて壁の一部を作り上げていたのである』。つまり、資源ベース理論として知られる一連の調査研究は、多くの人たちの研究の成果である」

これこそが、社会科学としての経営学の真の姿である。誰かが突如語り始めてそれだけで認められた理論体系は、私が知る限り存在しない。その背後には必ず、その原型ともいえる主張があり、それを磨き込み続けた無数の研究者がいる。特定の人物が着目を浴びるにせよ、それは集団が練り上げた知識の恩恵を受けているのである。

13 資源ベース理論の初期の理論研究を俯瞰するには、Mahoney and Pandian（1992）を参照のこと。
14 Wernerfelt（1995）p.172.

4 資源ベース理論の普及に貢献した二つの論文

一九八〇年代を通じて限られた数の研究者を中心に脈々と形成されつつあった資源ベース理論であるが、その本格的な普及に道筋をつけたのは二つの作品であった[*15]。

一つは、実務家に対して資源を軸に考える重要性を広めた、C・K・プラハラードとゲイリー・ハメルが一九九〇年に発表した「The Core Competence of the Corporation（コア・コンピタンス経営）」[*16]である。

もう一つは、研究者に向けて資源ベース理論を体系的に取りまとめた、ジェイ・バーニーが一九九一年に発表した「Firm Resources and Sustained Competitive Advantage（企業の資源と持続的な競争優位）」[*17]であった。

プラハラードとハメルによる貢献

プラハラードとハメルの論文は、一九九〇年の『ハーバード・ビジネス・レビュー』における年間最優秀論文賞（マッキンゼー賞）を受賞するなど、実務家に高く評価された。また、ワーナーフェルトをして「多くの学術論文がすでに出版されていたにもかかわらず、実務家への資源ベース理論の普及に関しては、彼らの貢献がすべてであった」と言わしめる［＊18］ほど圧倒的な注目を浴びた。

この論文はまず、一九八〇年代の日本電気（NEC）と米国の大手通信会社であったGTE（General Telephone and Electronics Corporation）の競争を取り上げ、一九八〇年にはNECの三倍の売上高を誇ったGTEが、結果的にNECの後塵を拝することとなった理由は、両者が自社の事業をどう理解していたかの違いであると主張した。

GTEは、多角化した事業それぞれの産業の特性、事業の収益性を分析することから自社を理解していた。一方のNECは、自社の競争力を高めるためには、競争力の源泉となりうるコア製品、すなわち半導体の競争力を高めることが重要であると自社を理解していた。プラハラードとハメルは、GTEが外部環境の分析から自社の事業ポートフォリオを決定して失敗し

15 資源ベース理論をもとにした経営戦略論の起源は、C・K・プラハラードとゲイリー・ハメルの一九九〇年の論文を軸に、ハメルが筆頭著者となって一九九四年に出版された*Competing for the Future*（Hamel and Prahalad, 1994）と紹介されることも多い。

16 Prahalad and Hamel（1990）.

17 Barney（1991）.

18 原文は「Despite the number of academic papers that had been published on the subject by that time, I believe these authors were single-handedly responsible for diffusion of the resource-based view into practice」（Wernerfelt, 1995, p.171）。

［図表5-1］SBUか、コア・コンピタンスか

	SBU（戦略事業単位）	コア・コンピタンス
競争の基本スタイル	既存製品による競争	コンピタンスによる企業間競争
企業構造	製品・市場による事業ポートフォリオ	コンピタンス、コア製品、事業のポートフォリオ
事業単位の状況	各SBUに自治権があり、不可侵である。それぞれが資金以外の全資産の所有権を主張する	SBUはコア・コンピタンスを潜在的に保有している組織の1つにすぎない
資源配分	個々の事業が分析の対象。SBUが個々の事業に資金を配分する	個々の事業とコア・コンピタンスが分析の対象。経営陣が資金と人材を配分する
経営陣による付加価値	個々の事業への資金配分を調整することで収益性を最適化する	戦略アーキテクチャーを体系化し、かつ将来の成功を約束するコンピタンスの構築を図る

出所：Prahalad and Hamel（1990）p.86; DIAMOND ハーバード・ビジネス・レビュー編集部（2010）p.307。

たのに対して、NECが内部環境の分析から自社の事業のあり方を決定して成功したと説明する。

そして、そのような自社の事業のあり方を方向づけるものを、プラハラードとハメルは「コア・コンピタンス」と呼んだ。コア・コンピタンスとは、広範かつ多様な市場への参入可能性をもたらすものであり、また、最終製品が顧客に提供する価値を向上させるものであり、他社には模倣が困難な技術やスキル、あるいはその融合体を示す。

プラハラードとハメルは、図表5－1のように、戦略事業単位（SBU：Strategic Business Unit）による経営とコア・コンピタンスによる経営を比較している。

戦略事業単位による経営とは、各事業単位に製品ごとの戦略を任せ、全社の戦略は戦略

事業単位間の経営資源の配分、予算管理に注力するような経営である。それはまさに、BCGマトリックスに代表されるような事業ポートフォリオ管理を中核とした経営であった。

それに対して、コア・コンピタンスによる経営とは、全社の戦略を個々の事業が持つ競争力の源泉、すなわちコア・コンピタンスの獲得と育成と、そのための組織的な集団学習の仕組みづくりに注力させることに重点を置く。

プラハラードとハメルは、「二〇年ほど前（注：一九六〇年代）に多角化企業を経営するために考案された分析手法は役に立たない」と主張し、最終商品の競争に基づく経営をするのではなく、コンピタンスと、それと最終製品を結びつけるコア製品、すなわち最終製品の価値を決定づける部品・部材や技術で経営すべきとした。

彼らはこれを「事業ポートフォリオ」対「コア・コンピタンス・ポートフォリオ」という構図で解説する。そしてキヤノン、ホンダ、ソニー、ヤマハ、コマツ、カシオ計算機といった日本企業は、コア・コンピタンスの獲得と、育成に必要な組織的な集団学習に優れることで競争力を得たと説く。当時、世界を席巻しつつあった日本企業の成功とひもづけることで、コア・コンピタンスの戦略的な獲得が生き残りには不可欠になると主張したのである。

第4章で議論したように、マイケル・ポーターの競争戦略は、産業組織論（特にSCPモデル）の知見を応用したことで、産業構造分析から自社の戦略を検討する方法論をより具体化した考え方である。単に産業全体を議論するのではなく、その中に存在する戦略グループの検討を重ねることで、産業内の競争を明確に意識した戦略立案を提示した。しかし、それも経験曲線からBCGマトリックスに連なるような、外部環境の分析を主体とした戦略構築の系譜にとどまっていたという見方もできる。

それに対してプラハラードとハメルの議論は、事業ポートフォリオ経営を主体とした時代の終わりを明確に主張するものであった。戦略事業単位を中核に、外部環境の分析から産業構造を理解し、BCGマトリックスのような枠組みを用いて自社の経営戦略を考えていては、技術革新が継続する変化の時代には対応できない。産業構造も短期間で劇的に変わるため、既存産業の枠組みを分析しているうちに、新興企業がいつの間にか顧客を奪い去ってしまうからであると、彼らは主張した。

外部環境ではなく、自社の競争優位の源泉たるコア・コンピタンスに目を向けることで、新しい時代の競争を勝ち残ることができる。この考え方は特に、日本企業の攻勢にあえぐ米国企業の経営者に大きな衝撃を与えた。

ただし、プラハラードとハメルの立論には、リチャード・パスカルがBCGのホンダのレポートに対して行ったのと同じ批判（Honda effect）が当てはまる可能性がある。この論文では、コア・コンピタンスというレンズを通じて日本企業を解釈し、日本企業の成功をもってコア・コンピタンスが優れていると説明する。しかし実際に、日本企業がコア・コンピタンスを意識したうえで経営を展開したかはわからない。したがって、この作品は優れた解釈を提供したものの、学術研究としての価値が高いとは必ずしもいえない可能性がある。

とはいえ、それまでの方法論の不備を指摘し、新たな道を明確に示したことは事実である。そしてそれは、実務家の圧倒的な支持を受けた。以降、企業の内部の要因を軸に競争優位を捉える考え方が主流となった。

バーニーによる貢献

実務家に広く知られるプラハラードとハメルに対して、バーニーの「Firm Resources and Sustained Competitive Advantage」は、特に研究者に高く評価されている。

私が博士号を取得するときの講義で、ある教員がこの論文をこう評していたのを覚えている。「この論文は、新規性や革新性という点では特筆に値しない。したがって、トップジャーナルにそのまま掲載されるべきとは思わない。しかし、結果的には多くの研究者の目に留まり、その利便性により、何度も引用されるに至った論文である」

もちろん、この評価がすべてと言うつもりはない。しかし、バーニーの価値を測るうえで重要な示唆が含まれている。たとえば、この論文はGoogle Scholarで五万回も引用されている。経営学の学術研究においては数千回の引用件数でも稀であり、一万回以上となると、数えるほどしか存在しない。間違いなく、バーニーのこの論文は歴代でも有数の引用件数を誇るはずである。しかしその理由は、おそらくその新規性でも、革新性でも、厳密性でもない。

この論文はまず、ポーターに代表されるような、SCPモデルを応用した外部環境分析を適切に批判することで、内部環境分析の必要性を提示している。第4章で議論したように、SCPモデルは、同一の産業構造にあり、同一の戦略グループにある企業は、その戦略も資源も同一であるという仮定を置いている。また、そうした企業が独特な資源を保持できたとしても、それは短期間で他社も獲得しうるとする。

しかし、この単純な前提の下では、産業構造も戦略グループも同じ企業の間にパフォーマンスの差異が長期的に持続する可能性を説明できない。バーニーは、これが資源ベース理論の学術的な興味関心の出発点であったことを再確認する。

すなわち、資源ベース理論の出発点はポーターと同様にSCPモデルにあったと言及することにより、それがまったく異次元から生じた別の理論体系ではなく、これまでの主流を形成してきた理論体系と同じ系譜に位置づけうる発展であると主張している。

次に、資源ベース理論の先行研究を引用しながら、企業が保持する資源が各自独特であり、その移動も困難であるという前提を置くことで、この問題に答えることができると解説する。つまり、資源ベース理論の原点は、SCPモデルの理論的な弱点を補完しうるSCPモデルの改善版と位置づけうると説得しているのである。

具体的には、同一の産業構造、同一の戦略グループ内の企業であっても、それぞれが独特の資源を保持しうるという前提を置き、これを「資源の異質性（Resource Heterogeneity）」と呼んでいる。加えて、それらの資源は短期間では他者に獲得されえないことも前提としており、これを「資源の固着性（Resource Immobility）」と名づけた。

この二つの前提を置くことで、資源ベース理論はSCPモデルの理論的な弱点を補完し、より強固に企業の持続的な競争優位の源泉を議論できると解説したのである。

さらにバーニーは、その二つの前提が存在しないとき、SCPモデルでも先行者利益や参入障壁、移動障壁の概念で持続的な競争優位が説明できるとする立場にも反論する。ベインの参入障壁やケイブスとポーターの移動障壁の概念（第4章参照）は、参入障壁が高い特定の産業に属する企業、または移動障壁が高い特定の戦略グループに属する企業が、それらに属さない企業に対して競争優位を持ち、それにより超過利潤を得ると説明する。

それに対してバーニーは、参入障壁や移動障壁が生じることは、資源の異質性と資源の固着性の概念がなければ説明が難しいと反論した。バーニーは、このように述べる［＊19］。

「参入障壁や移動障壁が存在するためには、それらの障壁によって守られる企業が、参入を試みる企業とは異なる戦略を実行する必要がある。そして、参入を制限された企業が産業内やグループ内の企業と同じ戦略を実行することはできない必要もある。戦略の実行には企業

19　Barney（1991）p.105.

の独自の資源の活用が必要であるとすれば、障壁によって守られる企業と守られない企業が同じ戦略を実行できないことは、これらの企業が異なる戦略的な資源を持っていることを示唆する」

この発言からもわかるように、バーニーは参入障壁や移動障壁の議論を否定したのではない。参入障壁や移動障壁が存在する前提を説明するためには、資源ベース理論と同様に、資源の異質性と資源の固着性という概念を導入したほうが適切であると主張したのである。バーニーはさらに、上記二つの前提の下であれば、参入障壁や移動障壁の概念がなくとも、個々の企業が保持する資源の特性が異なること自体から、特定の資源を保持する企業が持続的な競争優位、すなわち超過利潤を得ることができると解説し、資源ベース理論の価値を説いた。

ここに実は議論の匠がある。社会科学としての経営学の理論の方向性に対して大きな影響を与えるためには、明確な事実だけでは足りないのである。同じく研究活動を行う学会の研究者コミュニティに対して、自らの立論の持つ価値を説得するという困難な作業が発生する。バーニーはいわば相手の土俵から勝負を始め、しかし、そこに新たな概念を付け加えることで、議論の主戦場を土俵外に移動させてしまった。

つまり、バーニーの立論が優れている点は、既存の理論的説明を否定するのではなく、それ

［図表5-2］バーニーが提示した資源ベース理論の概念

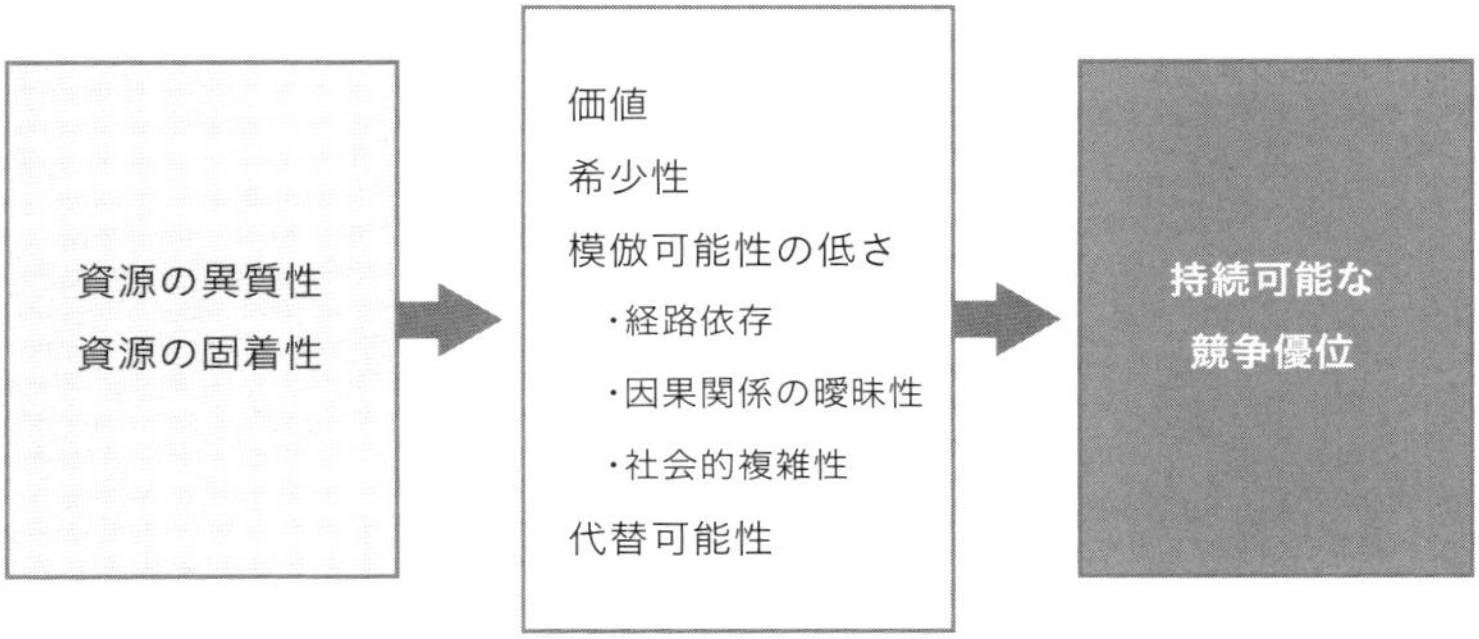

出所：Barney（1991）p.112.

を補完する概念を導入することから、競争優位の源泉に対する別の経路を説明する可能性を切り開いたことである。

彼は、資源の異質性と資源の固着性という二つの出発点が、既存理論の強化にもつながるとすると同時に、その二つの概念を出発点とすれば、資源をベースとして競争優位の源泉を議論できることをシンプルかつ明確にまとめた。

この論文で提示されている概念は、図表5-2のようにきわめてシンプルである。

左側が、資源の異質性と固着性という議論の前提条件であり、中央が異質性と固着性をもたらす資源の特性である。そして、それらの特性を持つ資源の束である企業が、右側の持続可能な競争優位を持つと説明する。すなわち、「価値があり、希少性があり、模倣可能性が低く、代替可能性も低い資源が、他社との差別化（異質性）を可能として、それを持続させること（固着性）につながるので、それが持続可能な競争優位の源泉となる」と立論した。

実務家からすれば、わざわざ聞くまでもない説明である。また、実際に論文を読んでも、簡単なことを複雑に書いているようで理解が難しいと感じるだろう。しかし、資源ベース理論を端的にまとめると同時に、その学術研究における立ち位置を明確化した点において、この論文には大きな価値がある。

確かに、新規性も革新性もないかもしれないが、学術論文の価値はそれだけではないことを再確認させてくれる論文である。新たな学術研究の潮流を端的にまとめ、そのエッセンスを抽出し、先行する学問体系とそれに関連する学問体系とのつながりを可視化すること。学術研究においては、それも後世に高く評価されうる貢献なのである。

バーニーの一九九一年の論文から二〇年を迎えた二〇一一年、その論文を掲載した『ジャーナル・オブ・マネジメント』は「Twenty Years of Resource-Based Theory（資源ベース理論の二〇年）」と題する特別号［＊20］を刊行している。

もし、より詳細な議論の系譜を理解したいと思うのであれば、この巻頭言に掲載された「The Future of Resource-Based Theory: Revitalization or Decline?（資源ベース理論の未来――再生か、衰退か）」と、そこで紹介されている論文［＊21］を確認することを推奨したい。この論文を軸に、この論文が引用している論文、この論文を引用している論文を概観していけば、社会科学としての経営学がどのような理論的な発展を遂げていくのか、その一例を知ることができるだろう。

5 資源ベース理論の拡張
資源、知識、そして能力へ

資源ベース理論は、その後も一九九〇年から二〇〇〇年代にかけて着実に進化していった。ここでは、その後の関連する理論の展開における特に重要な変化を紹介したい。それは資源から知識、そして能力へという議論の進展である。

資源が重要であるという前提のうえで、では、いかに資源を手に入れ、どうやってそれを環境変化に合わせて組み替えるのか。より動的に変化を続ける企業の実態を説明するためには、何が企業を変化や進化させると理解すればよいのか。その解明はいま現在も続いている。

20 資源ベース理論を理解するうえでは、一九九一年のバーニーの論文が掲載された特別号（*Journal of Management*, 17[1]）、一〇周年を記念した特別号（*Journal of Management*, 26[1]）、そして二〇周年を記念したこの特別号（*Journal of Management*, 37[5]）が大いに参考になる。

21 Barney et al. (2011).

資源ベース理論を紹介する際、多くの教科書では、手に入れるべき資源の評価軸として「VRIOフレームワーク」を紹介している。これはVariable（価値があるか）、Rare（希少性があるか）、Inimitable（模倣困難か）、Organization（組織と適合性があるか）という四つの指針の頭文字である。多少の違いはあるにせよ、こうした特性を持つ資源に一定の競争優位の源泉があることに異論はない。

もちろん、これまでの議論からも明らかなように、単に資源を手に入れればよいのではない。その企業の異質性（独自性）を向上させる資源を、できるだけその企業に固着するように手に入れる必要がある。それによって競争優位はより高まり、またより長く持続する。

特に評価される傾向が高い資源は、有形資源より無形資源である。有形資源は市場で交換しやすいために競合にも入手しやすく、また産業構造の変化や技術革新によって価値を失いやすいと考えられるからである。反対に、異質性が高く固着しやすい資源は何かと考えると、市場では容易に手に入らず、その企業が持つ無形の独自性に価値を見出すのは自然であろう。

その考え方を前進させ、最も根源的で特殊な資源として「知識」を重視する議論がある。その代表は「知識ベース理論」[＊22]と呼ばれる。他の資源を再編し、それを組み合わせる知識とそれを編集する仕組みこそ企業の競争優位の源泉であり、ひいては企業の存在価値であると考える。

また、「能力」が重要であるとする考え方も存在する。これは「ダイナミック・ケイパビリティ」[*23]またはDC理論とも呼ばれ、企業の中に存在するさまざまな資源を再構築する能力こそ企業の競争優位の源泉であり、持続的な競争優位につながると考える。

知識ベース理論も、ダイナミック・ケイパビリティも、資源ベース理論に対する最大の反論をもってして成長した。それは、産業構造が不安定であり、技術革新の速い経営環境では、たとえ一時期には価値を持っていた資源も、すぐにその価値を失うのではないかという批判である。

こうした理論研究で議論されている企業が手に入れるべき最も重要な資源は、実務家が通常「資源」と聞いて想像するようなものでは必ずしもない。資金や生産機械、原材料など目に見える資源も当然ながら、それよりも資源を手に入れるための、知識、プロセス、人材、ネットワーク、能力、……それらを総称した「何か」により高い価値の可能性があると理解されている。依然として、その「何か」の正体については、統一的な見解は導かれていない。しかし、一つ明らかなことは、世界的な競争と急速な技術進化にさらされる現代においては、多くの産業で競争力を持つ「資源」が、単純な生産設備や土地建物[*24]だけではないという事実である。

22 この理論の経営戦略への応用については、Grant（1996）を参照のこと。
23 この理論の経営戦略への応用については、Teece et al.（1997）を参照のこと。
24 もちろん、たとえば飲食業においては立地が依然として重要である。また、特殊な生産設備を保持すること自体が事業の競争優位につながる製造業なども存在する。

その「何か」は、その組織が置かれている状況、その方向性など、さまざまな要因によって左右される。その「何か」は、いまだ不明瞭であり、議論の的である。それを探究することは、いま現在も内部環境理解の最前線である。

6 企業は競争優位をいかに手に入れるか

では、より端的な問いとして、競争優位を生む資源はどうすれば手に入れることができるのだろうか。残念ながら、このようなシンプルな問いに対しても、いまだ統一的な答えは示されていない。欧米のビジネススクールの代表的な教科書を参照しても、内部環境を理解する重要性は解説されているものの、具体的にどんなアクションが効果的かは、ほとんど言及がないのが現状である。

その研究に関する方向性も実にさまざまである。人材ネットワークが作り出すソーシャル・キャピタルや、経営幹部の事業機会の認識に影響を与える認知心理学的な特性に踏み込んだ議論もある。より先進的なものでは、脳神経科学の知見を用いる研究や、遺伝子科学の知見を応用しようとする議論も存在する[*25]。しかし、そのいずれも決定的な答えには至っていない。

私が知る限り、内部環境を通じていかに競争優位を得られるかに関して統一的な答えは存在しない。しかし、その統一的な答えの可能性として広く知られる考え方はいくつか存在する。ここでは、それらを簡単に紹介しよう。

まず、競争力を生み出す知識をどう生み出すかに関して、知識ベース理論で最も体系的な理論化を行ったのは、一橋大学名誉教授の野中郁次郎であろう。一九九四年に彼が発表した「A Dynamic Theory of Organizational Knowledge Creation」[*26]では、「SECIモデル」と呼ばれる知識創造のスパイラルを説明し、知識創造理論として世界中の注目を浴びた。

この論文は、暗黙知と形式知の知識変換が組織内の新たな知識創造を引き起こすと主張し、企業内で知識が形成され、共有され、進化するための理想的なプロセスを理論化したものである。また、そのプロセスは四つのプロセス「共同化（Socialization）」「表出化（Externalization）」「連結化（Combination）」「内面化（Internalization）」からなると説明した（図表5－3）。

同じ場所で共通の経験を積み重ねることで知識を共同化する。そこで共同化した知識を対話や表現を通じて表出化する。そして表出化させた知識を他の知識と連結化することで具体化する。さらに、具体化された実践を振り返り、そこから得た学びを内面化する。最後に、内面化

25 たとえば、Nicolaou et al.（2008）を参照。
26 Nonaka（1994）.

［図表5-3］SECIモデル

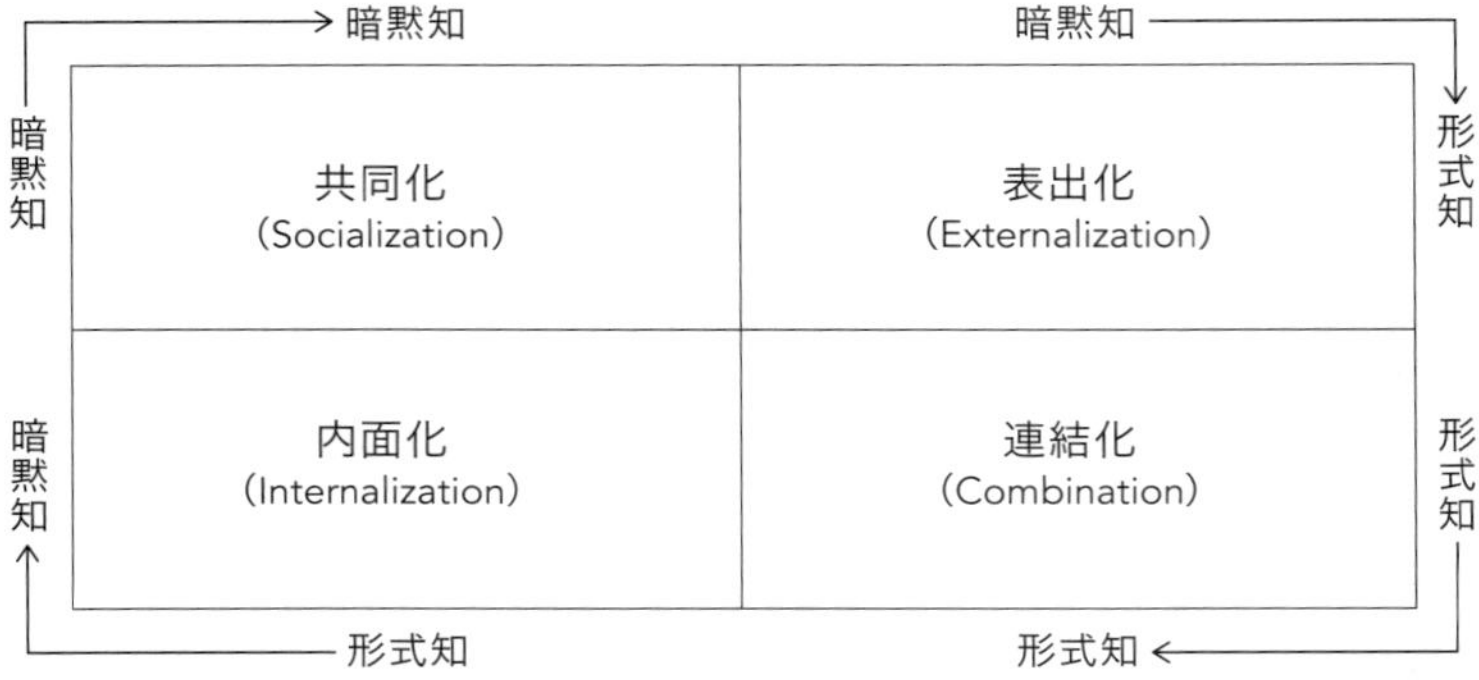

出所：Nonaka and Takeuchi（1996）p.72.

された知識を共有することで共同化させる。この連鎖によって企業は知識を深耕していく。すなわち、「組織構成員の知識の共有の仕組み」こそが、知識獲得の最適な手段であると論じた。

このモデルに対しては、企業内部の知識創造を重視し、企業外部からの知識流入が重視されていないという指摘がある。また、暗黙知の共有が難しい、多様性のある国際的な組織では機能させることが難しい可能性もある。そして、組織の知識獲得に関しては数多くの別の研究も進展しており、代替案も登場している［＊27］。しかし、知識を具体的にどのように獲得するかに関しては、現在のところSECIモデルほど完成されたフレームワークは存在しないだろう。

また、ダイナミック・ケイパビリティの議論においては、二つの異なる潮流がある［＊28］。

一つは人を重視する流れであり、カリフォルニア大学バークレー校教授のディビッド・ティースがその代表的研究者である。彼の研究は、ダイナミック・ケイパビリティを認知心理学の観点から理論化し、資源ベース理論の知見を取り入れながら、それを最終的に属人的な能力やセンスに帰属させる傾向がある［＊29］。その考え方に基づけば、ダイナミック・ケイパビリティ獲得の最適な経路は、究極的には「人材」であり、それを獲得して活かす体制の整備となるだろう。

もう一つは、組織で日々繰り返される行動のパターン、すなわちルーティンに着目する考え方であり、キャスリン・アイゼンハートがその代表的研究者である［＊30］。アイゼンハートは、二〇〇一年に「Strategy as Simple Rules（シンプル・ルール戦略）」という論文［＊31］を発表している。この論文では、持続的な競争優位を実現するための経営戦略は、組織の方向性を統一する一方で、その柔軟性を担保する「シンプル・ルール」であるべきとする。その考え方に基づけば、ダイナミック・ケイパビリティを獲得するための最適な経路は「柔軟な組織の指針」

27 概要に関しては、Gupta et al.（2006）を参照のこと。
28 たとえばディビッド・ティースは、キャスリン・アイゼンハートらのように、ダイナミック・ケイパビリティが企業のルーティンに還元できるとする考え方に対して、特定の人材が果たす役割を無視すべきではないと主張している（Teece, 2012）。
29 たとえば著書では、経営者がダイナミック・ケイパビリティの重要な機能を占めることを解説している（Teece, 2009）。
30 代表的論文は、Eisenhardt and Martin（2000）。
31 Eisenhardt and Sull（2001）.

であり、それによって活性化される人材の柔軟な意思決定と行動である。ティースは、企業家精神を持つ個人を議論することで、その個人を活かす組織づくりに目を向ける。アイゼンハートは、柔軟性を担保できる組織制度を検討することから、そこで活かされる個人の自由な意思決定と行動に目を向ける。両者のアプローチの出発点は異なるが、そのめざすべき姿にはもちろん大きな重なりがある。

それは知識ベース理論とダイナミック・ケイパビリティの二つの潮流の間でも同様である。SECIモデルに示される知識創造のスパイラルは、ダイナミック・ケイパビリティとも解釈しうる。反対に、ダイナミック・ケイパビリティが意図するものは、知識という言葉で表すことができる無形資源といえるかもしれない。

依然として資源を活用してどのように競争優位を得ていけばよいのかという問いに関しては、統一的な答えが存在しない。しかし確かなことは、この知見を現代に活かすためには、より広い定義で「資源」を捉え、それを絶えず組み替え、刷新し続ける作業が求められるということである。

7 経営戦略をめぐる新たな理論潮流

二一世紀を迎え、経営戦略をめぐる議論は新たな局面に突入した。世界市場を舞台とした寡占企業間の競争を分析することや、急速な成長を果たした新興企業の研究から、ポーターの立論に対しても、またバーニーの立論に対しても疑問の声が生まれてきた［＊32］。

第一に、たとえばインターネットの成長で無数に生まれた寡占市場での競争戦略を分析するにあたり、産業構造の分析でもなく、企業内部の資源や知識や能力でもなく、限られた寡占企業間によるゲームや策略に基づく駆け引きが重要である可能性が認知されてきた。寡占市場における競争は、限られた企業による相互の読み合いと、各企業の行動に対するそれぞれの反応が競争の行方を左右する。こうした企業の行動を理解するには、絶えず移り変わる市場や資源の分析から議論を進めるよりも、競合間の直接的な関係を論理的に読み解くことから議論を進めるほうが、より明確な示唆を得られることがある。

また第二に、短期間で急成長し、そして市場を席巻するまでに至ったいくつかの企業の戦略構築が創発的であること、すなわち事前に立案された計画や長期的な事業計画に必ずしも基づいていないように見えたことも重要である。

こうした企業は既存の延長線上からの戦略構築ではなく、あるべき姿の探究から新しい競争

32　この論争に関しては、慶應義塾大学の岡田正大が『DIAMONDハーバード・ビジネス・レビュー』に発表した論文「ポーター VS. バーニー論争の構図」（岡田、二〇〇一）、および同誌オンラインに二〇一三年一〇月一六日に掲載された「ポーター VS. バーニー論争のその後を考える（前編）」（http://www.dhbr.net/articles/-/2173）がわかりやすい。

のあり方を提示していった。そのため、自社のコア・コンピタンスを知ることや、産業構造の変化をつかむことでは、なかなかこうした特異点的な成長をつかむことはできない。

この二つの流れを背景として、第一の流れから、ゲーム理論やマーケットデザイン、行動経済学やリアル・オプションの考え方が注目を浴びることとなる。次に第二の流れから、仮説思考計画法、デザイン思考、リーンスタートアップ、ストーリーによる戦略構築、オープン・イノベーションといった創発的な経営戦略につながる考え方が数多く登場した。そしてこれらが、既存の考え方をさらに磨き込む系譜とともに、現代の経営戦略の議論の最前線を担っている。

しかし、その探究はいまだ未成熟であり、確立された理論体系を作り出すには至っていない。最前線であるがゆえに、ここからの議論は明確に断定できる事実が非常に限られるからである。ここから先は、進むべき道の定まらない未知の領域であり、それは同時に多様な可能性が残されている未来の領域である。

さて、本章を区切りとして、歴史的な発展を遡上する旅を終える。しばらくは社会科学としての経営学という視点を中心にした議論が続いた。次章からは、実学としての経営学の要素を強めていく。事業戦略の検討から始まり、より実務家の視点へと焦点を移し、具体的な戦略検討のプロセスについて考える。

本章の要点

- 資源ベース理論は、産業構造と技術の変化が加速した時代に登場した。
- 産業構造からの戦略構築が、業績に結びつかない状況が発展を後押しした。
- 日本企業の分析から、企業内部の要因を理解することの重要性が理解された。
- 資源ベース理論の探究は、一九八〇年代前半にはすでに始まっていた。
- 資源ベース理論は、一人の天才ではなく、無数の研究者の協業が生み出した。
- プラハラードとハメルが実務に、そしてバーニーが研究にこれを伝播させた。
- 資源ベース理論の捉える「資源」は、次第に知識や能力へと拡張された。
- 内部市場の分析からいかに競争優位を得るかは、いまだ探究の途上である。

第Ⅲ部　経営戦略の実践——理論と現場をつなぐもの

You have to put your heart in the business and the business in your heart.

実業家は事業に心を込め、
心に事業を込めなければならない

トーマス・J・ワトソン（1874 - 1956）

社会科学としての経営戦略は、そのままでは実学としての経営戦略にはなりえない。確かにそれは定石としての価値は持つであろう。しかし、実務における経営戦略は、普遍的な知識としての経営戦略の概念を超えて、より現場と実行に軸足を据えた泥臭い実践を必要とする。

第Ⅲ部では、学術的な知見としての経営戦略を参照しつつも、より実践的な経営戦略のあり方について議論を進める。幾多に存在する戦略フレームワークの活用方法から解説を始め、全社戦略を組織の永続に必要な四つの取組みに整理する。そのうえで、戦略実行のあるべき姿を、数値による管理と数値によらない管理の、相互密接に関連する二つの要素から提示する。

第6章

事業戦略を立案する

その定石と戦略フレームワークの活用法

本書ではこれまで、経営戦略という思考の流れを紀元前から一九九〇年代までさかのぼり、その発展の歴史を概観してきた。ここまでは、いわば事実の理解といえるだろう。ここまで紹介してきた理論発展の潮流が存在することに、大きな違和感を覚える研究者はおそらくいない。私自身、「これはこういうものだ」とある程度は断言できる範疇の議論を紹介してきた。

しかし、議論が複雑化するのはここからである。

経営者やマネジャーは、どのように事業戦略を作ればよいのか。全社戦略において何に気をつけるべきなのか。こうした実践的かつ規範的な議論においては、唯一絶対の正しい答えは提示しえない。そもそも、世界最上級の経営戦略の理論家であっても、「正しい答え」には行き着いていない。それはまさに、一橋大学の楠木建との対談で議論した「経営論」〔＊01〕の世界である。したがって、ここからは多分に私見が入ることをご容赦願いたい。

本章においては、事業戦略をどう考えればよいのかを議論する。まず、世の中の経営戦略の教科書が事業戦略をどのように扱っているのかを解説する。次に、社会科学の作法を準拠する教科書とは異なり、より個人の主観や主張に立脚する「戦略フレームワーク」をどう活用すればよいかに触れる。そのうえで、事業戦略に関する持論も紹介させていただきたい。

1 欧米の教科書に見る事業戦略立案の定石

すでに事業戦略の立案に唯一絶対の正しい答えは存在しないと断言した。では、経営戦略の教科書はそれをどのように教えているのだろうか。

まず、日本語訳が存在し、欧米で広く使われている教科書三冊、そして、日本語で出版され、タイトルに「経営戦略」が含まれる教科書三冊の計六冊［＊02］がどのように事業戦略立案を取り扱っているかを概観する。

最初に、欧米の教科書三冊を見てみよう（図表6－1）。

01 詳しくは、楠木建・琴坂将広「経営学は実学と科学を両立できるのか」（http://www.dhbr.net/articles/-/4712）、「良い経営論と悪い経営論、その境界はどこにあるのか」（http://www.dhbr.net/articles/-/4713）をご覧いただきたい。

02 どれも優れた教科書ではあるが、科学的な基準を用いて選択したわけではないことはご容赦いただきたい。『グラント 現代戦略分析』は、私が留学時代に参考文献として学んだ教科書である。『企業戦略論』は、資源ベース理論の大家ジェイ・バーニーの著作である。『戦略経営論』は、私が翻訳にかかわった米国MBAのベストセラーである。『MBA経営戦略』は、日本の実務家に最も広く読まれている経営戦略の教科書であろう。『経営戦略入門』と『経営戦略をつかむ』は、過去に良書であると推薦をいただき、私自身も学びが多かった教科書であるので紹介した。

［図表6-1］欧米ビジネススクールの教科書の比較

	戦略経営論	グラント 現代戦略分析	企業戦略論
著者	マイケル・ヒット デュエーン・ アイルランド ロバート・ホスキソン	ロバート・グラント	ジェイ・バーニー
特徴	基本的でわかりやすい考え方を中心としながらも、経営戦略に関連する諸理論をバランスよく紹介した教科書	経済学的な視点（特に産業構造）を中核に置いた上で、経営戦略の基本理論と他の理論体系の知見を織り交ぜた教科書	資源ベース理論を主軸として、他の理論体系の基軸を織り交ぜた教科書
事業戦略に関する記述の概要	外部環境分析と内部環境分析を解説した後に、事業戦略を、顧客と事業の関係とポーターの3つの基本戦略から概観。さらに、企業間の競争関係と、競争構造の変化を分析	外部環境分析と内部環境分析を解説したのち、競争優位の源泉をコスト優位と差別化優位に分類して説明。さらに、それが産業背景でどう影響を受けるかを補論	脅威の分析、機会の分析という切り口から外部環境分析を整理。さらに、内部環境分析（資源ベース理論）が源流のVRIOフレームワークを軸として、5つの個別戦略オプションを紹介
目次からの抜粋	・外部環境 ・内部組織 ・事業戦略 　・顧客：事業戦略との関係 　・事業戦略の目的 　・事業戦略の種類 ・敵対的競合関係と競争のダイナミクス	・産業と競争分析 ・企業分析 ・競争優位分析 ・いろいろな産業背景での事業戦略	・脅威の分析 ・機会の分析 ・VRIOフレームワーク 　・垂直統合 　・コストリーダーシップ 　・製品差別化 　・柔軟性 　・暗黙的談合
主な理論的背景	ポーターの産業構造分析・基本戦略、資源ベース理論、経済学理論全般	経済学理論全般、ポーターの産業構造分析、資源ベース理論	資源ベース理論、ポーターの産業構造分析、経済学理論全般

注：各章の章末または巻末の引用文献・参考文献一覧より判断。

マイケル・ヒットの『戦略経営論』は、米国で毎年五～六万部は販売されているベストセラーである。噛み砕かれた基本的な内容が中心であり、大学院生のみならず、学部生向けの教材としても人気がある。

ロバート・グラントの『グラント 現代戦略分析』は、欧州や北米のビジネススクールを中心に、多くの大学院で採用されている標準的な教科書である。事例に関しても、理論に関しても、常に最新の議論が反映されることで評価が高い。

ジェイ・バーニーの『企業戦略論』は、第5章でも紹介した資源ベース理論の大家が著した作品であり、これも特に同理論の系譜を探究する大学教員を中心に、欧米のビジネススクールでは数多く採用される教科書である。

『戦略経営論』と『グラント 現代戦略分析』は、比較的バランス良く外部環境の分析と内部環境の分析を解説したのちに、競争優位をどのように作るかを解説する。前者は、そもそも、競争優位を実現するための事業戦略とは何かという基本の解説に重点を置いており、後者は、それを実現するための具体的方策（差別化、コスト優位、イノベーション）により重点を置いている。

『企業戦略論』は、「SWOT分析」[＊03]を源流とする発想で、機会（Opportunity）と脅威（Thread）の観点から外部環境を整理し、そのうえで、強み（Strength）と弱み（Weakness）の部分を、資源ベース理論から発案された「VRIO」[＊04]フレームワークで置き換えて解説する。そして、ポーターの基本戦略など関連する他の議論で整理されていた要素（垂直統合、コストリーダーシップ、製品差別化、柔軟性、暗黙的談合）を、資源ベース理論の視点から再整理して解説している。

広く用いられる経営戦略の教科書の標準的な切り口は、『戦略経営論』と『グラント 現代戦略分析』のようにバランスよく定石的な考え方を押さえたうえで、著者の持論・得意分野を付加的に解説する構成である。これは欧米の多くの経営戦略の教科書で共通した構成であり、いわば定石ともいえる。すなわち、以下の三つの要素が含まれる。

①外部環境を理解する……ポーターのファイブ・フォース分析やＰＥＳＴＥＬ分析、シナリオ分析など、第4章で解説した手法を用いる。

②内部環境を理解する……資源ベース理論や知識ベース理論、ダイナミックケイパビリティなど、第5章で解説した概念を用いる。

③競争優位の源泉を決める……差別化、コスト優位、イノベーションの三つの主な方向性があり、特殊な競争環境では、競合との関係がカギとなる。

三つ目の競争優位の源泉を決める際には、ポーターの基本戦略（差別化戦略、コストリーダーシップ戦略、フォーカス戦略）のうち、差別化戦略とコストリーダーシップ戦略が重点的に取り扱われる。フォーカス戦略に関する議論が少ないのは、フォーカス戦略は差別化かコストリーダーシップの派生形として取り扱うことができるからである。フォーカス戦略は、差別化か低価格化を限られた顧客層のみに提供する方向性であり、独立して扱う必要はないとする議論も多い。

また、「イノベーション」も差別化とコスト優位と同じか、それ以上に重要な基軸として取り扱われる。一九九〇年代以降、資源ベース理論と同様にイノベーションに関する議論が大きな発展を遂げてきた理由の一つとして、この議論がポーターの議論を補完できると見なされたことも大きいだろう。

イノベーションは、産業構造から描き出す差別化とコストリーダーシップとはまた異なる方向性の議論である。競争の前提となる技術や製品やサービスのあり方そのものを変えてしまう。それにより、ときに産業構造そのものを変え、競争のあり方を変えることで自社の競争優位を生み出す。

03 戦略を検討する際には、企業自身の「強み（Strength）」と「弱み（Weakness）」、ならびに市場に存在する「事業機会（Opportunity）」と「脅威（Thread）」を理解すべきとする考え方。その頭文字を取って「SWOT分析」と呼ぶ。これは第3章で紹介したケネス・アンドリュースが広めた考え方である。

04 強みと弱みではなく、VRIOを頭文字とする四つの問いに答えるべきとする。その四つとは、企業が従事する活動の「経済価値（Value）」「希少性（Rarity）」「模倣困難性（Inimitability）」「組織（Organization）」に関する問いである。

第5章で示したように、一九八〇年代までにかけて数多くの日本企業が世界市場を席巻した理由は、既存の産業構造内における差別化やコスト優位といったポジショニングではなく、イノベーションによる新しい産業構造の創出であった。こうした時代背景もあり、その戦略の「神秘」を理解するための取組みとして、イノベーション研究は特に日本企業を対象として大きく進化した。

さらに、特に成熟産業などの寡占市場において競争優位を持続させるためには、競合と自社の繰り広げる競争によって引き起こされる行動と反応の連鎖、競争のダイナミクスを理解することが不可欠となる。そのため、特に限られた競合との関係性が重要となる状況では、ここに重点を置いた議論が取り扱われる。

ここで特に用いられるのが、経済学でいえば産業組織論やゲーム理論の考え方である。二社や三社などの限られた数のプレイヤーが比較的安定的に存在する市場環境では、その限られた数のプレイヤーの駆け引きを先読みし、それを丹念に織り込んだ自社の戦略構築が重要となる。たとえば、通信サービス、食料品、インフラ、エネルギー、医療などの領域はこうした考え方が生かしやすい。

特に近年、多少の表現の好みの違いやページ配分の違い、事例の有無、難易度などの差異はあるとはいえ、経営戦略の世界でも、世界的に教えられる内容の統一化が進行している。特に広く受け入れられる経営戦略の教科書であればあるほど、全世界的に統一的な構成を持ち始めている。その結果、定石ともいえる理論紹介の構成が次第に普及している。これはひとえに、社会科学として認められることを切に願う、経営学者の日々の努力の賜物だろう。

確かに、バーニーの『企業戦略論』のように、特定の理論体系を基軸として経営戦略の議論を再編成する試みも確かにある。ただし、同書のように広く受け入れられる優れた教科書はあまりない。これはバーニー自身が資源ベース理論の大家であり、きわめて影響力と発信力の大きい研究者であることが可能にしたのである。

2 日本の教科書に見る事業戦略立案の定石

日本の経営戦略の教科書の例を見ると、傾向が少し異なることがわかる（図表6-2）。『MBA経営戦略』は、社会人大学院としてビジネススクールを運営するグロービスグループが出版するグロービスMBAシリーズの経営戦略版である。『経営戦略入門』は、日本経済新聞出版社のマネジメント・テキストシリーズの経営戦略版であり、多くの日本の大学における経営戦略の講義で採用されている良書である。『経営戦略をつかむ』は、ともにカリフォルニア大学ロサンゼルス校で博士号を取得した早稲

［図表6-2］日本の経営戦略の教科書を比較

	MBA経営戦略	経営戦略入門	経営戦略をつかむ
著者	相葉宏二 グロービス経営大学院	網倉久永 新宅純二郎	淺羽茂 牛島辰男
特徴	基本的でわかりやすい考え方の紹介から導入し、実務的な視点を重視した教科書	経営戦略の基本的フレームワークを土台に、マーケティングやイノベーションの研究成果も応用した教科書	欧米の研究成果（特に経済学理論全般）、経営戦略の基本的フレームワーク、日本企業研究のバランスが良い教科書
事業戦略に関する記述の概要	戦略分析の基本ツールの解説から始まり、競争のメカニズムを外部環境分析、内部環境分析、バリューチェーンの視点から説明。ポーターの基本戦略とライフサイクルを紹介したのち、日本企業特有の課題に触れる	競争優位の実現と維持に関して議論したのちに、ポーターの産業構造分析・基本戦略を軸に解説。さらに、コスト優位と差別化を組み合わせた顧客価値、自社と競合との関係である競争ポジション、産業構造変化の視点を議論	外部環境分析と内部環境分析を解説したのちに、ポーターの基本戦略を経済学的な視点も取り入れて解説。そのうえで、競争優位を持続するための個別戦略ポジション（特に業界標準、イノベーション、産業進化の観点）を紹介
目次からの抜粋	・戦略分析のための基本ツール ・競争のメカニズムを解明する ・戦略の基本パターン ・グローバル時代の戦略と日本企業の課題	・競争優位 ・業界の構造分析 ・差別化 ・コスト・リーダーシップ ・顧客価値 ・競争ポジション ・製品ライフサイクル	・事業戦略の基礎 ・事業戦略の考え方 　・外部要因の分析 　・内部要因の分析 　・競争優位と基本戦略 ・競争優位のダイナミズム
主な理論的背景	ポーターの産業構造分析・基本戦略、BCG各種フレームワーク、マーケティング理論、日本企業研究	ポーターの産業構造分析・基本戦略、マーケティング理論、イノベーション研究、日本企業研究	ポーターの産業構造分析・基本戦略、経済学理論全般、イノベーション研究、日本企業研究

注：各章の章末または巻末の引用文献・参考文献一覧より判断。

田大学の淺羽茂と慶應義塾大学の牛島辰男による作品であり、経済学の知見が随所に反映された優れた教科書である。

『MBA経営戦略』は、初学者や若手の実務家を意識しているようである。比較的敷居の低い基本的な経営戦略のツールの解説から始まり、著者の相葉宏二がボストン コンサルティング グループ（BCG）のコンサルタントであったことも背景にあるのか、BCG関連の著作やフレームワークがいくつか紹介されている。ページ数も絞られており、エッセンスに注力をしている印象を受ける。

網倉久永と新宅純二郎の『経営戦略入門』は、その解説に日本企業の事例と市場統計情報が豊富に取り入れられているのが特徴的だろう。一つ一つの解説が丁寧であり、難解な箇所には具体的な事例が添えられている。解説の骨格はポーターの産業構造分析から基本戦略を提示する流れを踏襲しているが、マーケティング研究とイノベーション研究からの知見を応用した、深みのある議論を展開している。

『経営戦略をつかむ』は、欧米の教科書の定石を踏襲して、外部環境の分析、内部環境の分析を述べたのちに、ポーターの基本戦略を紹介したうえでイノベーションを取り上げ、さらに業界標準や産業構造の変化に議論を進めている。細部の解説には経済学の学術的知見が活かされており、しかも、それが学部生にも理解できるようにシンプルに落とし込まれている。

これらの作品は、日本で流通する経営戦略の教科書の典型的なパターンを表しているように思える。『MBA経営戦略』のように、エッセンスに焦点を当て、わかりやすさと実務的な視点を重視するパターン。『経営戦略入門』のように、基本的な土台は欧米の研究成果を参照しつつも、それを日本市場と日本企業のデータから再解釈し、日本の経営学の学会に蓄積された知見を色濃く反映するパターン。『経営戦略をつかむ』のように、構成も理論的基盤も欧米で主流の潮流に準拠しながら、それを日本の文脈に現地化（ローカライズ）するパターンである。

さらに全般として、ここでは取り上げなかったが、特定の事業戦略のアプローチのみを詳細に解説する書籍や、著名な実務家自らが実践してきた経営論を体系化するべく取りまとめた書籍も数多く存在する。こうした書籍も含めて検討すると、全体として大きく二つの傾向がある。

①事例や情報を日本企業にほぼ限定している……米国の教科書が米国の事例が中心であるのと同様に、日本の経営戦略の議論は、インターネットサービスなど、グローバルな一部の産業領域を除き、日本市場における競争を中心に取り上げている。

②イノベーションとマーケティングの研究成果が頻繁に採用される……欧米の教科書であれば資源ベース理論とそれに関連する処理理論で解説される要素が、イノベーションの理論で解説される傾向がある。同様に、戦略グループの概念やゲーム理論の諸概念で解説される要素が、マーケティングの研究成果で解説される傾向もある。

ただし、これらも前述の定石に大きく外れるものはない。外部環境を知り、内部環境を知り、競争優位の源泉を議論することが、事業戦略立案の基本的なプロセスである。その細部をどのように味付けするかは、もちろん著者の好みによって分かれるところである。

3 社会科学に立脚する議論の意義と限界

このように、事業戦略の立案にあたって定石的なプロセスが存在する背景には、経営戦略の近年の発展の経緯が大きく影響している。

特に欧米の教科書は、広く流通する優れた教科書であるほど、それぞれの説明に詳細な引用文献が示されている。日本語に翻訳される過程でそれが割愛されているものも多いが、元来は研究成果の集大成としても作られており、各章末の引用文献一覧は、学術論文、書籍、雑誌新聞記事で埋め尽くされている。すなわち、欧米の経営戦略の教科書は、可能な限り学問的な議論の系譜に立脚しようとしている。

その結果、必然的に、一九八〇年代から勃興した外部環境分析の議論を行い、一九九〇年代から主流となった内部環境分析の議論に触れ、二〇〇〇年代以後の議論の発展を参照したうえで、外部環境分析と内部環境分析を統合した競争優位の議論を解説する流れが定石となった。すなわち、「その構成が実務的に最上である」という理由から作られているわけではない。

つまり、著者の主張を自由に展開する自由はそれほどない。経営戦略の研究者の間である程度共有されている考え方の型があり、共通理解として認められている主張があるため、それが「教科書」であるならば、それに一定程度は準拠した教え方が求められる。そして、その「教科書」は社会科学を探究する人間たちの集団が取りまとめた知識の体系であるがゆえに、必ずしも実務家にとって最適な議論の構成となるわけではない。

もちろん、それが有用であることは否定しない。本書の冒頭で述べたように、社会科学としての経営学と実学としての経営学の間には、重なりも大きい。社会科学としての経営学は、より多くの事例に当てはまる一般法則を生み出そうとする多数の研究者の努力の結晶であり、したがって、戦略策定の議論の出発点としては、もちろん参照する価値がある。

しかし、それを実務家が参考にしようとするのであれば、社会科学としての議論と、実学としての議論の間に存在する、考え方の違いを正確に理解する必要がある。

たとえば、社会科学としての経営学の立脚を志す研究者の多くは、実証的な議論（どうあるか）を好む傾向があり、規範的な議論（どうあるべきか）にきわめて慎重である。

たとえば、ＣＳＲ（企業の社会的責任）投資を推進している企業の業績が、それをしていいない企業に比べて大きく好調であるとしよう。しかし、その事実のみからでは、CSR投資をすれば企業の業績が上向くとは言い切れない。潜在変数が抜け漏れているかもしれないし、逆の因果を操作しきれていないかもしれない。そもそも、実社会の状況は刻一刻と移り変わっているため、実験室的環境下とは異なり、過去の因果関係が強く示唆されたとしても、再現性を完全に担保できるとは限らない。すなわち、現実世界において再現可能な因果関係を証明することはきわめて難しい。

さらに、たとえ因果関係を説明できたとしても、この例でいえばCSR投資をする「べき」であるかは、直ちには答えは出ない。経営者には他の投資オプションがあるだろうし、政治的な要因や属人的な趣向も影響してくるだろう。

このため、学術的な教科書であればあるほど、should（すべき）やmust（でなければならない）といった断定的な表現は用いられない。社会科学として確立された作法に則った調査研究に基づき、確実に判明している事柄に立脚するため、実務家が本当に知りたい部分に関しては、個別具体的な事例の解説でお茶を濁すしかない。それは、実務家から見るときわめて歯切れの悪い文章となり、つまらない内容となる。

逆にいえば、学術的な教科書は、きわめて謙虚である。自分の成功体験や、限られた数の事例をもとに強引な主張をすることはない。言えることを言える範囲で主張することで、正確な知見を届けようと努力するのである。

あくまで教科書は教科書であり、定石は定石である。そして、実際の勝負は定石を押さえた先の世界で決まることも確かである。

4 戦略フレームワークを経営にどう取り入れるべきか

経営戦略の基礎を学ぶうえでは、ここまでに紹介したような学術的な教科書以外にも、「戦略フレームワーク」や「戦略ツール」と呼ばれる思考の整理の道具も有用である。

それらを記した作品の中には、もちろん科学的な検証の末に出版されるものも存在する一方で、個人的な体験や主張に依存しているものも多い。確かに、こうしたフレームワークを知るだけでは、現実的に価値のある経営戦略は生み出されないだろう。では、そのような知見は、どう活用すべきなのか。

図表6－3は、これまでに提唱された代表的な戦略フレームワークを、その年代ごとに整理した一覧である。

この表を見ると、代表的なものだけで、八一個の戦略フレームワークが提唱されてきたことがわかる。もちろん、英語で一定以上の知名度を持つ概念のみであり、日本語など各国のローカル言語で発信されているものは含まれていない。この中には、事業戦略よりも全社戦略に適した考え方も存在する。しかし、これらの多くは事業戦略を取り扱う戦略フレームワークであり、その時代においては一定以上の評価を得た作品群である［＊05］。

この表のもととなった記事は、BCGの経営戦略の専門家が執筆した、*Your Strategy Needs a Strategy*（邦題『戦略にこそ「戦略」が必要だ』）の内容を抜粋したものである。同書は、それぞれの戦略フレームワークには個別の向き・不向きがあり、用いるべき状況と用いるべきではない状況があると主張する。そして著者らは、戦略フレームワークを選択するために、「戦略パレット（The Strategy Palette）」と呼ばれる手法を提唱している。

戦略パレットはまず、戦略フレームワークの特性を五つに分類する（図表6－4）。そして、それぞれには事業環境の特性ごとに得意・不得意があるため、外部環境を評価したうえで、適切な戦略フレームワークを選択すべきとする。

五つの分類は、それぞれ以下のような特徴を持っている。

・古典的（Classical）な戦略フレームワークは、予測困難性が低く、事業環境を変革するこ

05 各フレームワークの概要もわかるインタラクティブ版がbcg.comで公開されている（https://www.bcg.com/publications/collections/your-strategy-needs-strategy/intro.aspx）。

［図表6-3］戦略フレームワークの歴史

1958年から1989年まで

1970年代およびそれ以前

1958 アンゾフのマトリックス
1959 産業組織論
1962 普及学
1962 シナリオ・プランニング
1962 組織は戦略に従う
1965 ギャップ分析
1965 製品ライフサイクル
1967 PEST分析
1968 経験曲線
1969 SWOT分析
1970 プロダクト・ポートフォリオ・マネジメント
1971 アンドリュースの経営戦略論
1973 赤の女王仮説
1974 市場戦略の利益効果
1976 リアル・オプション
1976 3か4の法則*(Rule of Three and Four)
1978 意図的戦略と創発的戦略
1979 ファイブ・フォース

1980年代

1980 4P分析
1980 漸進的改善のすすめ
1981 アドバンテージ・マトリックス

1990年以降

1990年代

1990 ダイヤモンドモデル
1990 リエンジニアリング
1991 コミットメント
1991 根本的変化
1992 能力の競争*(Capabilities Competition)
1992 マス・カスタマイゼーション
1993 ビジネス生態系戦略
1994 未来への競争戦略
1994 過当競争
1995 破壊的イノベーション
1995 ROQ
1995 価値の移動
1996 ボウマンの戦略時計*(Bowman's Strategy Clock)
1996 コーペティション
1996 変化をリードする*(Leading Change)
1996 偏執病の会社*(Paranoid Company)
1997 ダイナミック・ケイパビリティ論
1997 トリプル・ボトムライン
1998 ポーターの3つの基本戦略
1998 バリューチェーン
1998 ディコンストラクション／バリューチェーンの再構築
1999 連続的な戦略プロセス*(Continuous Strategy Process)
1999 デルタモデル
1999 デジタル戦略
1999 ダイナミック戦略

1982 3C分析
1982 7Sモデル
1982 多角化戦略と収益性
1982 ニッチ戦略
1982 技術的パラダイムと技術的トラジェクトリ
1982 統合的品質管理
1984 資源ベース理論
1986 特性要因図／フィッシュボーンチャート
1986 S字カーブ／成長カーブ
1986 シックス・シグマ
1987 ミンツバーグの戦略の5P
1988 ファーストムーバー・アドバンテージ
1988 タイムベース競争
1989 ベンチマーキング
1989 コア・コンピタンス

1999 プロフィットパターン
1999 一時的な競争優位

2000年代以降

2000 ティッピング・ポイント
2001 シンプルルール戦略
2002 ピラミッドの底辺(BOP)
2002 連続的な一時的競争優位*(Serial Temporal Advantage)
2003 オープン・イノベーション
2004 ハードボール戦略
2004 戦略マップ
2004 バリュー・イノベーション
2005 ブルー・オーシャン戦略
2005 戦略的意図
2006 共通価値
2008 独特の能力*(Distinctive Capabilities)
2009 ビジネスモデル・イノベーション
2009 デザインのない戦略*(Strategy without Design)
2010 適応優位性
2011 リアルオプションとゲーム理論のアプローチ
2013 アルゴリズム戦略*(Algorithmic Strategy)
2013 一時的競争優位論

注：* 日本語訳を確認できなかったため、筆者が便宜的に日本語訳を作成。
出所：Ghemawat（2002）；Reeves et al.（2015）；Freedman（2013）より作成。

とも難しい事業環境において、確実な計画達成を支援するうえで有効性を発揮する。たとえば、電気水道ガスなどの公共財や、エネルギー産業が当てはまる。

・適応的（Adaptive）な戦略フレームワークは、予測困難性が高く、事業環境を変革することが難しい場合に、事業運営に柔軟性を与えることに有効性を発揮する。たとえば、半導体や衣料品小売が当てはまる。

・洞察的（Visionary）な戦略フレームワークは、予測困難性は低いが、事業環境の変革が可能な場合に、どのような変化が望ましいかの示唆を与える。これは産業にかかわらず、新技術や新サービスで事業環境を変化させうるときに有効性を持つ。

・成形的（Shaping）な戦略フレームワークは、予測困難性が高く、また事業環境を変革すること

［図表6-4］ **戦略の5つの特性と経営環境の関連**

		事業環境の特性		
戦略の特性	戦略の特性	予測困難性	可鍛性*	生存困難性
古典的 (Classical)	電気ガス水道などの公共財、エネルギー産業	低い	低い	—
適応的 (Adaptive)	半導体、衣料品小売	高い	低い	—
洞察的 (Visionary)	新技術や新サービスで事業環境を変化させうるとき	低い	高い	—
成形的 (Shaping)	ソフトウェア産業、スマートフォンアプリ	高い	高い	—
復興的 (Renewal)	自社の存続が脅かされるとき	—	—	高い

注：* 可鍛性（かたんせい）……その状況を変質・変化させうるか
出所：Reeves et al.（2015）を参考に作成。

も難しいときに、新しい事業環境を成形する手法を提示することに有効性が生じる。その手法は、ソフトウェア産業やスマートフォンアプリの市場で有効活用される。

・復興的（Renewal）な戦略フレームワークは、そもそも自社の生存が脅かされる極限の状況下での事業再生に用いられる。

この考え方に基づくと、先ほどの八一個の戦略フレームワークは、図表6－5のように分類できる。

細部に関する議論は残るだろうが、その性質を大きく分類しようとすると、これにはある程度の納得感がある。

興味深いのは、「古典的」に分類される戦略フレームワークは、文字どおり、比較的事業環境が安定していた古い時代から存在しており、時代が進むにつれて、「適応的」「洞察的」「成形的」と呼ばれる、より動的で不安定な事業環境に対応すべく開発されたフレームワークが増える点だろう。この事実もまた、それぞれの時代で注目を浴びた戦略フレームワークが、それぞれの時代に求められたものであった可能性を示唆している。

ただし、このBCGの分類にも限界がある。たとえば、この五つの分類は過分に外部環境の特性に依存しており、内部環境を分析する視点が欠けている。どのような外部環境であるかを前提にするのと同じぐらい、どのような内部環境を自社が保持しているかを知ることは、戦略

［図表6-5］戦略の特性をもとにした戦略フレームワークの分類

CLASSICAL（古典的）

1958 アンゾフのマトリックス
1959 産業組織論
1962 シナリオ・プランニング
1962 組織は戦略に従う
1965 ギャップ分析
1965 製品ライフサイクル
1967 PEST分析
1968 経験曲線
1969 SWOT分析
1970 プロダクト・ポートフォリオ・マネジメント
1971 アンドリュースの経営戦略論
1973 赤の女王仮説
1974 市場戦略の利益効果
1976 リアル・オプション
1976 3か4の法則*(Rule of Three and Four)
1979 ファイブ・フォース
1980 4P分析
1980 漸進的改善のすすめ
1981 アドバンテージ・マトリックス
1982 3C分析
1982 7Sモデル
1982 多角化戦略と収益性
1982 ニッチ戦略
1982 統合的品質管理
1984 資源ベース理論

ADAPTIVE（適応的）

1978 意図的戦略と創発的戦略
1988 ファーストムーバー・アドバンテージ
1988 タイムベース競争
1992 マス・カスタマイゼーション
1994 過当競争
1995 価値の移動
1996 偏執病の会社*(Paranoid Company)
1997 ダイナミック・ケイパビリティ論
1999 連続的な戦略プロセス*(Continuous Strategy Process)
1999 デジタル戦略
1999 ダイナミック戦略
1999 一時的な競争優位
2001 シンプルルール戦略
2002 連続的な一時的競争優位*(Serial Temporal Advantage)
2009 ビジネスモデル・イノベーション
2010 適応優位性
2013 一時的競争優位論

VISIONARY（洞察的）

1962 普及学
1982 技術的パラダイムと技術的トラジェクトリ
1994 未来への競争戦略
1995 破壊的イノベーション

1986 特性要因図／フィッシュボーンチャート
1986 シックス・シグマ
1987 ミンツバーグの戦略の5P
1989 ベンチマーキング
1989 コア・コンピタンス
1990 ダイヤモンドモデル
1991 コミットメント
1992 能力の競争*(Capabilities Competition)
1995 ROQ
1996 ボウマンの戦略時計*(Bowman's Strategy Clock)
1997 トリプル・ボトムライン
1998 ポーターの3つの基本戦略
1998 バリューチェーン
1998 ディコンストラクション／バリューチェーンの再構築
1999 デルタモデル
1999 プロフィットパターン
2002 ピラミッドの底辺(BOP)
2004 ハードボール戦略
2004 戦略マップ
2005 戦略的意図
2008 独特の能力*(Distinctive Capabilities)
2009 デザインのない戦略*(Strategy without Design)
2011 競争戦略：リアルオプションとゲーム理論のアプローチ
2013 アルゴリズム戦略*(Algorithmic Strategy)

2000 ティッピング・ポイント
2004 バリュー・イノベーション
2005 ブルー・オーシャン戦略

SHAPING(成形的)

1986 S字カーブ／成長カーブ
1993 ビジネス生態系戦略
1996 コーペティション
2003 オープン・イノベーション
2006 共通価値

RENEWAL(復興的)

1990 リエンジニアリング
1991 根本的変化
1996 変化をリードする*(Leading Change)

注：* 日本語訳を確認できなかったため、筆者が便宜的に日本語訳を作成。
出所：Ghemawat（2002）；Reeves et al.（2015）；Freedman（2013）より作成。

フレームワークの取捨選択には決定的に重要であろう。

また、この分類以外にも経営戦略のあり方を分類しようとする取組みは存在する。たとえば、バーニーが一九八六年の論文[＊06]で議論したように、環境を「IO型」「チェンバレン型」「シュンペーター型」の三つに分類する手法は有効である[＊07]。

経営戦略の導入向け講義で頻繁に紹介されるバーニーのこの論文は、IO（Industrial-Organization）型の競争環境では産業組織論の知見を用いた外部環境分析を中心とした戦略検討が必要と説く。また、チェンバレン型の競争では、産業構造のみならず、それぞれの企業独自の特性を加味した分析が必要と説く。そして、シュンペーター型[＊08]の競争環境では、創造的破壊をもたらすイノベーションがどのようにもたらされるか。それがどのように産業構造を変革させるかを分析する必要があるという。

重要なのは、ある特定の戦略フレームワークを信奉するのではなく、まず、それが自社の置かれている環境と自社の組織の特性に対して適正があるかを吟味することである。ミンツバーグは、「アート、クラフト、サイエンスの三軸が重要だ」と述べている[＊09]。サイエンス、すなわちフレームワークだけで意思決定するのではなく、クラフト、すなわち実践と経験、そしてビジョンやイメージに基づいたアートを組み込んだ経営判断が必要であろう。戦略フレームワークに関する書籍では、「私だけを信じればよい」と書かれていることも少なくない。しかし、これほど怪しい主張はない。

実務家向けに議論を単純化し、断定的な口調で書かれることの多い戦略フレームワークの書籍も、その元来の発想が最初に提示された硬派な経営誌や査読論文誌に掲載された論考は、比較的明確な主張であることが珍しくない。しかし、それを一般に広く発信しようと書籍にまとめる過程で、紙幅の関係なのか、あたかもその発想だけで経営できるような誤解を生む構成や表現になりがちである。

また、顕著な実績を収めた実務家の方法論をもとにした戦略フレームワークも、その有用性の背景に存在する丹念な戦略実行、数え切れない人々の現場レベルでの苦闘を充分に取り込めていないことが多い。まさに第1章で述べた、プランとパターンの間に存在するギャップを理解せずして、こうした戦略フレームワークに有効性を持たせることはできない。

戦略フレームワークは、それに使われるのではなく、それを使いこなすことを意識する必要がある。ある特定のフレームワークを盲信してそれに依存するのではなく、自己が置かれた環境に即してそれを取捨選択し、最適なものを選択的に応用できれば、もちろん戦略フレーム

06 Barney (1986b).
07 詳しくは、入山(二〇一五a)を参照のこと。
08 ヨーゼフ・シュンペーターは経済発展における企業家の役割を理論化し、「イノベーションの父」と呼ばれる。詳しくは、Schumpeter (1912) を参照。
09 Mintzberg and Westley (2001).

ワークは実務に対しても価値をもたらすことができる。

5 「理解」「判断」「行動」戦略フレームワークを活かす三つのステップ

では、戦略フレームワークを使いこなすためには、どのような準備体操が必要なのだろうか。重要なのは「自分の方法論の骨格」を保持することである。

「自分の方法論の骨格」とは、自らの思考の軸を構成するものである。あらゆる個別具体的な情報や概念はその軸の周りに存在する。まさに個人の思考のスタイルである。主観が色濃く反映される部分でもある。

これには絶対的な答えはなく、優れた経営者の一人ひとりにそれを問えば、それぞれ個性ある答えが返ってくるだろう。もちろん、その回答を分析して平均や分散や傾向を示すことはできるだろうが、おそらくそれには意味がない。それぞれの特性にこそ意味があり、まさに芸術とすら呼ばれる領域である。

一橋大学の沼上幹の言葉を借りれば、これは「戦略的思考法」とも表現できるだろう。沼上は『経営戦略の思考法』において、「カテゴリー適用法」「要因列挙法」「メカニズム解明法」

［図表6-6］優れた事業戦略の3要素

	優れた事業戦略が持つ要素	熟達のための要点
理解	単に現状を把握するのではなく、その背景にある要因を構造的に把握し、将来変化の振れ幅をできる限り科学的に「理解」している	事実の科学的な収集と分析であるため、誰でも熟練すれば最終的に同一地点に到達しうる ➡ 情報源と技法を絶えず磨き込む
判断	「理解」に基づいた判断の選択肢を幅広く吟味し、自らの強みを生かし、競争優位を維持しうる最善な行動を見定めている	同じ「理解」から、どのような「判断」を導くかは各自の洞察力や趣向に左右される ➡ 最高ではなく最善を見定め、関係者と合意形成する経験を積み重ねる
行動	現場にも分かる、成果につながる「行動」とそれに付随する具体的な施策が、時間軸とともに示されている	同じ「判断」をしても、その細部をどう具現化して行動に落とし込むかで成否は左右される ➡ 勝てる勝負を積み重ね、成果を軸に現場と創り、動く

の三つの思考法を提示し、その用例・具体例を解説している［＊10］。この中でも特に、私はメカニズム解明法と要因列挙法の中間地点に最適解の一つがあるのではないかと考えている。

図表6－6は、優れた事業戦略の要素を三つに要素分解したものである。優れた事業戦略は、「理解」「判断」「行動」の三つの要素が正しく結びついている。

ほとんどの事業戦略の教科書、あるいは、戦略フレームワークの書籍は、「行動」まで踏み込んでいない。「理解」から「判断」までは詳細に記述されるも、そこから先の実行は自動的に適切に行われるかのような記述が多い。

10 沼上（二〇〇九）。

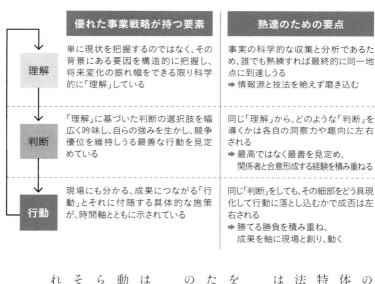

もちろん、一部に例外は存在する。たとえば、神戸大学の三品和広は、『経営戦略を問いなおす』の中で、「立地」「構え」「均整」の三つが戦略の核心だと説明している[＊11]。立地はポジショニングの戦略論に源流があり、構えは自社や事業をどう構えるかであり、均整は立地と構え、そして戦略全体のパッケージングを指すという。立地は外部環境、構えは内部環境だが、均整はある程度以上具体的な行動施策、すなわち行動に踏み込んだ議論であろう。

また、たとえば中央大学の榊原清則が『イノベーションの収益化』[＊12]で議論したように、組織論の研究においては実行の側面が持つ複雑性は古くからすでに理解されている。

しかし、環境理解から意思決定までが戦略論の領域、そこから先の実行は組織論の領域とされ、両者の間には長い断絶が存在していたように思う。確かに、近年はその断絶を解消しようとする動きが最先端の研究を中心に活発に行われている。しかし、その成果は未知数のままである。

一方で、実務家の頭の中はそうなっていない。組織と戦略が切り離せない両輪として存在しており、戦略を考える際には、絶えずその実行が念頭に置かれる。あくまで「べき論」を述べるならば、経営戦略は、理解して、判断する、までではなく、行動して成果をあげるところまでを含めて考案されるべきであるのは自明である。

では、行動を念頭に置いた「理解」とは、どのような理解を指すのであろうか。まず、たとえば単に自社の購買コストや市場シェアが上下した事実を羅列するのではなく、その変化がいかなる長期的・短期的要因に引き起こされたのかを構造的に把握する必要がある。

長期的な要因であれば、業界全体の競争激化によるものかもしれない。また短期的な原因であれば、天災や天候、もしくは一時的な退職者の増加などが考えられる。こうした数値の背景に存在する構造的な要因を第一に明確化させる必要がある。

なぜならば、重要なのは現在時点でどうであるかではなく、その後に長期的に継続する行動の期間を通じて、たとえば、その購買コストや市場シェアがどのように変動していくかを理解することが肝要だからである。

特に、今どうであるかだけではなく、これからどうなるかを考えるためには、不確実性を無視するのではなく、それを許容する必要がある。よくある中期経営計画のように、決め打ちで単一の予測数値を定めるのではなく、それがどうなる可能性が存在するのか、将来の振れ幅までを理解する必要がある。

こうした取組みにおいては、第4章の後半で触れたシナリオ分析のように、未来の外部環境の方向性を複数のシナリオとして理解する手法が有用となる。

11　三品（二〇〇六）。
12　榊原（二〇〇五）。

たとえば、自動車産業であれば、大きく分ければ、トヨタやルノー・日産アライアンスなどの既存の自動車会社が競争優位を保持し続けるシナリオ、テスラなど電気自動車に注力する新興自動車会社が競争力を伸ばすシナリオ、またグーグルやウーバーなどのサービス提供事業者が競争優位を奪い取るシナリオがありうるだろう。

そのそれぞれのどの方向性に現実が進むかは現時点ではまだわからない。しかし、「理解」においては、そのそれぞれの方向に進んだ場合、どのように重要な経営数値が変化するのかを丹念に描き出すことが求められる。重要なのは、未来の不確実性を許容した理解を行い、不確実な未来を、不確実なままに捉えることで、より柔軟な意思決定の素地を作り上げることなのである。

不確実性を許容した「理解」のうえで、さらに組織としての「判断」においては、組織内部の事情を適切に反映する必要がある。最高の選択肢など誰しもが取ることができない。人間も組織も不完全な生き物であり、見つけるべきは最高ではなく「最善」の選択肢である。最善の選択肢が、結果的には自らの強みを活かし、競争優位をできる限り維持する最良の選択肢であることはいうまでもない。

どのように正しい判断であっても、意思決定に影響をもたらす利害関係者が説得されなければ、実行することはできない。少なくとも決定に必要な割合の利害関係者を説得できる判断でなければ、絵に描いた餅で終わる。

これは、自由に意思決定をしているように見えるスタートアップや同族企業の経営者であっても同様である。実際は、出資者や取引先、主要な経営幹部の意見を無視して方針を決めることは難しい。相手が心から腹落ちしていない提案の同意を強引に取りつけても、その後の行動で、副作用がボディブローのように利いてくる。

経営戦略の判断において、いかに利害関係者を説得するか。これは経営戦略の領域としてはほとんど扱われていない。MBAでいえば、ネゴシエーション（交渉術）やリーダーシップの講義で扱われる内容である。しかし実務的に考えると、ここでのやり取りと調整が実際の戦略に著しい影響を与えることは、想像に難くないだろう。

同様に、「今は判断しない」という判断もきわめて重要である。これは単に判断を先送りするという消極的な判断ではなく、判断に充分な情報が得られる状況になるまで、万全の準備のうえで判断を待つという積極的な判断である。

これは、先述のシナリオ分析などの手法を用いるうえで特に有用となる。たとえば、XXが発生した場合はAを行う。YYがこう動く場合はBを実行する。ZZが実現したらCを立ち上げる。など、判断のトリガーとなる要件を充分に整理したうえで、現時点で必要な判断だけではなく、未来において発生する可能性のある事象の理解をもとにして、今の段階で必要な判断を事前に準備しておくという判断である。

たとえば、小売のチャネルへのアクセスが重要な事業領域において、業界再編の煽りを受けて競合のY社とX社が事業の撤退を検討しているとする。現時点で実行できる手立ては限られるが、Y社かX社が実際に事業の撤退を発表した際に、即座に小売店に対して、Y社かX社が持っていた「棚」、すなわち商品陳列用のスペースを引き受けるべく魅力的な提案を行えるように、事前に予算や資料を準備しておくのは有効である。

また、経済危機や天災が発生した際に、あえて広告と広報を積極展開できるように予算を事前に策定しておき、必要な広告素材を準備しておけば、競合の混乱に乗じて大きなマーケティング効果を得ることができる。

こうした不確実性を担保した判断を事前にしておくことは、している企業はすでに実践している。たとえるならば、新聞社が恒例のイベントや予測可能な大事件に備えて、記事を事前に準備しているようなものである。ノーベル賞の発表前に、受賞しそうな人物について下調べをしておいたり、予測されうる著名人の不幸に備えて、その人物の偉業を事前に取りまとめておくような判断である。事象が発生してから報道までの時間をいかに短縮するかが勝負となるメディアにおいては、こうした取組みの価値は高い。

組織固有の事情を勘案したうえで、さらに未来の不確実性を見据えた判断を行ったうえで、最も重要な要素である「行動」が始まる。

「行動」は、すでに述べたように伝統的な事業戦略の議論ではあまり取り扱われることがない。しかし、特に第1章で述べたような創発的な戦略の形成においては、行動の過程こそが、戦略の価値を定めるうえで最も重要な要素となる。

たとえば、コモディティ化が進行した業界の場合、その製品やサービスを提供するにあたっての細部の作り込みが課題になることは、それほど多くはない。それまでの無数の検討の末に、標準的な商品やサービスのあり方が一定程度枯れて存在しているため、判断を実行に移す過程での創造性はそれほど求められない。むろん、それが簡単というわけではなく、答えの引き出しが充分に整備されているのである。

しかし、黎明期にある産業や複雑な製品やサービスを取り扱う産業、デザインやイメージなどの無形価値が重要となる事業領域では、特に判断の結果を具現化する際の質が成果を左右する。端的にいえば、創発的な戦略の形成が観測されやすい事業領域では、事業戦略の議論で見落とされがちな「行動」という要素がきわめて重要となる。

教科書に記載されている考え方や、各種の戦略フレームワークは、あくまでこの「理解」、「判断」「行動」というそれぞれのステップにおける自分の思考を支援し、利害関係者との議論を円滑化することを助ける補助的な存在として用いるのが望ましい。

たとえば、ファイブ・フォース分析やSWOT分析は「理解」に適しているだろう。また、ポーターの基本戦略や、INSEADのチャン・キムとレネ・モボルニュが提唱したブルー・

オーシャン戦略のアクション・マトリックス[*13]は、「判断」の選択肢を幅広く吟味するのに役立つ。

さらにいえば、日本企業の経営から抽出された各種の経営手法も有益である。たとえば、組織を小規模の部門に切り分けて、そのそれぞれの部署の時間当たりの採算を産出することで経営を管理し、全員参加型の経営で人材を育成する京セラのアメーバ経営がある。全社で取り組むべき経営課題に対して、部署横断的に選抜されたスタッフがそれぞれの現場で解決できる課題に落とし込み、その解決策を提案して実行する日産自動車の日産V-upなどの概念も有用であろう。

もちろん、この思考法（理解、判断、行動）もあくまで一例である。重要なのは、各人がそれぞれの方法論を独自に見出すことであり、乱立する戦略フレームワークや経営手法を、自分の骨格を彩るための具材として取り込むことである。

定石や戦略フレームワークは、それを闇雲に信じるのではなく、自分の意思で要点を取捨選択して活用できるのであれば、実務にも十分役に立つ。しかし、自分の意思がなければ、自身の時間を無駄にするだけでなく、関係者の失笑を買うだけに終わる可能性が高い。

6 「行動」なき事業戦略は青写真にすぎない

経営戦略の教科書が「行動」に重点を置いていないのは、その理論的な研究がきわめて難しいことが主因である。

確かに一九七〇年代から創発的な経営戦略の調査研究は脈々と続いている。しかし、観測される事象が個別の特殊要因に大きく左右されるため、社会科学としての経営戦略の探究を推し進めるうえでは、あまりにも難しい研究対象である。

一方で、実学としての経営戦略の観点からは、「行動」がいかに重要であるかは、誰もが身にしみて感じていることであろう。経験豊かな実務家であれば誰もが、自分で青写真を描いた経営戦略が、その展開につながる過程で自分も想像もつかなかった形で飛躍的に研ぎ澄まされていったことも、反対に、著しく矮小化されてしまったことも、実際に幾度となく経験してい

13　競争の激しいレッド・オーシャンではなく、競争のないブルー・オーシャンを作り上げるために、「取り除く」「減らす」「付け加える」「増やす」という四つのアクションを整理している（Kim and Mauborgne, 2005）。

	実行案の策定	予算化、関係者調整	実行を成果につなげる
	大きな夢、長期計画、人員だけが決まり、権限や計画の詳細が不在	直接の担当者以外は他人事となり、予算も単年度で限定的	成果を短期間で出さなければ、次第に予算と人員が縮小され、解散
	・意思決定者を巻き込む ・実行者を引き込み、詳細を合意する	・他部署担当者の正規の業務として入れ込む ・複数年度化	・勝てる場所で成果を出す ・まずはパイロット、が常套手段
	実行者数名と専務級の特命チーム	人事部と連携した職務履歴書と評価の明確化	地域限定、期間限定、数量限定

るはずである。

事実、判断が成果につながるまでの間には、多数の段階が存在している。図表6-7は、その実施が判断された経営戦略が行動に移され、成果につながるまでの過程を単純化したものである。現実においては、この段階のそれぞれにおいて、経営戦略は調整を余儀なくされる。

たとえば、取締役会においてある事業戦略（新規事業）が機関決定されたとしよう。それが現場に降りてきて、具体化され、計画に起こされ、予算化され、試行され、そして本格展開に至るまでには、いくつもの関門が待ち受けている。

まず想像できるのが、勢い勇んで企画メンバーが現場に足を運ぶと、自分たちと現場のメンバーの間に、その企画に対する熱量に大きな格差がある状況である。古参で影響力を持つ従業員が、「そんなのは昔やって大失敗したアイディアじゃないか。自分

［図表6-7］**経営戦略の決定から実行、成果に至るまでの道のり**

	実施に向けた課題の洗い出し	解決方法の検討
問題	データ分析も重要だが、現場にとっては課題は明らかというケースが大半	現場感や実際の規模感を無視した解決方法は実行が不可能
要点	・関係者と顧客のヒアリングが最重要 ・足を使って情報を得る	・人選は部署横断的に ・各種課題を拾える体制に
事例	競合まで含めた聞き取り	外部や他部署も含めた複数回ブレスト

は協力しない」と会議の場を凍りつかせ、そもそもの提案自体が全否定され、経営陣に差し戻されるような事態があるかもしれない。

日々の業務における役割が異なれば、おのずと議論の前提条件となる理解が異なることとなる。判断に至る紆余曲折を共有できていなければ、どうしてそのような判断が下されたかについて、他人が理解することは難しい。もし企画メンバーが理想論だけを熱っぽく語るのであれば、現実に日々直面している現場の猛者たちにはまったく響かないだろう。

たとえ、そのアイディア自体の方向性が受け入れられたとしても、具体的な実施体制が絵空事に終わり、それぞれの現場における具体的な実行が、当初の想定から大幅にぶれていくことも多々ある。

最も恐ろしいのは、大枠を議論していたときには見えていなかった重要な要素、特に法規制や商慣行、知的財産権など回避困難な問題によって実現が不可能となるシナリオである。早い段階で部署横断的な体制を構築するか、少なくとも各種の重要課題を拾い上げることができる体制を構築していないと、ここでも事業戦略は頓挫しうる。実際、大半の新しい経営戦略は、初期的な検討の初期の段階でさまざまな理由により当初の想定を外れていき、多くの場合は収束、中止への道を歩むこととなる。

こうした課題をクリアし、経営会議で意思決定されたとしても、各部門長が腹落ちして、全面的に支持する体制が取れていないと、ここでも悲劇が起こる。責任者が決まり、達成すべき目標も定められているのに、それに必要な経営資源が各部門から提供されないという事態が発生し、継ぎ接ぎだらけの体制となる。これは「総論賛成、各論反対」の状況であり、これもまた散見される現象である。

「方向性は賛成だが、うちのエースを投入するのは反対だ」
「良い計画だが、最新の生産設備を活用するのは許可できない」
「支援したいが、旗艦店でパイロットをすることはありえない」

事業戦略を判断する時点で意思決定者を巻き込み、実行にあたって必須の経営資源を持つ担当者を引き込み、その計画の詳細を合意していないと、事業戦略の前提条件となるような自社の経営資源を十分に活用できない事態となる。そうして、「それならば、やらないほうがマシだ」という悲しい状況に追い込まれる。

まだまだ、道のりは遠い。どうにか経営資源を手に入れて、本格的な展開を開始したとしよう。おそらく、これまでよりも大きな苦難の道が待ち受けている。

たとえば、予算化されているのは新規事業の部隊のみであったり、かつ単年度であったりする。他の部署は他の部署で、達成すべき予算や、進めるべき業務内容がある。新規事業に関連する各部署の業務内容と予算に、その支援に関係する予算項目や人員計画が反映されていなければ、他の部署の新規事業に対する協力は限定的とならざるをえない。これは縦割りの弊害であり、巨大組織の力が活用されない事案は無数に存在する。

特に、この関係者調整には特に多大な時間がかかるため、場合によっては課題の洗い出しの時点から調整を始めることもある。内部での検討と並行して、外部の中立的な検討の結果を参照するために戦略コンサルタントのプロジェクトを別に走らせることもある。相談役や顧問など、過去の功労者の発言力を活用するような政治的な動きもときに効果的となる。調整はきわめて属人的なプロセスであり、明確な答えは存在しない。

実行当初には、特に気をつけるべき点がある。短期的に成果を出せないと、単年度予算の慣行と短期的な人事異動・役員管掌変更の弊害により、次第に予算と人員が縮小され、ジリ貧となってしまう。そのため、限られた予算と人員でも成果が出せるように、地域・期間・数量などを限定して、必ず勝てる場所で成果を出すことを紡ぎ合わせていかないと、たとえ成功する可能性のあるプロジェクトでも、大きな成果につなげることは難しいだろう。

いかに美しい事業戦略でも、実際に形になり、実行されて、成果につながるまでの経緯で、常に成功にも失敗にも転びうる。実際の事業戦略の根幹は、ときには怒鳴られながらも競合の情報をかき集め、意思決定者の懐柔に励み、勝てる戦いを積み重ねることで既成事実を積み上げていくような地道なプロセスが担っている。

特に現代の経済成長の大部分を担う新産業領域、すなわち、創発的な戦略の形成が観測されやすい事業領域では、見落とされがちなこの「行動」という要素がきわめて重要である。だからこそ、「理解」や「判断」にとどまらない、「行動」を統合した戦略策定の理論化を進めることが、事業戦略におけるフロンティアなのである。

本章の要点

- 外部環境分析と内部環境分析を土台として、競争優位の確立と維持のための手段を議論するのが、事業戦略立案の議論の骨格である。
- 日本における議論は、競争優位の確立を議論する際に、イノベーション研究とマーケティング研究の知見が色濃く反映される傾向がある。
- 多様な教科書が特定の定石たる構成に収斂するのは、教科書が社会科学としての経営学の発展の経緯に即した構成を志向するためである。

- 戦略フレームワークには得意・不得意があり、自社が置かれた事業環境、そして、自社の内部環境の特性に基づいて取捨選択する必要がある。
- 特に新興の産業や事業領域における事業戦略の検討にあたっては、「理解」と「判断」のみならず、「行動」の側面が無視できない。
- 行動の過程で一度決められた判断がどのように左右されるかは、事業戦略研究の古典的分野でありながら、一つのフロンティアでもある。

第7章

全社戦略を立案する

組織の永続に必要な四つの取組み

前章ではまず、事業戦略の定石と戦略フレームワークについて解説した。そのうえで、事業戦略を検討する際に見逃されがちな「行動」に焦点を当てた考え方を紹介した。

本章では、全社戦略（Corporate Strategy）について議論する。全社戦略は、単一事業における事業拡大や競合との競争を扱う事業戦略（Business Strategy）とは異なり、組織全体の永続に向けた各種の取組みを扱う。

まず原点に立ち返るため、第3章で紹介したイゴール・アンゾフの理論から、その基本を理解する。そのうえで、全社戦略に関する議論について、一つ一つ整理する。

1 全社戦略と事業戦略の違いは何か

事業戦略と全社戦略の境界は曖昧に見える。おそらくその理由は、実際に両者の重なりが大きいからだろう。

図表7－1は、アンゾフの *Corporate Strategy*（邦題『企業戦略論』）で示された、戦略的意思決定プロセスの概念図である。これはアンゾフ・マトリックスの成長ベクトルを選択する際、アンゾフが最も重要な戦略的意思決定と位置づける、「多角化を選択するか否か」を検討する

［図表7-1］戦略形成のプロセス

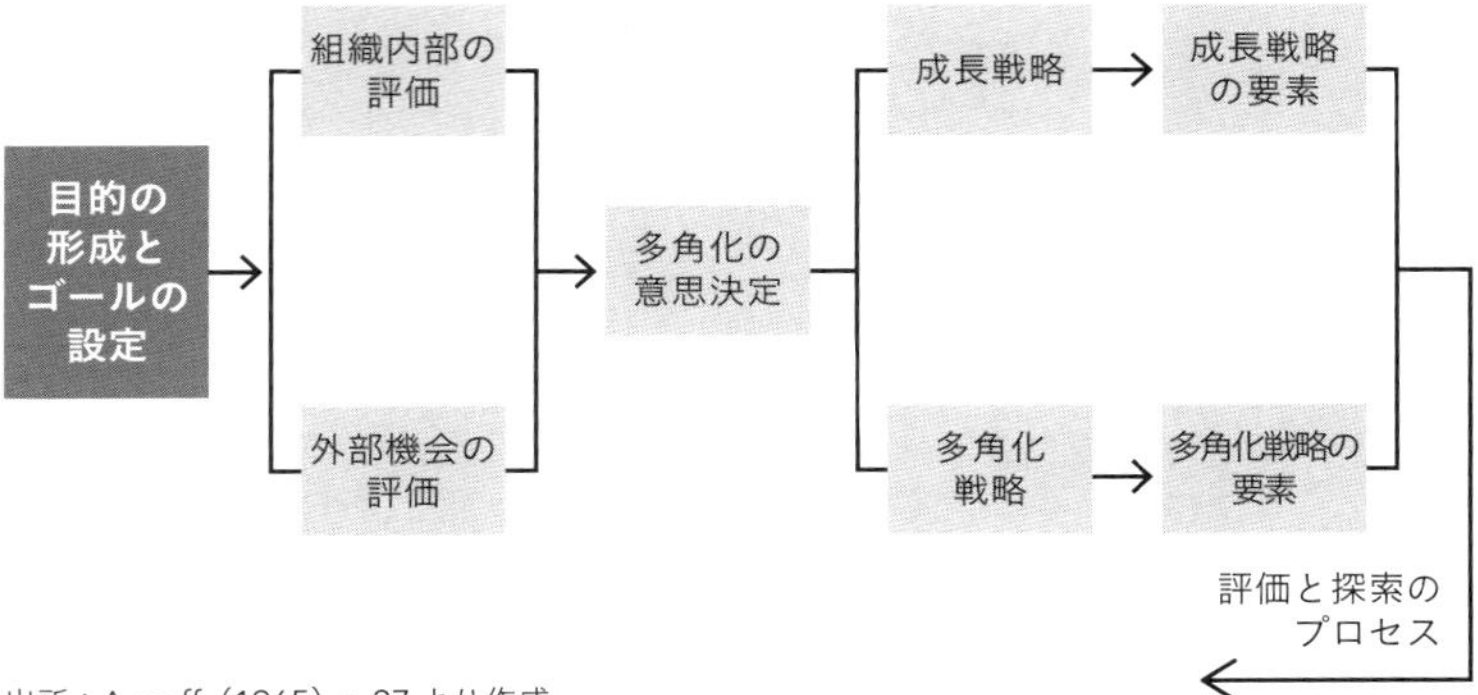

出所：Ansoff（1965）p.27より作成。

フローを表している。

この考え方ではまず、自らの組織の目的とゴールを設定する。そして、組織の内部と外部の機会を評価する。それらを勘案したうえで、戦略的意思決定（この例では多角化するか否か）を行う。

事業戦略を立案する際の流れも、外部環境と内部環境に対する洞察から意思決定を行う流れまでは同一である。しかし異なるのは、事業戦略がある産業における自社の競争行動を検討するのに対して、全社戦略はより組織全体の方向性に影響を与えるものであり、アンゾフの説く「戦略的意思決定」である点である。

すでに第3章でも触れたが、「戦略的意思決定」は、主に四つの要素から構成される。ここでいま一度、アンゾフが整理した戦略的意思決定の四つの要素を確認したい。これらはきわめて根源的であり、現代でもその重要性は変わらない。

①製品と事業分野（自社がどの市場を事業領域とするか）
②成長ベクトル（自社の成長のためのアクション）
③競争優位（自社の競争優位の源泉をどこに持つか）
④シナジー（自社の事業領域間の相乗効果）

まず、自社をどう定義するかである。それには、どの事業環境を選択するか（①製品と事業分野）という議論が出発点にある。その出発点からある程度の事業展開を進めると、持続的な成長をさらに継続させるために、自社の成長をどう実現するか（②成長ベクトル）が俎上に上がる。その後、自社の強み（③競争優位）を長期間継続させることで事業領域が多数並存するまでに成長が継続すれば、それらの事業のあり方を再編成するため、自社の事業領域間の相乗効果（④シナジー）を考えることが議論の中核となるだろう。

すなわち、全社戦略が求める戦略的意思決定は、まず、創業時点における組織目標の形成とゴールの設定、言い換えれば、製品と事業分野を定める際に行われる。全社戦略は、その後しばらくは、事業戦略を推進するための補完的な位置づけとなる。

しかし、成長を持続するための岐路に差し掛かるときや、事業上の困難に直面し組織の再編が迫られるときには、多角化を含む成長ベクトルの検討や事業間シナジーの評価などを行うため、全社戦略を検討する必要性が高まる。

伝統的な教科書が教える全社戦略の主題は、アンゾフ以来の伝統として、事業の多角化と、多角化した事業の管理が中核である。これはおそらく巨大企業では日々行われているが、社歴が浅く事業多角化に至っていない企業ではなじみが薄いはずだ。

新興企業にとっては、そもそも事業の数が限られているため、創業時点における事業戦略と全社戦略はほぼ同義である。すなわち、全社戦略が事業戦略とは別のものとして本格的に必要になるのは、ある一定以上の成長を実現した後である。

経営戦略の歴史を思い起こすと、この意味はわかりやすい。経営戦略という言葉が普及した背景には、米国を先頭とした戦後世界経済の持続的かつ安定した成長があった。

安定的な事業環境を背景に多くの大企業が成長を継続するために事業を多角化し、単一事業の運営を超えて、複数事業の集合体としての企業の方向性を決める必要性に迫られた。さらに、コンサルティング会社やビジネススクールなどの勃興とも合わせて、経営戦略、ここでいう全社戦略の概念が広く普及したのである。

すなわち、全社戦略が多角化と多角化事業の運営手法を中核として普及したことを背景に、現代もそれが中核的な議題として扱われることに不思議はない。

2 教科書に見る全社戦略の定石

図表7－2に、第6章でも参照した六冊の経営戦略の教科書が、全社戦略をどのように解説しているかを取りまとめた。

たとえば『戦略経営論』と『経営戦略をつかむ』は、出発点であるアンゾフの議論の潮流を汲み、多角化を中心に議論を進めている。これは最も伝統的な全社戦略の形式に準拠している。『戦略経営論』は多角化の各種形態にまで踏み込んでおり、『経営戦略をつかむ』は、多角化の経済学的な背景への言及が充実している。

それに対して、『グラント 現代戦略分析』『MBA経営戦略』『経営戦略入門』では、まず、事業ドメインや企業ドメインに関する議論を丁寧に紹介し、それにひもづいた事業の多角化と、多角化した企業体の運営手法を解説する流れとなっている。これは目標とゴールを定め、それに基づいて事業を選択し、その事業群を編成するという、アンゾフの説いた全社戦略の中核的な流れを意識した構成である。

なお、『企業戦略論』は下巻（上・中・下の三巻構成）である「全社戦略編」に、合併買収や

［図表7-2］教科書が教える全社戦略

	戦略経営論	グラント 現代戦略分析	企業戦略論
著者	マイケル・ヒット デュエーン・ アイルランド ロバート・ホスキソン	ロバート・グラント	ジェイ・バーニー
特徴	多角化に焦点を絞り、その概要、理由、形態などを詳細に解説	企業の事業的、地理的な活動領域を議論した後、多角化を詳細に議論、最新理論の動向にも触れている	VRIOフレームワークを基盤として、戦略的提携、多角化、合併買収、国際戦略までをカバー
目次からの抜粋	・多角化のレベル ・多角化の理由 ・価値創造の多角化 ・非関連多角化 ・価値中立的多角化 ・価値削減的多角化	・垂直統合と企業の事業領域 ・グローバル戦略と多国籍企業 ・多角化戦略 ・多角化事業経営戦略 ・戦略的経営の現在の傾向	・VRIOフレームワーク ・戦略的提携 ・多角化戦略 ・多角化戦略の組織体制 ・合併買収 ・国際戦略

	MBA経営戦略	経営戦略入門	経営戦略をつかむ
著者	相葉宏二 グロービス経営大学院	網倉久永 新宅純二郎	淺羽茂 牛島辰男
特徴	経営理念など企業全体を方向づける方法に触れた後、事業ポートフォリオや多角化の戦略、そして近年の傾向を解説	事業の定義や企業ドメインなど企業の方向性を決める要因を議論した後に、多角化とその方法に触れ、垂直統合や活動領域の設定と再編を補論	企業戦略（全社戦略）の定義を述べた後に、垂直統合や多角化の誘引、その手法を解説し、国際化にも触れる
目次からの抜粋	・企業全体を方向づける方法 ・企業全体のバランスと成長を図る方法 ・事業ポートフォリオ ・成長と多角化の戦略 ・全社戦略のトレンド	・事業の定義と企業ドメイン ・多角化 ・多角化企業の資源配分 ・垂直統合 ・企業活動領域の設定と再構成	・企業戦略の考え方 ・垂直統合 ・多角化 ・多角化のダイナミクス ・多角化のマネジメント ・国際化

戦略的提携などの関連テーマも併せて採録している。しかし、その基本となるのはやはり多角化戦略とそれを推進する組織体制である。確かに資源ベース理論を用いた解釈で議論が編成されているが、これも伝統的な全社戦略の議論を踏襲している。

全社戦略は、その議論の出発点にアンゾフの時代、すなわち安定的な経済成長が続く中で、事業の多角化が魅力的な成長戦略として推進された時代がある。その時期の全社戦略とは、多角化をどう意思決定し、どう行うかであった。

その後、停滞する経済状況を反映して、BCGマトリックスのように、事業ポートフォリオ管理によって経営資源をいかに配分するか、すなわち多角化のマネジメントという議論が発展する。そこでは、すでに多角化した企業の資源管理であり、事業管理、そして再編が着目点であった（第3章参照）。

一九九〇年代からは、C・K・プラハラードとゲイリー・ハメルによる『コア・コンピタンス経営』のように、戦略事業単位（SBU）を基軸に事業をポートフォリオとして捉えるのではなく、自社の競争力の源泉たるコア・コンピタンスを重要視する考え方が着目されるようになった（第5章参照）。

これはプラハラードとハメルの言葉を借りれば、「戦略アーキテクチャー」をどのように設計するかという議論である。より一般的な言葉を使えば、企業ドメインや事業ドメインといった自社の強みの源泉の応用範囲を理解し、それをできるだけ広げ、その競争力を保持するための取組みを継続する作業であった。

このような背景があるため、経営学の理論的系譜に忠実な教科書であるほど、また基礎的な部分を重視する教科書であるほど、議論は多角化とその運営手法を中心に行われる。また、前述したとおり、新興企業や中堅企業の大半にとって、事業多角化の程度は高くはなく、ほとんどの場合は事業戦略を検討する範疇の議論で、必要が満たされてしまう状況である。

結果的に、多くの実務家にとって、全社戦略は感覚的にはわかっていても、それほどなじみのない領域となる。

3 全社戦略を再定義する

私は、現在教えられている全社戦略の要素について、仮に理論的な発展の経緯を勘案せずに再構成［＊01］できるのであれば、図表7－3のようになると考えている。

01 国際経営戦略において、同様の試みをIESEビジネススクールのパンカジュ・ゲマワットが行っている（Ghemawat, 2007）。同書は高く評価され、多くのMBA課程で採用されている。

［図表7-3］全社戦略として検討すべき4つの要素

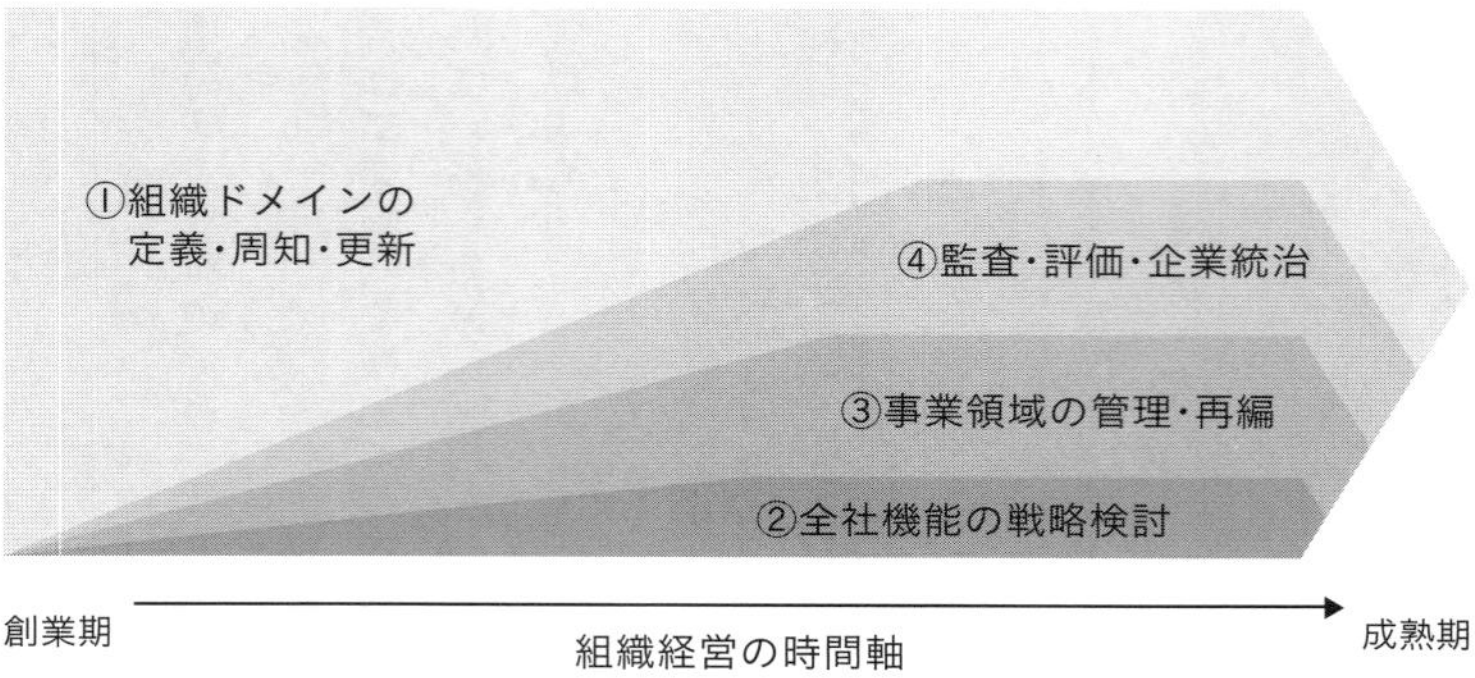

ここで断りを入れたのは、学術的な蓄積を背景とすれば多角化の議論を主体とせざるをえないからである。たとえば、Google Scholarで多角化戦略（Diversification Strategy）と検索すると、三万六八〇〇件の論文がヒットする。

これはポーターのファイブ・フォース（Five Forces）の二万七七〇〇件、またBCGマトリックス（BCG matrix）の五六三〇件よりも多い［＊02］。こうした数字からもわかるように、学術的な知見に厳密になろうとするほど、自然と成熟した研究分野である多角化の議論が中核となる。

しかし、多角化戦略で前提とされるような多数の事業領域を抱える大企業は、全体から考えればごく一部にすぎない。日本でも、一部の巨大電機メーカーや総合商社など、数百の関連会社を抱える事業体であれば、そうした議論が中心であっても納得感があるだろう。

一方で、多くても三つか四つの基幹事業領域で勝負する中小中堅企業や新興企業などの大多数の組織にとっては、全社戦略で議論すべき、より重要な側面がある。そうした側面により光を当てようとするならば、ある程度は全社戦略の理論の系譜から外れざるをえない。

したがって、ここでは実務家の視点から全社戦略に必要な要素を再構成して解説する。特に重要な要素は、図表7-3に示した四つの要素である。

第一に、全社戦略の骨格となるのは、「①組織ドメインの定義・周知・更新」である。組織ドメインとは、組織の生存領域、生存目的であり、ビジョン、ミッション、バリューとも呼ばれるものである。これを定義するのはもちろんのこと、さらに組織内に周知し、適宜それを環境の変化に応じて更新し続けることが重要となる。

また、特に見過ごされがちなのが、「②全社機能の戦略検討」である。全社の方向性を反映して、それぞれの事業の基盤となりうるインフラを構築していくことは、各事業の基礎体力を築く重要な取組みであり、おろそかにしてはならない日常業務である。

そのうえで、伝統的な多角化や水平・垂直統合の議論は、「③事業領域の管理・再編」で取り扱われる。第一に、自社の事業をどう拡大していくのか、それを産業・市場における領域の拡大、価値連鎖における領域の拡大、地理的な領域の拡大の三つに切り分けて検討する。事業

02 数字はそれぞれ二〇一八年五月時点。

領域が多彩に広がった後は、当然その無数の事業領域の管理が必要となり、絶え間ない選択と集中、再編が求められることもある。

近年特に重視されるのは、「④監査・評価・企業統治」であろう。企業の影響力が増大し、ときにそれが国家の力を凌ぐようになる中、組織が自ら管理・監督し、事業を独自に評価し、さらには短期的な自己の利益だけではなく、社会的厚生を加味した意思決定が行えるように組織整備を行うことが必要となる。これは組織の骨格となる判断基準であり、独立して議論すべき重要事項である。

以下、これらの四つの要素を一つ一つ概観したい。

組織ドメインの定義・周知・更新

組織経営において、ビジョン（未来像）、ミッション（企業理念）、バリュー（行動基準）が重要であるということは、半ば常識のように語られている。

経営哲学者のピーター・ドラッカーは、著書 *Managing in the Next Society*（邦題『ネクスト・ソサエティ』）の中で、「未来の社会においては、大企業、特に多国籍企業にとっての最大の課題は、その社会的正統性（Social Legitimacy）、すなわちそのビジョン、ミッション、バリューとなるだろう」（筆者訳）［＊03］と語っている。これらは組織が社会に存在するうえでの立ち位置であり、その存在意義でもあり、その方向性を決定づける礎となるものである。

このビジョン、ミッション、バリューの三つの階層構造は、ビジョンが実現したい将来の社会像の提示であり、ミッションがその社会を実現するための自社の役割であり、バリューがそのためにどのように行動するかを示したものといえる［＊04］。

この三つがすべて必要なわけではない。しかし、比較的規模の大きな企業の情報を参照すれば、少なくともミッションは明確に記載されている。これらは組織の方向性を定める際に参照するべき基本的な考え方であり、組織の構成員の方向性をまとめるための一つの道具である。

同質的な構成員による事業開発を行っている企業であるほど、組織ドメインを軽視しがちである。これは憲法のようなものであり、構成員全員が信じるべき規範であり、異なる考え方や価値観を持つ多様な人材が集う組織では求心力の要となる。特に国際化が遅れている日本企業は、この重要性を再認識すべきであろう。

逆にいえば、同質的な組織で、非公式のつながりを業務時間外の交流で強く保っていた高度経済成長期の日本企業では、組織ドメインの定義、周知、更新を組織的に運用する必要性は低かった。

男性中心社会であり、年齢による安定的な序列があり、長期的に安定した雇用の慣習がある

03 Drucker (2002).
04 ビジョンとミッションが逆に提示されたり、または両者を同一のものと見なしたりする例もある。実際のところ、単一の正解は存在しない。

組織では、組織の価値観や方向性の統一は、頻繁な飲み会や週末のゴルフなど自然発生的に生じる構成員間の交流でも可能である。しかし、事業が国際的に展開し、個々人のバックグラウンドに多面的な多様性が生まれると、一定以上人為的な取組みを行い、組織の方向性を統一しなければならないのである。

また、組織ドメインは、単に定めればよいというものではない。組織ドメインの検討にあたって本当に重要なのは、それを定義してから先の話である。多くの企業の話を聞くと、新入社員研修の訓示で軽く触れられたり、投資家向け説明資料の文言に引用されたりすることはあるものの、それ以上に用いられることはあまりないという。

本来であれば、創発的な戦略の形成を助け、また組織内の多様性の緩衝材となりえる組織ドメインが十分に活用されていない。これは特に国際展開を進める企業や、構成員の多様化が進んだ組織においては大きな問題となる。

この問題の源泉は大きく三つに切り分けることができる。

一つ目は、組織ドメインの定義が曖昧すぎて、構成員に対しての明確なメッセージとして機能していない場合である。具体的な社名の言及は避けるが「社会を良くする」や「経済に貢献する」など、自社でなくても言える経営理念では、理解はできても行動には結びつかない。こうした曖昧なメッセージをどれだけ繰り返しても、構成員の心に響かせることは難しい。もちろん例外的には、きわめて求心力の強い経営者の存在や、圧倒的な業績と急成長を背景とすれば、こうしたきわめて大きな組織ドメインも機能しうる。しかし、そうした幸運に恵まれるのは、一部の限られた組織だけである。

二つ目は、中途半端な周知にとどまっており、それをもとにした人事評価基準の作成や社内言語としての浸透の支援、優秀者の表彰、社会貢献など、関連する活動との連携が行われていない場合である。逆にいえば、これらが日常業務の一つ一つの意思決定にまで浸透する企業では、その実践が評価に直結しており、意思決定の場における判断基準として明示的に参照されている。

三つ目は、適切なタイミングでのこれらの更新が行われないことである。組織の構成員全体で、自社の組織ドメインの設定は適切か、時代を反映しているか、自分たちにとって最適であるのか、これらを絶えず見直す機会を設定することが重要である。更新は手段であって目的ではない。それを見直すプロセス自体が、組織の構成員にとって組織ドメインの役割と意義を再認識させる。結果的に更新されずとも、構成員の理解も深まり、また新鮮となる。

図表7－4は、アマゾンのミッション（企業理念）の骨格の変遷について、米国の有価証券報告書（SEC filings［10-K］）における記述の変化から読み解いたものである。

上場時に「オンライン書店」と自社を定義していたアマゾンは、その後、音楽やビデオの販売を急速に伸ばし、さらに小売全般へと事業を広げていった。また二〇〇七年からは、これまで暗黙に「顧客」という名称を使っていたのを、消費者だけではなく、販売業者、開発者も含

［図表7-4］アマゾンのミッションステートメントの変遷

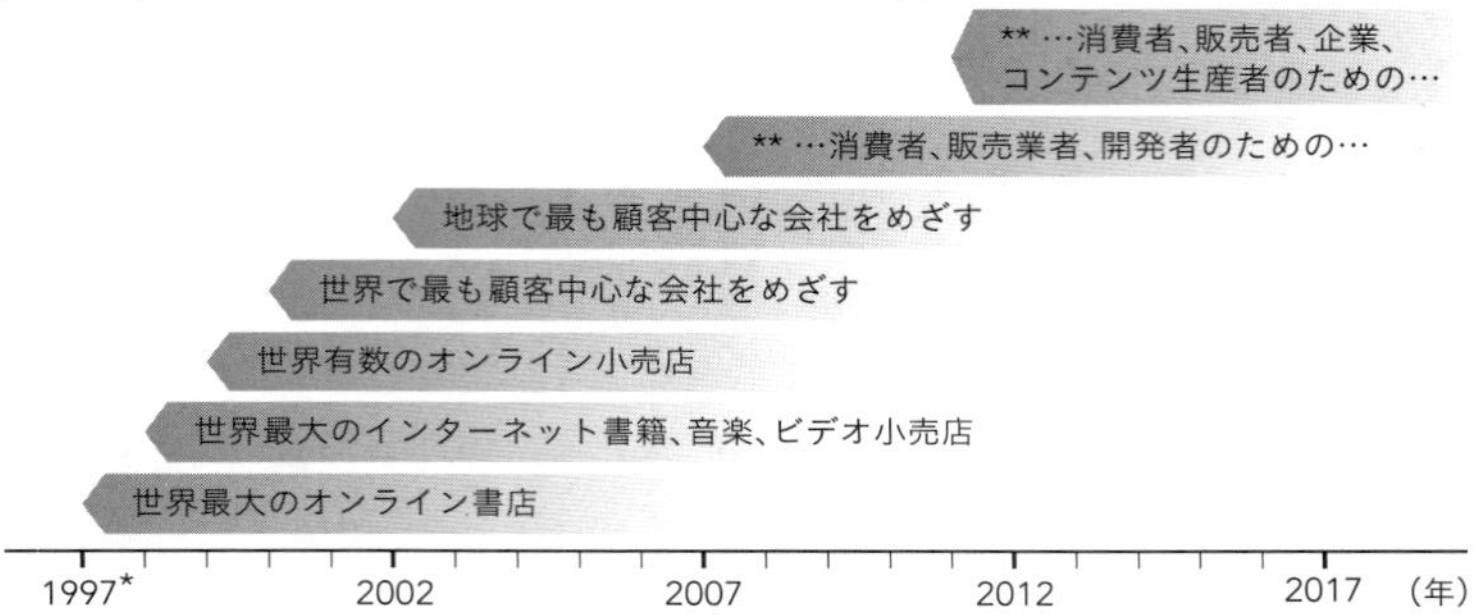

注：*1997 年は上場年、創業は 1995 年。
　　**「地球で最も顧客中心な会社をめざす」に続いて、さらに「顧客」を明確に定義。
出所：Amazon.com SEC filings (10-K) より作成。

めて顧客であることを明確化する。さらに二〇一一年からは、コンテンツ生産者も顧客の一部として再定義して、現在に至っている。

アマゾンの事例からも読み取れるように、自社の事業領域の変化に基づいて、それを適切に表現するミッションを柔軟に変化させていくのが理想である。一九九七年の時点で、アマゾンが「地球上で最も顧客中心な会社をめざす」と主張しても、それは大味であり、誰にも相手にされなかっただろう。しかし、二〇〇〇年代後半以降、同社の多分野における世界的な躍進を背景として、これほど大きなミッションも適切な指針として評価されるようになった。

組織の構成員の自発的な判断と創造が重要となるからこそ、それらを束ねる組織ドメインはきわめて重大となる。国際的に展開し、多様性を内包した組織に成長するほど、それは異なるバックグラウンド

［図表7-5］全社戦略、事業戦略、機能戦略の伝統的な階層

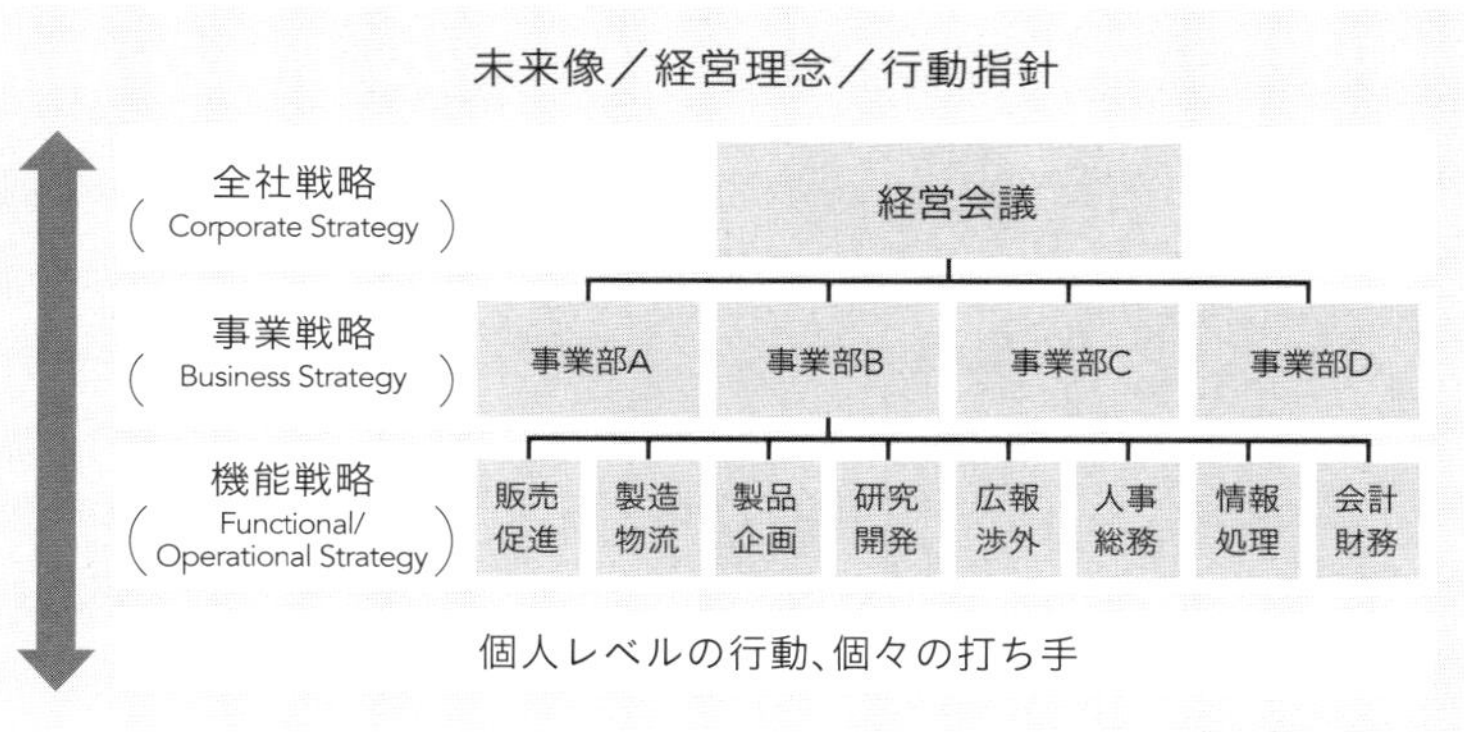

を持つ構成員同士が共有する基盤となり、組織ドメインは競争力の要となる。これは全社戦略の骨格として、最重要視する要素である。

全社機能の戦略検討

個々の事業の支援を行う各種事業機能の方向性を検討することは、機能戦略と呼ばれている。この機能戦略は、伝統的には戦略の階層構造の下部に位置づけられていた（図表7－5）。この理由も実務的な要請ではなく、歴史的な経緯によってである。

一九六〇年代の経営戦略自体がそうであったように、それぞれの機能の役割に関する議論が未成熟の時期であれば、機能戦略が事業戦略に従属的に存在することは理解できる。この時代ではマーケティングの概念も充分に浸透しておらず、大量生産される商材の多くは標準品が中心であった。そのため、事業機能が組織の競争優位を左右する足腰であるとい

う見方は一般的ではなく、差別化をもたらす源泉とは考えられていなかった。

しかし現代においては、事業機能のそれぞれが、組織の競争力に直結するような重要性を持つ事実が広く認識されつつある。

たとえば、「戦略的マーケティング」「戦略的人事」のように、各機能の名称に戦略や戦略的という修飾語をつけ、それらを個々の事業に従属した部品としてではなく、全社の競争優位に資する独立した経営機能として理解する動きが顕著である。

最も重要な機能の一つは、やはり人事だろう。どのような人材を採用するのか。どんなトレーニングを提供するのか。いかなる制度で報酬や昇進を決定するのか。こうした意思決定は、組織の考える未来像、経営理念、行動指針と直結しており、その実現のために中核的な役割を果たす。

たとえば、「創発的で自由度の高い、技術が人を幸せにする社会をめざす」という経営理念にもかかわらず、礼儀正しい〝就活戦士〟だけを採用し、勤怠管理をガッチリとしながら、年功序列の賃金と昇進で評価していては、めざすべき組織ドメインにはたどり着かない。

人事以外にも、研究開発における基礎研究、全社員が影響を受ける情報システムの設計と運用、各事業が準拠すべき会計基準や経理プロセスの設計は、その優劣が如実に企業の足腰に影響をもたらす。

顧客からの問合せを受けたとき、瞬時に在庫状況を判別し、価格の見積もりを算出し、配送可能な日数を提供できる企業と、そうではない企業がある。毎月の締め日前になると、ほとんどの社員が一日がかりで経費精算や報告書類の執筆に追われる企業と、そうではない企業がある。そして当然、両者の間には大きな格差が現れる。

企業広告や広報渉外といった、より直接的に事業にインパクトをもたらす機能も存在する。企業全体のイメージは採用にも購買にも影響する。さらに、政府、監督官庁との関係性によっては、自社の事業は法規制で保護されることも、逆に制度改革の波にさらされることもある。不祥事や天変地異における危機対応も、全社戦略の要素として勘案する必要があるだろう。特に災害大国である日本に拠点を持つ多くの日本企業は、大災害への十分な備えをする必要がある。もちろん、社員の不祥事や製品の不具合に対してどれだけ迅速に行動できるかは、事業戦略の領域ではなく、全社戦略として取り扱うのが適切である。

機能戦略は長らく、事業戦略に従属するか、あるいは独立した戦略として取り扱われてきた。しかし、これらは全社の方向性に直結し、全社の競争優位に直接的に影響を与えうる「戦略的意思決定」を多く含んでいる。そのため、機能戦略を全社戦略の重要な要素として取り扱うことで、それぞれの事業の足腰を確実に鍛え上げることができるだろう。

事業領域の管理・再編

事業領域の設定と管理では、自社の事業の範囲を議論する。伝統的な議論では、「事業の多

［図表7-6］事業展開の3つの方向性

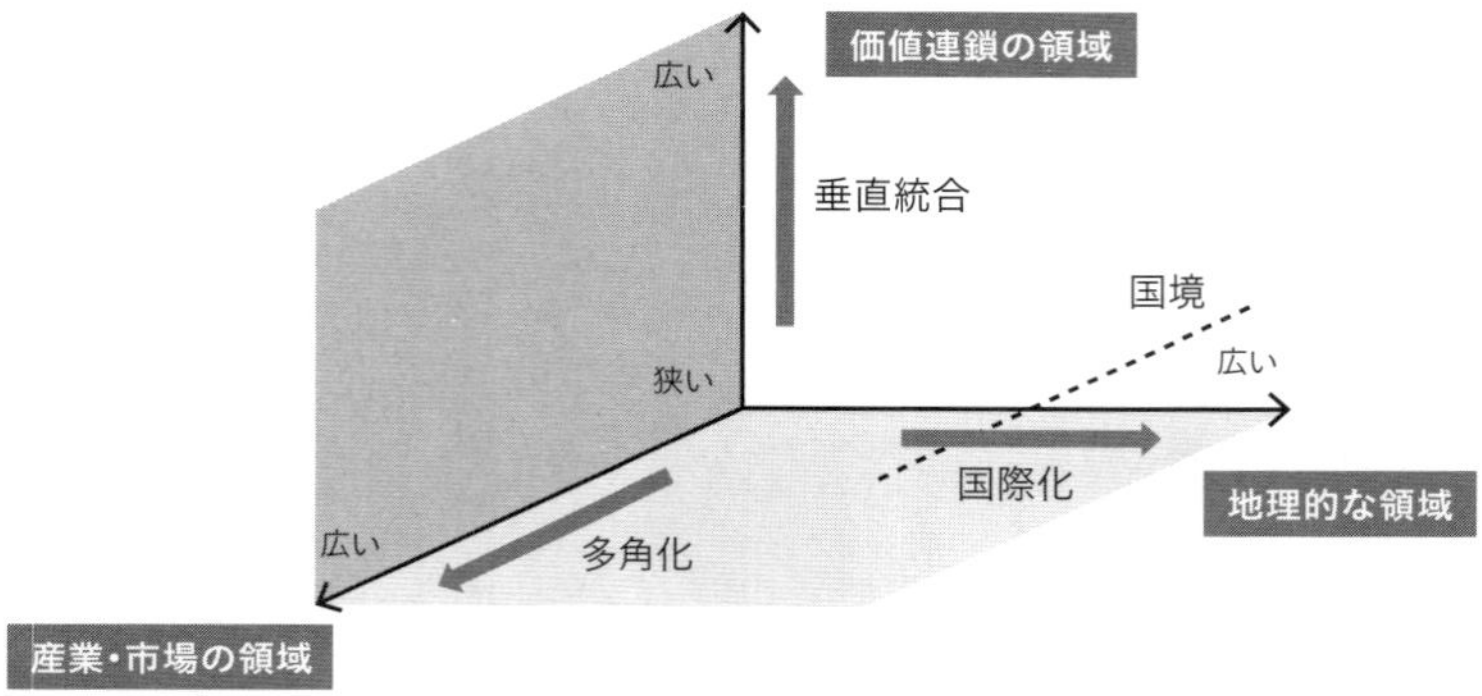

出所：淺羽・牛島（2010）p.160を参考に作成。

角化」「垂直統合」「地理的な拡大」は、それぞれ別の文脈で語られることも多い。しかし、これらはすべて事業展開の方向性であり、全社戦略における選択肢である。

図表7－6は、これらの三つの選択肢の関係を示した概念図である。

事業の多角化、すなわち産業・市場における領域の拡大は、新規事業への参入が典型である。自社が提供していなかった製品・サービス群の提供を開始することで、自社の事業領域を拡大する。

たとえば、大日本印刷が印刷技術を応用して半導体製造装置の開発に乗り出した歴史や、ヤマハが楽器や家具の製造から飛行機のプロペラ、そしてエンジン開発へと事業を広げていったのは有名である。また、アップルがパソコンからスマートフォン、タブレットへと商品群を広げていったのも典型例だろう。

垂直統合、すなわち価値連鎖（バリューチェーン）における領域の拡大は、自社がすでに提供する商品・サービスの付加価値創造の連鎖構造に、関係する他の事業を自社に取り込むことである。

古くはヘンリー・フォードがT型フォードを生産する際に、ガラスの精製工場や製鉄所までを傘下に収めていた事例がある。現在でも、たとえばアマゾンは、特に物流網が十分ではない国と地域では自社の配送網を重点的に整備している。グーグルが発電事業に参入するのも、莫大な数のサーバー群の稼働に必要な電力を自社で供給することにメリットがある。

地理的な領域の拡大は、ときに事業戦略を超えて全社の検討事項となる。特に国内の地理的な拡大だけではなく、国境を越えて国外に事業領域を拡大していく際には、単一の事業戦略上の要請だけではなく、全社的な資源配分の調整が必要となる。

この三つの事業展開の方向性は、同時並行で行えないこともありうる。その場合、経営者は選択を迫られる。新たな産業・市場へ事業領域を拡大することは、最も不確実性の高い方向性だが、既存事業のリスクや市場ライフサイクルとは一定以上切り離された事業領域への挑戦でもある。

価値連鎖の領域の拡大は、既存事業の競争優位を一定以上活用した展開が可能となる一方で、特定の経営資源を内部に取り込むことで、本業の柔軟性が損なわれる可能性もある。地理的な領域の拡大は、特に国境を越えて異なる事業環境に進出するまでは、この三つの中では不確実性が最も低い[*05]。

経営資源は限られている。したがって、全社戦略は絶えず選択の連続となる。特に事業の成長が長期にわたって続くのであれば、絶えず資源配分の意思決定を継続し、単一事業の競争環境のみに依らず、複数事業の集合体としての自社を再定義し続けることが肝要となる。

この事業領域の設定と管理において最も難しいのは、超長期的な時代の変遷に合わせて、どのように自社の事業ポートフォリオを入れ替えていくのかである。

経営戦略の一般的な教科書であれば、ここでBCGマトリックスなど関連する戦略フレームワークに言及しながら、多角化した事業の管理手法を紹介するところである。本書ではそれらの概略を経営戦略の歴史と併せてすでに第3章で解説しているため、本章では二つの顕著な事例を紹介したい。

その二つとは、シーメンスとゼネラル・エレクトリック(GE)の事例である。この二社が近年に成し遂げた事業構造の転換を見ると、中長期的な事業構造の変化を先読みし、一五年スパンでの事業構造の変革を実行したことが端的にわかる。以下、それぞれ見ていこう。

シーメンスは、二〇〇〇年代には売上の五割に満たなかったヘルスケア、工業、電力の事業領域を過去一五年かけて着実に積み上げてきた(図表7-7)。その過程では、五度にわたる大型の事業売却、二度の事業買収を行い、資金を重点領域に振り替えていった。二〇〇〇年時点では主力事業の一つであった情報通信とランプ・LED事業は、ほぼすべて売却され、輸送領域の事業も現在は中核分野から外されている。

興味深いのは、主力事業領域と定義された事業においても、成長可能性に限界があると判断された事業、具体的には工業のITサービス部門（二〇一一年）と電力の原子力事業（二〇一一年）を迅速に売却している点である。大枠の方向性とともに、各事業分野内においても、それぞれの事業の将来性を入念に検討していると考えられる。

他方、GEにおける、二〇〇〇年から二〇一五年の事業再編はさらに劇的である（図表7-8）。二〇〇〇年代に至る過程でも、GEは製造業から金融業へと劇的な転身を果たしていた。しかし、二〇〇〇年から二〇一五年に至る過程で、二〇〇〇年に五割以上の売上に貢献していた金融事業をほぼすべて売却し、そこで得た資金をヘルスケア、航空機、エネルギーの重点三分野に振り向けている。金融事業の売却により一時売上高は大きく減少したが、二〇一七年一二月期の数字は一二二〇億ドルとなり、成長軌道に回帰しているように見える。

GEは、製造業領域の競争力の衰退を契機に、過去に抜本的な事業構造の転換をすでに経験していた。そして、金融危機以降の融資事業における資金供給の困難さの増大、そして、政府規制の厳格化に伴い金融機関として規制対象となる可能性を理解していたのである。

05 第3章で紹介したアンゾフ・マトリックスでは、地理的な領域の拡大を市場浸透という最も基本的な成長ベクトルに位置づけている。

［図表7-7］シーメンスの部門別売上高の推移

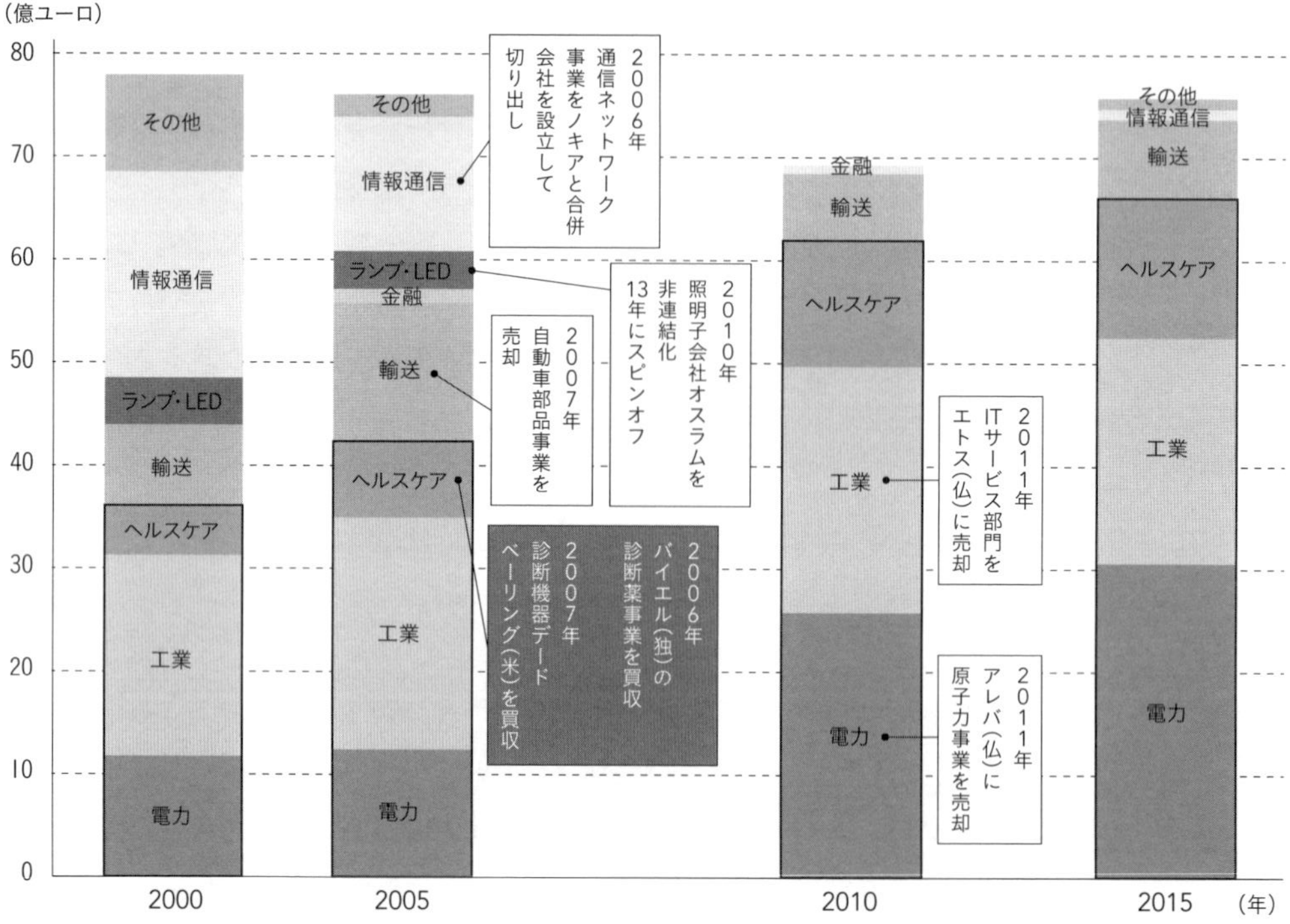

出所：経済産業省（2016）p.105 より作成。

[図表7-8] GEの部門別売上高の推移

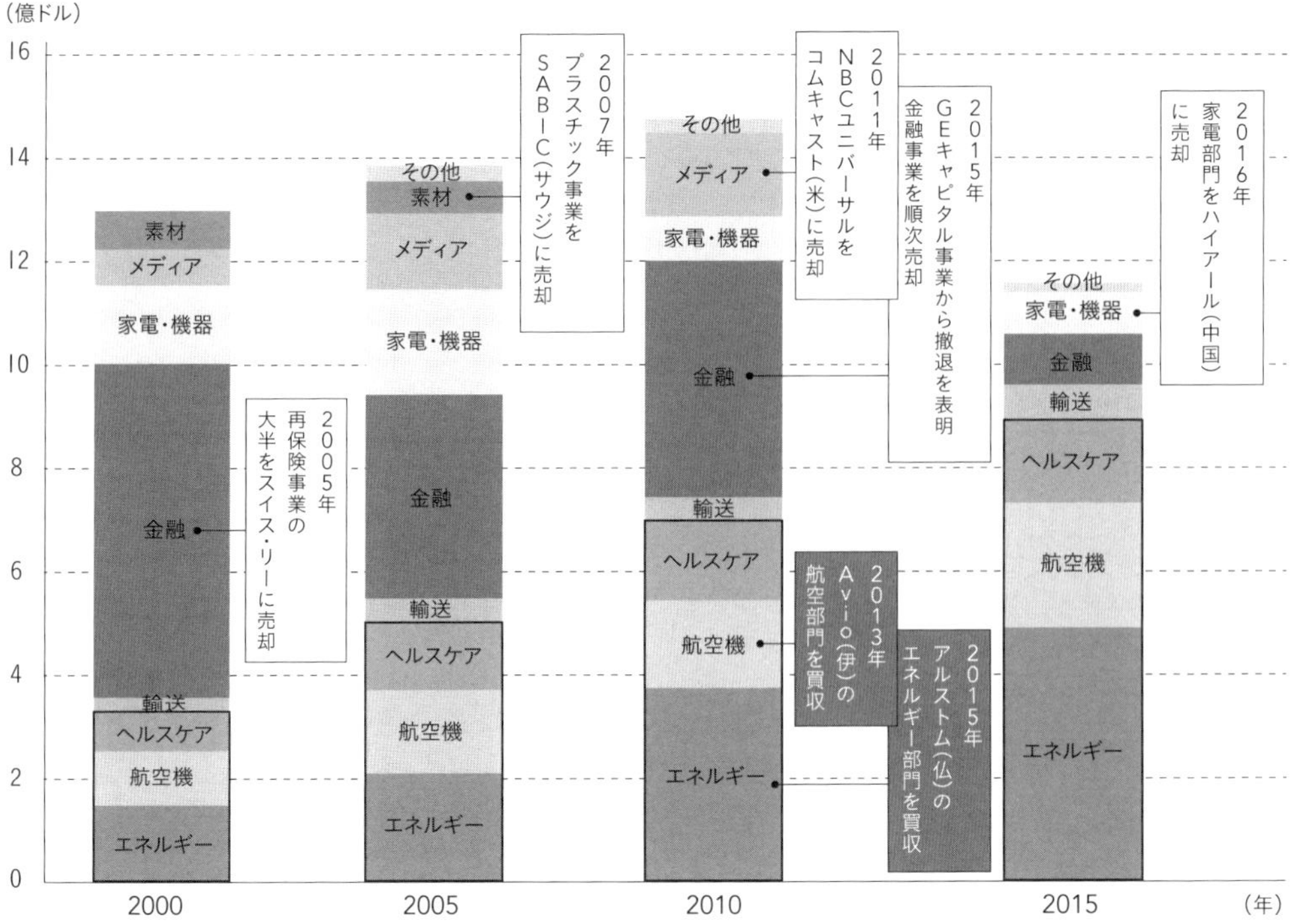

出所：経済産業省（2016）p.106より作成。

その結果、中核事業である金融事業を売却し、同時に発行済み株式の二〇％に相当する五〇〇億ドル規模の自社株買いを実行して、投資余力を回復させる意思決定を行った。短期的な売上規模の推移ではなく、長期的な事業の永続性を意識したうえで、同時に株主に対しても説明責任を果たす、優れた事業領域の組替えの事例といえるだろう。

もちろん、この二社の事例は結果論にすぎない可能性があるのも事実である。この先、こうした劇的な事業構造の転換が、逆に業績の悪化につながる可能性もある。また、短期的な収益を犠牲にして長期的な事業構造の組替えに臨む姿勢に批判的な立場の株主も存在する。特にGEの変革に対する株式市場の評価は長らく振るわない。今後GEが当初の目論見どおりの再成長を果たすことができるのかは、まさに試金石といえる。

しかし、産業構造が劇的に変化していく時代、すなわち事業ポートフォリオの動的な組替えが求められる競争環境においては、組織の長期的な存続を第一に捉える経営者であれば、こうした取組みは雑音を排除して推進しなければならない優先事項である。事業や市場そのものが成熟したり、縮小するステージでは、撤退を検討する他社から積極的に事業を買収することや、逆に事業の「終活」を迅速に進めることでキャッシュを生み出し、次への投資余力を最大化する必要がある。

高度経済成長期に成功を謳歌した日本の多くの大企業は、こうした中長期的な視座にたった事業構造の変革、組替えの推進にあたって後塵を拝している印象を受ける。

自社事業を良い価格で売れるときには、利害関係者の反対を押し切ることができずに売却できず、全社的に追い込まれてからようやく売却を検討する事例が続発している。そして、土壇場になって一〇〇〇億円規模の値下げ交渉を飲まざるをえない状況に追い込まれた企業や、成長余力のある基幹事業を切り売りしながら、未来が見えない状態に落ち込んだ企業がメディアを騒がせてきた。

日本企業は、多角化した事業の経営管理が未成熟であり、戦略的に事業領域を管理することに慣れていなかった。その結果、雲行きが完全に怪しくなってから事業売却に迫られる悲しい事態が数多く発生した。

もちろん、第3章でも述べたとおり、これは米国企業も一九六〇年代から七〇年代にかけて歩んだ道である。彼らも経営資源が無作為に分散する状況を乗り越え、事業領域の設定と管理、再編のノウハウを蓄え、そして次世代の成長に結びつけた。

当然ではあるが、必要なのは過去に教訓を得て、それを次世代に活かすことである。

監査、評価、企業統治

最後の要素として、これも機能戦略の一部として取り扱われがちであるが、監査、評価、企業統治という側面も、全社戦略の範疇で議論するべき内容である。

企業がその活動全般をどのように監督し、また評価するかは、企業の意思決定全般に大きな影響を及ぼす。現代社会において国境を越えて活動する企業の中には、国家を超える力を持つといえる企業も存在する。そして企業が国家を超えるならば、企業は国家の定める法規制のみに基づかず、自発的にそれを律することで、社会厚生に資する存在となるべきである。

もちろん、社会厚生を半ば無視する事業展開もできるかもしれない。しかし、そうした企業が跋扈するとすれば、第一に社会の安定が阻害される。また、中長期的に見れば、そうした事業運営をする企業が顧客の支持を集め続けられるかはわからない。

企業を統治するうえで、何を評価し、何を評価しないのか。この価値判断基準の検討にあたって、伝統的な会計数値だけを追うのは不適切である。この検討にあたっては、自らの組織ドメインに基づいた評価基準で絶えず自己を省みながら、多面的な尺度で自己評価を行うことが求められる。

たとえば、コカ・コーラが自社で消費する最大の資源が水であることを認識し、水消費の効率性を二〇二〇年までに二〇一〇年の水準と比較して二五%向上させる目標を掲げている事例は参考になる[*06]。単純なコスト削減ではなく、自社がもたらす社会経済環境への影響を監査し、評価したうえで、それを改善するための目標を提示して実行する。これは、企業活動の自浄作用を促進し、広くは企業の社会的責任（CSR）にも通じる。

また、マッキンゼー・アンド・カンパニーのシェアホルダーズ・カウンシル（経営会議）では、同社の卒業生がフォーチュン500の経営陣として何名在籍しているかを継続的にモニタリングしていると聞く。卒業生が活躍することを組織の健全性の長期的な尺度としてそれを評価する。単純な会計指標に基づいた企業活動評価とは異なる尺度を導入することで、その指標が改善するように同窓会組織に継続的な投資を行うなど、短期的な成果に左右されない意思決定が支援されているのだろう。

このように自社事業を評価する尺度の検討にあたっては、シンプルでわかりやすい尺度を用いることは唯一絶対の正解ではない。

一部の企業では依然として、比較的大きなプロジェクトでもNPV（正味現在価値）の計算が申し訳程度に添付されるにとどまり、事業価値評価が前時代的な状態のままの事態が散見されるという。

たとえば、特に不確実性が高く、成功の場合にはアップサイドの可能性がきわめて高い新規事業領域への投資では、DCF法（割引キャッシュフロー法）での試算よりリアル・オプション［*07］を用いた試算のほうが、（基本的には）事業特性に準拠した適切な投資価値が試算できるはずである。

06 詳細は、コカ・コーラ ジャーニーのウェブサイト（http://www.coca-colacompany.com/stories/setting-a-new-goal-for-water-efficiency）を参照いただきたい。

07 この概要は、入山章栄による解説がわかりやすい（入山、二〇一五b）。

さらにいえば、有力な競合が数社しかおらず、顧客に提示するパラメーター（価格や品質など）が限られるならば、ゲーム理論などの経済学の方法論も応用できる［*08］。

企業内部でどのような尺度を用いて事業を評価するのか。その物差しが前時代的なものでは、戦略は形にならない。こうした評価基準を自社の特性に準じて適切に設計して浸透させることも、当然ながら全社戦略の範疇である。

こうした議論においては、どのような内部監査、外部監査の体制を作り上げるかも要点となる。単に厳しく基準に従うことを強制するのみでは、競争力を削ぐことにしかならない。会計の諸手続きを適正に進めながらも、自社の独自性を生かした柔軟な体制運営が求められる。自社独自の事業実態を監査する体制整備、それぞれの事業支援機能に対する評価基準の設定、それらに基づいた企業統治のあり方を議論することが、持続的な事業を展開する枠組みとしての、その組織の可能性を左右する。

もちろん、監督諸官庁や証券市場など、利害関係者や関係法規制に基づいた諸規約や内部制度を整備するのは最低限となる。地道にも見える諸制度の作り込みの積み重ねが、全社戦略という曖昧に見える存在に息を吹き込むのである。

以上、ここまで社会科学としての経営学の蓄積のみに準拠せず、実務的な視点から、全社戦略の範疇において検討すべき四つの要素を概観してきた。それぞれのうちどれが最も重要であるかは、その会社の置かれた状況、組織の特性、組織ドメインによって異なる。だが、そのどれもおろそかにはできないことは明言できる。

また、前章で紹介した戦略フレームワークのいくつかは、四つの要素を検討する際も用いることができるだろう。ただし、議論の大前提として、外部環境（第4章）と内部環境（第5章）の解説で触れた各種概念を用いて、自社と、自社が置かれた事業環境を把握したうえでの議論となることは忘れてはならない。

4 未来の組織と全社戦略

最後に、全社戦略を検討する際に今後大きな課題となる潮流を一つ紹介したい。それは、今影響力を増しつつある新たな組織形態の成長である。

図表7－9は、近代企業の成長の歴史を振り返ったものである。企業は、その誕生から規模

08　たとえば、リアル・オプションとゲーム理論を組み合わせた「オプション・ゲーム」という考え方がある。概要は、Ferreira et al.（2009）がわかりやすい。

［図表7-9］近代企業の成長と経営組織の変遷

	近代企業の誕生	大企業化の時代	選択と集中の時代	新たな組織形態の成長
年代	19世紀後半〜	20世紀半ば〜	20世紀後半〜	21世紀前半〜
経営環境	市場化 経済の成長	全国化 経営の専門化	国際化 金融市場の発達	グローバル化 情報技術の発展
組織形態	小規模中心 一部大規模化	大規模志向 多角化 垂直統合	大規模志向 専門特化 水平統合	大規模＆小規模 外部資源の活用 分散協調
経営目標	大規模経営の効率化	売上の拡大 組織の成長	競争力最大化 株主価値	変化への対応 効率的な事業成長

出所：琴坂（2015b）p.39。

を着実に拡大し、選択と集中の時代を経て、現在は新たな組織形態の可能性を模索し始めている。

過去には、事業部制や機能別組織やカンパニー制などの組織内部の統治機構の選択が戦略の実行の過程において大きな意思決定として存在していた。組織の文化や構成員の動き方、判断の方向性を一定の方向に揃えるために、それぞれの組織の内部の構造、意思決定の仕組みをどのように設計するかが長年にわたって議論されてきた。集権的な組織構造とするのか、それとも分権的な組織構造とするのか、こうした公式な組織の設計は内部環境を取り扱ううえで欠かせない要素であった。しかしそれが、次第に新しい形態の組織の影響力が強まるにつれて、変化を始めつつある。

これは一九九〇年代から予測されてきたことではあるが、より自律分散協調的な、ネットワーク型の組織運営の可能性が幅広い産業で現実的となりつつある。それを背景として、「全社」という場合の「全社」が自社のみで適切なのか、という単純な疑問が生じてくる。

古くから、トヨタ自動車を語るのであれば、その系列までを含めて語るべしといわれてきた。トヨタ自動車などの自動車会社の事業力は、本体のみで作られているのではなく、無数に広がるサプライヤー網とディーラー網によって磨き込まれてきたからである。

今後、複数の企業が協調的に行動することで付加価値創造の連鎖構造を構築する時代を迎えるとき、小規模な企業が大規模な企業群を最大限に活用して世界的な価値連鎖を掌握する時代がやってくる。もしそうであるならば、全社戦略のあり方もまた変わらざるをえないだろう。

そうした近未来においては、プラットフォームや、エコシステム、クラスターといった、自社が属するつながりの連鎖を意識した戦略構築が重要になる［*09］。そして、自らの組織が所有する経営資源だけを対象とした議論ではなく、影響をもたらしうる経営資源、そして協業する組織や個人の広がりまでを対象とした全社戦略のあり方が求められるだろう。

未来の組織がどうなるかは、まだ誰も知らない。しかし、今存在する組織の形が、長い歴史的文脈では単なる通過点にすぎないであろうことは、確かである。

09　たとえば、慶應義塾大学の國領二郎が提唱するオープンアーキテクチャ戦略は先駆的である（國領、一九九九）。

本章の要点

・全社戦略で検討すべきは、根源的には戦略的意思決定であり、その骨格はアンゾフの*Corporate Strategy*で十分に議論されている。

・事業戦略も、全社戦略も、外部環境と内部環境の分析という部分で大きな重なりがある。また、多くの企業にとって多角化企業を前提とした全社戦略の議論はなじみがないため、両者は混同されがちである。

・経営戦略の一般的な教科書は、社会科学としての経営学の蓄積にできる限り準拠しようとするため、その内容は多角化を骨格としたものとなる。

・実務家的な視点から全社戦略に必要な要素を再定義するのであれば、それに必要な要素は、①組織ドメインの定義・周知・更新、②全社機能の戦略検討、③事業領域の管理・再編、④監査・評価・企業統治、の四つがある。

・未来には、分散協調的に多数の組織体が動的に連携して事業を創造する可能性が高い。その場合「全社」をどう把握し、どう戦略を検討すべきか、新たな議論が必要となる。

第8章

経営戦略を実行する

重要業績評価指標（ＫＰＩ）の適切な運用

ここまで、紀元前から続く経営戦略の歴史、そこから生じた議論の系譜、そして、事業戦略と全社戦略をめぐる現代の課題までを俯瞰してきた。

以下では、より現実的な経営戦略の実践に資するべく、本章と次章を用いて「数値による管理」と「文化による管理」の二つの側面から、経営戦略の実践の要点を概観する。

第一に、現代における戦略立案および実行の要となる、非財務情報までを含む経営数値の活用を議論する。

これは、経営学の中でも管理会計という分野に位置づけられ、経営戦略とは別に発展してきた理論体系をもとにしている。管理会計と経営戦略は、同時期に生まれ、別々の進化をたどってきたものの、二〇〇〇年前後を境に両者の境目は次第に見えづらくなっている[＊01]。一部においては、両者の融合が生まれているともいえるだろう。

管理会計の潮流からは、非財務的な指標を取り込み、不確実性の高い環境下でより戦略的な意思決定に資するにはどうすればよいかという議論が進展した。一方、経営戦略の潮流からは、創発的な経営戦略を前進させるために、戦略的意思決定の場に対して、いかに現場の最新の情報を構造的かつ効率的に届け続けるかが議論されている。

これらを背景として、戦略管理会計（Strategic Management Accounting）という研究分野が生まれるなど、管理会計と経営戦略は密接に関連し始めている。

管理会計の詳細な議論に関しては、専門書に譲りたい。本章では、それが経営戦略との接合点に至るまでの簡単な流れと、現代の経営戦略立案と実行における「数値の管理」の役割を中心に考察を進める。

1 経営戦略と管理会計は同時期に生まれた

戦略の実行において、一つの骨組みとなるのが管理会計（Management Accounting）である。管理会計とは、経営者の意思決定を支援するために分析、活用される会計情報である。財務会計は、より外部の利害関係者への開示と比較のために用いられるため、独自の方法ではなく、一定のルールに基づいた画一的な指針の下で運用される。対して、管理会計は内部の改善のために役立つよう、それぞれの企業が異なる指針で運用している。これは経営戦略という言葉が一般化するよりはるか以前から、組織運営においてきわめて重要な役割を果たしてきた。

その体系化の契機となったのは、ロバート・アンソニーの一九六五年の著作である［＊02］。

01 両者の深化の対比は、Bill and Burns（2012）が参考になる。
02 Anthony（1965）.

これは、イゴール・アンゾフが経営戦略を体系化し、*Corporate Strategy*（『企業戦略論』）を出版したのと同じ年であった。

アンソニーによる著作は、複雑化する組織の経営を背景として、アンゾフが戦略的意思決定を体系化したのと同様に、会計情報の活用の側面から、分権化された組織の計画と統制を発展させた著作であった。

しかし、アンソニーにより開拓された伝統的な管理会計は、管理会計の役割を「策定された戦略をいかに実行するかである」としており、会計は戦略に付属するものとされていた。その結果、戦略を実行して得られた数字を戦略の策定にどうつなぎ直すかを体系的に議論することは、一九九〇年代に至るまで明確には行われてこなかった[＊03]。

もちろん、戦略の実行から得られた各種の経営数値を経営の意思決定の場に提供し、それにより意思決定を促進させる管理会計の手法は、組織の複雑化に伴い持続的な発展を遂げていた。それは、経済成長と国際化に伴う組織の複雑化と大規模化と符合する。

とはいえ、経営戦略との接合という観点から見れば、その発展は、「プラン」としての経営戦略（第1章参照）を支援する経営数字の提供であり、「パターン」としての経営戦略、すなわち創発的な戦略を充分に支援するものではなかった。

より創発的な、経営システムを戦略の立案と実行に活用する経営の現場の現実は、経営戦略の領域においても、管理会計の領域でも、未発達の状況が長らく続いていたのである[＊04]。

当時は、貨幣価値により記録される売上や費用は、実際の経営の現場で発生した事実の遅行指標にすぎなかった。そのため、次なるプランを立案する参考情報とはなりえたが、現在進行形で実施されている戦略の方向性に対する意味合いを導き出すのは困難であった。

しかし、戦略的意思決定において経営者が最も必要とするのは、より定性的な情報であり、経営の現場において「今」何が起きているのか、これから何が起きようとしているのかを捉えるための先行指標である。

さらに、複雑化し、そして変化の速度が速くなった事業環境を背景として、遅行指標とならざるをえない会計数値ではなく、先行指標となりうる経営数値の有用性を指摘する声が高まっていった[*05]。

そうして、財務的指標に過度に依存した議論を展開する伝統的な管理会計の理論体系は、生産現場や業務遂行の助けとしての改善は着実に進んだものの、次第に経営戦略策定の議論においてその役割を失っていったのである。

そこに一石を投じたのが、トマス・ジョンソンとロバート・キャプランである。彼らは、一

03 櫻井（二〇一五）五六〇～六一〇ページ、または淺田・伊藤編（二〇一一）三一ページを参照のこと。
04 経営戦略と管理会計の関係性を示す初期の研究として、Simons（1994）が参考になる。
05 たとえば、Eisenhardt（1999）は、不確定性が高い現代の市場では、会計数値ではなく、経営数値を用いて戦略を決定するべきであると主張した。

九八七年、その著作である *Relevance Lost*（邦題『レレバンス・ロスト』）において、この「財務的指標などの遅行指標に過度に依存した会計のあり方」に明確な問題提起を行った。

2 戦略と数値をつなぎ合わせる

トマス・ジョンソンとロバート・キャプランは、同じ問題意識を抱えながらも、その後は二つの異なる方向性を作り出していく［＊06］。

ジョンソンは、経営活動における適切な間接経費の配賦を実現すべく、活動基準原価計算（ABC：Activity Based Costing）を開発した。これは、より適切な原価管理を推し進めることにより、管理会計の本流を前進させようとする潮流である。

一方、キャプランは、管理会計をより戦略的な議論として捉え、管理会計の知見と経営戦略の知見を融合させるべく、バランスト・スコアカード（BSC）を提唱した［＊07］。

BSCは、競争戦略が、マネジメント・コントロール・システム（MCS）にどのように影響するかを検討する理論体系である［＊08］。BSCを代表とするマネジメント・コントロール・システムと経営戦略の結節点にある近年の研究は、生産や販売の現場における非財務的な情報をより重視し、それを組織の戦略策定の中心に位置づけることを志向している。

これは、投資利益率（ROI）や経済的付加価値（EVA）に代表される財務指標が過去の短期的な業績を強調するのに対して、将来の業績の先行指標となる非財務的な指標をよりバランス良く、客観的に把握すべきであるという理解が根底にある。

もちろん、経営の現場における非財務的な情報は、それまでも戦略的意思決定の中核に存在していた。しかし、それは多くの場合は経営幹部の直感や暗黙知に昇華されたうえで反映されたにすぎなかった。

組織の大規模化と国際化の進行は、そうした直感や暗黙の知識による非財務的情報の把握と管理を次第に困難にした。加えて、財務的な情報に反映されにくい無形資産、知識や技能といった要素が、企業価値の重要な部分を占めるようになってもいた。

その結果、戦略的意思決定に資する情報や事実を構造的かつ客観的に取得することが、実務家の間でも強い要請となったのである。

これを受け、一九九〇年代半ばからのＢＳＣを代表とする内部管理を目的とした業績評価、

06 小菅（一九九七）一七ページ。
07 欧米において広く研究が進んだＢＳＣであったが、日本では独自の管理会計体系の発展もあり、その応用は限定的であったという。廣本ほか編（二〇一二）を参照のこと。
08 Shields (2015) p.127.

［図表8-1］財務的・非財務的指標の例

	インプット	プロセス	アウトプット
非財務的指標			
新製品開発	製造時間	出荷目標達成度	新製品売り出し
注文処理	電話受付スタッフ数	注文受け時間	注文処理数
部品製造	部品の仕様書	組立時間	正品率
財務的指標			
新製品開発	人件費と原材料費	試作品製造コスト	新製品の売上
注文処理	事務員の報酬	注文処理コスト	注文単位当たりコスト
部品製造	材料コスト	組立コスト、修繕費	単位当たりコスト

出所：サイモンズ（2003）p.77。

利益計画、組織統制のシステム化の潮流や、二〇一〇年代半ばからのそうした数値の外部報告を目的とした統合報告書（Integrated Reporting）の潮流［＊09］は、経営と組織を「事実」に基づいて理解し、その「事実」に基づいた経営をめざしていた。

そして、経営に関する「事実」を多面的に提供することで投資意思決定や利害調整への会計情報の有用性を引き上げていこうとする試みには、二〇〇〇年代に入ってさらに多くの企業が挑戦を始めたのである。

こうした取組みにおける「事実」とは、数値に落とし込みやすい金銭の収受の事実のみならず、企業活動に関連する幅広い情報を含む概念である。これは経営行動を行う際に生じる情報を第三者からも客観的に評価可能な形に構造化したデータであり、金銭的価値に変換された財務的なデータのみならず、金銭価値に変換しにくい、非財務的指標を含むデータであった（図表8－1）。

特にBSCは、財務、顧客、業務プロセス、学習と組織の視点に注目し、その作成の過程を通じて戦略目標の周知連携を行い、組織全体に対して組織全体の方向性を伝達する「コミュニケーション」を重視した考え方である[*10]。すなわち、数値を単に業績管理に用いるだけではなく、その数値を用いて組織のベクトルを揃え、経営戦略の推進を支援するための方法論として発展したのが、BSCの特色である。

こうした特性を背景に、北米の管理会計の潮流が、ゲーム理論や契約理論を用いた企業内のエージェンシー問題の分析に焦点を移しつつある一方、BSCはより戦略策定、そして戦略の実行に焦点を移すことで、特に経営戦略の領域において実務家を中心にその応用事例を広げていった。

09 同時並行的に、減損や資産除去、退職給付などの将来予測を含んだ財務的な指標の開発と応用も進んだ。そのため、「レレバンス・ロスト」が叫ばれた時代と比較すると、現代では貨幣価値で記録されているからといっても、必ずしも遅行指標とはいえない状況となっている。

10 Malina and Selto（2001）.

3 バランスト・スコアカードの進化を読む

ＢＳＣの概念は、一九九二年のロバート・キャプランとデビット・ノートンの論文［＊11］「The Balanced Scorecard: Measures That Drive Performance（バランスト・スコアカード――業績を伸長させる経営指標）」で公表されている。

この論考の貢献は、経営にかかわる各種プロセスを財務的指標、すなわち金銭的情報だけでなく、非財務的指標、すなわち非金銭的情報からも把握する重要性を説き、そうした指標を企業組織の全域からバランス良く収集する価値を主張したことにある［＊12］。ただし、その時点では、非財務的指標をどのように構成してＢＳＣを作り上げればよいかは不明瞭であった。

この批判に応えるべく、一九九三年の論文［＊13］「Putting the Balanced Scorecard to Work（バランスト・スコアカードを活用する）」では、ＢＳＣの活用にあたっては、戦略的成功とひもづいた指標の選択が重要であると理論を補完している。

さらに、二人の著者はＢＳＣの応用事例を積み重ね、一九九六年の *The Balanced Scorecard*（邦題『バランスト・スコアカード』）の出版により、ＢＳＣを戦略構築と実践の考え方として体系化したのである。

しかし、純粋な財務情報と異なり、ときに数字で表しにくい定性的な情報も取り扱うBSCは、実際の運用がきわめて難しく、戦略ツールとしての一般化は困難であった。特に指標の設計においては、個別企業の置かれた状況やビジョンと戦略に基づいてゼロから設計することが求められるため、BSCはその後も数多くの試みによって改善が継続された。

そのうえで、キャプランとノートンが二〇〇一年に出版した *The Strategy-focused Organization*(邦題『キャプランとノートンの戦略バランスト・スコアカード』)は、こうした初期の試みの集大成である。これは特に「戦略マップ(Strategy Map)」という考え方を応用し、BSCの各尺度を、戦略の成果となるべき尺度と、その成果を導き出す尺度との論理的な因果連鎖の構造として理解することを提案している。

同書は「戦略は連続した手続きの一つのステップである」[*14]と表現している。この理解を前提として、BSCは「求められる成果(遅行指標)を導くドライバー(先行指標)を確認

11 Kaplan and Norton (1992).
12 論文発表から一〇年前の一九八三年には、キャプランは日本や西欧企業と米国企業の格差を理解するためには、非財務的指標を用いた事業理解が必要になるとの論考を二つ出版している(Kaplan, 1983; 1984)。BSCの原点にはこうした問題意識があると考えられる。
13 Kaplan and Norton (1993).
14 キャプラン／ノートン(二〇〇一)一〇三ページ。

［図表 8-2］遅行指標と先行指標の因果関係

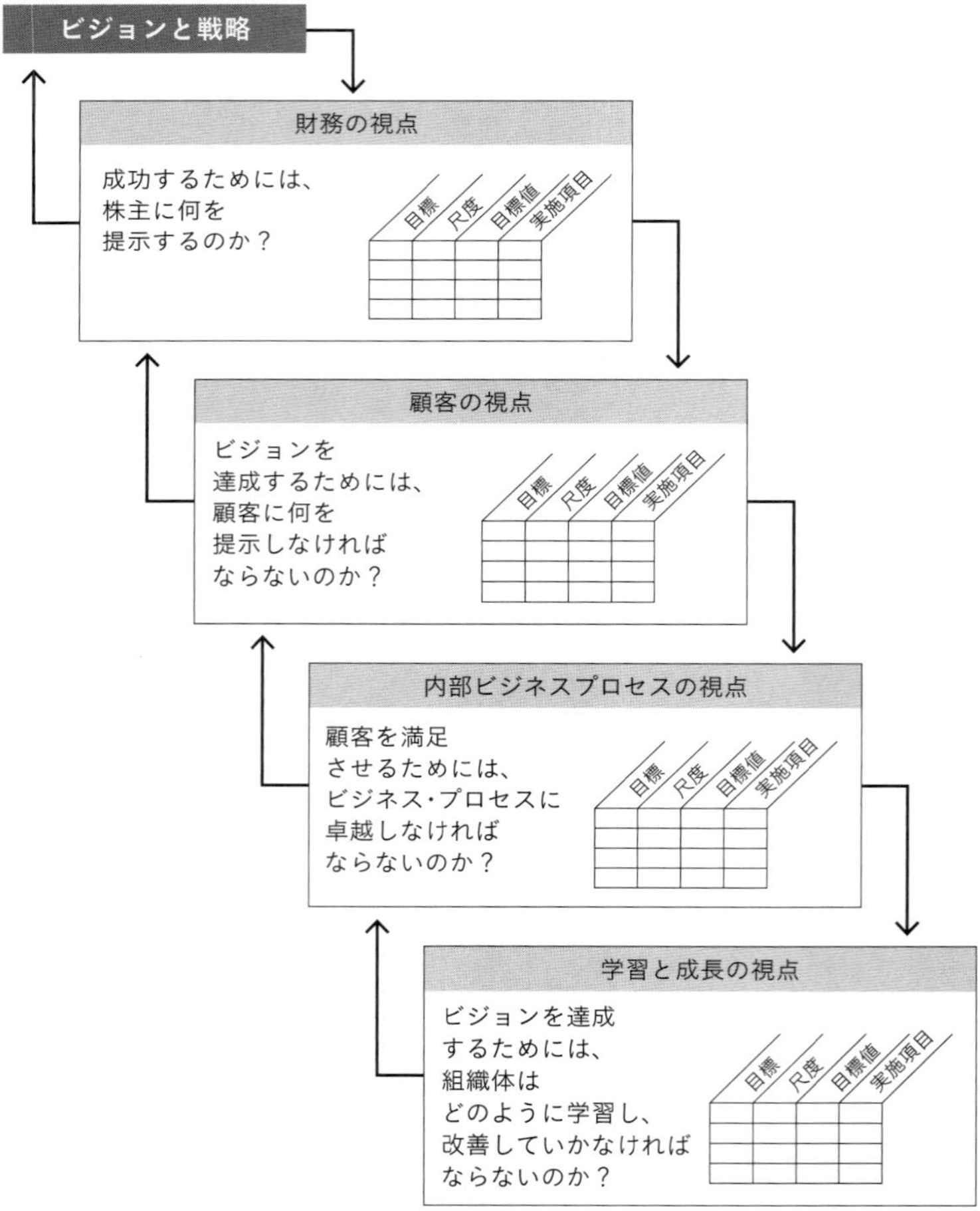

出所：キャプラン／ノートン（2001）p.109。

し、戦略的な仮説を系統化することで検証可能な一連の因果関係として説明する」[*15]と主張する。この遅行指標と先行指標の一連の因果関係を単純化すると、図表8-2のような概念図となる。

BSCではこのように、事業戦略や全社戦略で描き出されたビジョンや戦略が、財務の視点のみならず、顧客の視点、内部ビジネスプロセスの視点、そして学習と成長の視点と論理的に因果関係が接続される。つまり、構造化され相互に接続された数値が、経営の前線と意思決定の舞台を「事実」で接続するのである。

たとえば、事業成長の結果として、営業利益率の改善を株主に提案したとする。その目標は、利益に対して影響を与える「顧客の視点」から見た各種の指標に落とし込まれる。さらにそれらの指標は、「内部ビジネスプロセスの視点」から見た指標群に落とし込まれ、そして「学習と成長の視点」に接続される。

図表8-3は、そうした数値間の関係を典型的に用いられる尺度とともに簡略化して図示したものである。

これらは、もちろん一例にすぎない。しかし、こうした各種指標を相互に接続することにより、営業人員のスキルレベルの学習と成長を把握し、それぞれに対する内部ビジネスプロセ

15　キャプラン／ノートン（二〇〇一）一〇八ページ。

［図表8-3］各種数値間における因果関係の構造

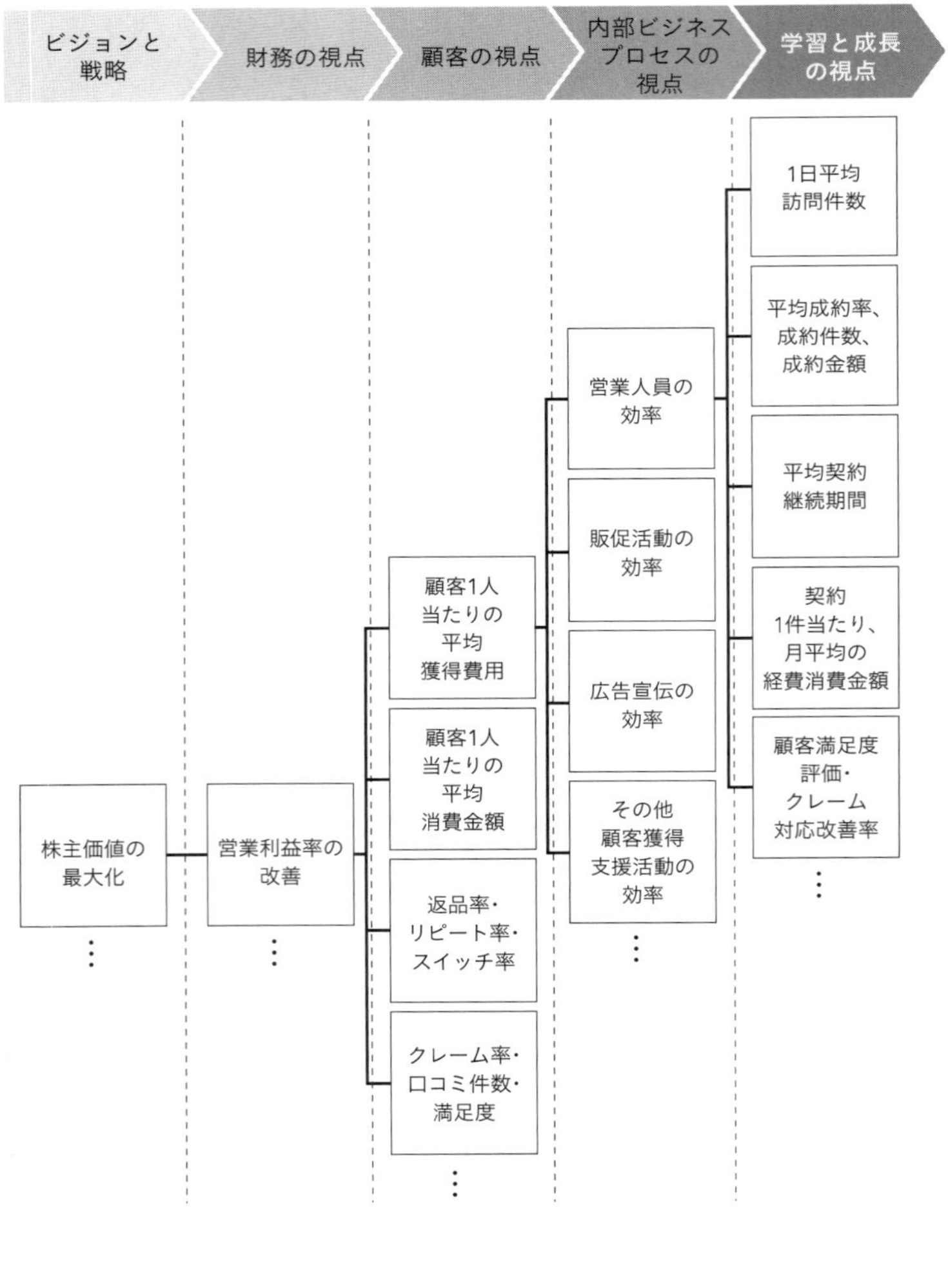

ス、顧客に対する打ち手が、最終的に戦略とビジョンに至るべく全体の調整が図られる。
経営戦略の実行を担保し、経営の前線における最新の状況を新たな意思決定に反映するため、事業遂行に関連する多様な数値を非財務的な情報まで含めて構造化し、その因果関係を可視化する。この発想の源は、キャプランとノートンが調査を開始した一九九〇年当初から変わっていない[*16]。これこそが、バランスト・スコアカードの戦略活用の本質である。

BSCの背景には、予算計画を各種の業績指標で補完することで、財務的な指標では把握しきれず、統制できない活動を管理改善するという思想がある。

単に財務的な目標を各部署に割り振るだけではなく、財務的な数値の原因となりうる各種の非財務的な業績指標と組み合わせることにより、より根源的な事業活動の目標設定と管理を可能とし、戦略と数値を結びつけている。

こうした考え方を実際の経営戦略実行に導入するためには、全社的かつ長期的な取組みが必要となる。単に他社で機能した方法論を模倣することでは機能しない。あくまで自社の特性と、そのめざすべき姿を背景として、その特性に基づいた数値管理のあり方を検討し、それを

16 BSCは、一九九〇年にKPMGの調査機関であったノーラン・ノートン・インスティテュートの調査に原典がある。この調査は、財務指標に依存した成果評価は未来の組織では役に立たず、非財務指標を活用することで組織に隠された成長の可能性を洗い出すことができると考え、その手法を探索していた。

現実的に運用可能とする体制を構築し、必要な目標設定を行う必要がある。

もちろん、自社の事業構造や自社が属する事業環境が変化するのであれば、それに即していったん定めた数値管理のあり方や体制、目標設定も絶えず更新し続ける必要がある。

こうした戦略と会計を融合させる考え方は、もちろんBSCに限らない。これ以外にも、財務的な指標と非財務的な指標を論理的に接合させることで、経営の意思決定と事業の現場のギャップを埋めようとする考え方はいくつも発展している。

たとえば、BSCの考え方と対照的であり、また、特に日本において幅広く認知されているのは、京セラの創業者である稲盛和夫が提唱している「アメーバ経営」であろう。アメーバ経営も、本質的には管理会計の発展系と捉えることができる。そこでは、「時間当たり採算」という独自の管理会計の概念を用いる[＊17]。

これは「市場に直結した部門別採算制度」を売上や利益をあげるプロフィットセンターのみならず、通常は社内で費用を計上するコストセンターでも徹底的に組織の最小単位で導入することで、「過去の数字ではなく、現在の数字」で把握することを狙った経営手法ともいえるだろう[＊18]。

BSCが非財務的指標を論理的かつ構造的に財務的指標に接続することをめざすのに対して、アメーバ経営は、財務的指標で表しにくい活動までを財務的指標で有機的に接続して把握することで経営意思決定の構造に取り込んでいる。

こうした考え方は、広義には「ミニ・プロフィットセンター」と称され、ラインカンパニー制、職場別利益管理制度、グループ経営、ライン採算方式など、性質の異なる事例が数多くある［＊19］。また、これらを発展させた組織運営の考え方は「自主管理型組織」とも呼ばれ、ザッポスやエアビーアンドビーなどのスタートアップ企業での採用事例が多い［＊20］。こうした経営管理の考え方には、ティール型組織［＊21］といわれるような組織形態も含まれる。金銭価値で測りにくいその組織に独特の誘因で構成員の方向性を一体に揃え、独自のルールや価値観、そして、メンバー感の信頼で組織を前に進める。

それぞれの企業で独自に運用されるこれらの経営手法が狙うものは、本質的には同一である。それは「戦略と数値をつなぎ合わせる」という一点に集約される。国際大学の伊丹敬之と一橋大学の青木康晴は、管理会計には情報システムとしての機能だけではなく、影響システムとしての機能も併せ持つという［＊22］。数値は意思決定者に必要な情報を提供すると同時に、現場の社員に対して、何を大事にするべきか、何を優先するべきか、どう行動するべきかを伝

17 三矢（二〇〇三）を参照。
18 稲盛（二〇〇六）を参照。
19 櫻井（二〇一五）七二九〜七三六ページを参照。
20 Bernstein et al.（2016）が参考になる。
21 Laloux（2014）.
22 伊丹・青木（二〇一六）。

達し、影響を与える役割がある。

数値を活用することにより、形式にとらわれない組織構造を実現し、組織の柔軟な変革と迅速な戦略の実践を担保することをめざす。そして、経営戦略の実行を担保する行動（第6章参照）を担保する一つの手段は、このように多面的な数値管理を組織の末端に至るまで張りめぐらせ、そこで得られた情報を絶えず戦略的意思決定に反映することなのである。

4 スタートアップの主流はＫＰＩ管理

ＢＳＣのように比較的網羅的に、企業経営の多面的な側面をバランス良く数値で把握する方策を検討することは、事業環境の不確定性が高く、また組織の形が刻一刻と変化していく急成長企業にはなじまない。そのような場合には、よりシンプルかつ、重要な経営指標のみに注力した数値管理を行い、それ以外の要素は機動的かつ属人的に処理することがより効率的となるだろう。

特にスタートアップ企業は、不確実性の高い事業領域において少数精鋭で事業展開を行うため、重要業績指標管理（KPI：Key Performance Indicators）を基軸として事業運営を行う利点が大きい。実際、より創発的な戦略が重要となり、流動性の高い市場環境で経営を行うスタートアップでは、KPIやメトリクス管理（評価尺度管理）、あるいはKGI（Key Goal Indicators）やSF（Success Factors）、もしくはOKR（Objectives and Key Results）という言葉とともに、重要業績指標管理（KPI管理）の考え方が一般化している。同様に、規模の大きな企業であっても、意思決定のサイクルが短く、プロセスの標準化がしやすく、現場での裁量や行動が業績を左右するのであれば、KPI管理が有効となる。

多種多様な経営数値のうち、財務的指標のみに限らず、自社にとって最も重要な経営指標に焦点を当てた経営が望ましいとする考え方は、のちにマッキンゼー・アンド・カンパニーのマネージングディレクターとなるロナルド・ダニエルの一九六一年の記事［＊23］に源流がある。ダニエルがSuccess Factors（成功要因）と表現した考え方は、その後、管理会計の原点ともいえるロバート・アンソニーの一九六五年の著作にもKey Variables（重要変数）という表現で取り入れられた考え方である。

KPI管理をどのように定義するかは、依然として多様な議論が混在する［＊24］。しかし、重要数値管理の考え方はどれも、一九九二年から提唱されたBSCと同様の目的、すなわち

23 Daniel（1961）.
24 KPI管理の諸説や定義に関しては、徳崎（二〇一五）が参考になる。

［図表8-4］スタートアップで用いられるKPIの例

	KPIの名称	英語表記	概要
顧客関連指標	顧客獲得コスト	CAC Customer Acquisition Cost	顧客1人の獲得にかかる費用
	顧客定着率	CRR Customer Retention Rate	顧客がサービスに定着する比率
	顧客生涯価値	LTV LifeTime Value	顧客が離脱までに自社に消費する金額
	SNS拡散率	SNS share ratio	顧客がSNSに自社情報を拡散する比率
UI／UX関連指標	タスク成功率	Task Success Rate	顧客が必要な手順を成功させる比率
	タスク所要時間	Time on Task	顧客が手順を完了するまでの時間
	検索／ナビゲーション比率	Search/ Navigation ratio	検索とナビゲーションの利用比率
	エラー発生率	Error Occurrence Rate	顧客が操作を誤る確率
財務関連指標	LTV/CAC比率	LTV/CAC ratio	顧客生涯価値と顧客獲得コストの比率
	CAC回収期間	CAC Recovery Time	顧客獲得コストの回収期間
	バーンレート	Burn Rate	自社が消費する現金の量（月間・週間）
	ランウェイ	Runway	自社が資金を使い果たすまでの日数
外形情報	アクティブユーザー数	Active Users	利用中の顧客数（日・週・月）
	ページビュー	Page View	サービスのアクセス数（日・週・月）
	流通／決済総額	Merchandise/ Transaction Volume	流通、または決済総額（グロスまたはネット）

戦略と数字をつなぎ合わせることで経営効率を改善するという目的を共有している。

一つ異なるのは、KPI管理は企業業績を示す指標をバランス良く収集・評価するのではなく、業績に最も大きな影響を与える重要な変数群、特に企業業績に対する先行指標に着目し、それを重点的に管理することで経営を効果的に改善する点であろう［＊25］。

たとえば、インターネット関連のスタートアップ企業で典型的に用いられるKPIは、図表8－4で示されるような指標である。ここでは、顧客関連、サービスや商品のUI／UX関連、財務関連、そして事業の外形的な状況を把握するための指標が特に用いられている。

誤解されやすいが、こうしたKPIを独立した変数の集合体として解釈することは誤りである。それぞれのKPIは、自社の事業の特性や、自社の戦略が最重要視する要素に基づいて論理的に接合され、構造化される必要がある。

たとえば、オンライン・レシピサイトのクックパッドは、ユーザーストーリーに基づいたKPIを設定している［＊26］。同社では、自社を利用するユーザーの活動を、①記事の発見、②記事を読む、③記事の評価、④記事の回遊、⑤サイトの評価の五段階に切り分けている。すなわち、自社の顧客のコア体験を「記事を読む」と定義し、それぞれのステップごとに負うべ

25　経営改善以外に、企業のIR活動の一環として、企業経営の現状を効果的に投資家に伝達する手段として用いられることも多い。PricewaterhouseCoopers（2007）を参照。
26　http://techlife.cookpad.com/entry/2015/11/23/110000

き指標を設定して、その改善の成果を数値で判断できるように構造化している。

クックパッドはまた、それぞれの各ステップに対して、①ページビュー、ユニークユーザー、②スクロール数、読了率、滞在時間、③いいね数、ツイート数、はてブ数、④回遊率、⑤公式フェイスブックのいいね数をそれぞれKPIとして設定している。そのうえで、個別の改善施策をGitHubのイシュー機能で管理し、各施策のリリース後には、それぞれのKPIがどう変化したかを即時に確認、検証できる体制を構築している。

このように、それぞれのKPIを独立した変数として扱うのではなく、事業の重要なプロセスの流れの一部として捉えることは、定石としてきわめて有効である。たとえば、顧客の視点によるプロセスの構造化では、500スタートアップスのデイブ・マクルーアが二〇〇七年に発表したAARRフレームワーク［*27］がよく参照される。

これは、顧客とのかかわりを獲得（Acquisition）、活性化（Activation）、継続（Retention）、紹介（Referral）、収益（Revenue）の五段階に切り分ける考え方であり、クックパッドが導入した考え方と同じ方向の構造化といえる。

顧客の視点としてKPIを構造化する以外にも、製品・サービスごとに切り分けたKPIの構造化を進める例もある。また、研究開発を重点とする企業においては、研究員の生産性や活動をKPIの重点項目とする企業も見られる。このように、KPIの構造化には一様の答えはなく、それぞれの企業の戦略とビジョンに基づき、独自に編成されるべきである。また、同じ企業の中にあっても、生産性がより重要となる事業・販売のほうがより創造性が求められる研究や開発側よりも、KPI管理がなじみやすいだろう。

KPIによる事業管理は、事業の根幹を成す事業プロセスを構造的に把握し、その状況を代表できるごく限られた数の数値情報（すなわちKPI）を継続的に収集する経営手法である。すなわち、戦略の前線での適切な実行と、その継続的な刷新を実現することを目的とする、戦略と数字をつなげる打ち手なのである。

5 KPI管理のカギは組織的なすり合わせの継続にある

当然ながら、KPI管理を導入し、それを更新し続けることは簡単ではない。特にKPIの構造化は、担当者一人でも、経営者一人でも行うことができない。KPI管理を導入し、それを継続的に効果的なものとするには、全社的な取組みが必要となる［＊28］。なぜなら、ど

27 http://500hats.typepad.com/500blogs/2007/06/internet-market.html
28 BSCの導入においても、そのKPI設定には経営上層部の関与が重要であるといわれている。

のKPIを重視するのか、それぞれのKPIをどのように論理的に接合するかは、それぞれの企業の戦略や方針のみならず、それぞれの部門の既存の業務のあり方にも大きく左右されるからである。

また、規模の大きな組織や変化のスピードの速い環境に置かれた企業であればあるほど、一時的には合意を取りつけたKPIも短期間でその意義を失い、単なる数値報告になりさがる傾向にある。事業にかかわるそれぞれの当事者が一つ一つの指標の背景にある思想や全体の構造に対して腹落ちしなければ、実態から乖離し始めた指標が一人歩きを始め、事業の実態と数値が結びつかない不十分な運用が始まってしまうのである。

すなわち、個々の数値をどう構造化し、そして、どの数値を最重要な指標として採用するかという複雑な議論を取りまとめるには、意思決定と利害にかかわる多数の意思を統一し続ける必要がある。KPI管理は、単に論理的に数値を接合するのではなく、意思決定者一人一人が合意できる最適な論理構造と、数値の揺らぎに対する正しい理解を醸成し、その理解を絶えず刷新し続けなければならない。

EVAやROE、IRRなど、多くの指標は現場の社員にとってリアリティがない。こうした指標が抽象的な目標となり、経営者や管理者に意図せざる影響をもたらさないよう、一人一人の社員の深い理解を醸成する必要がある。

では、こうした利害の統一と深い理解の醸成をどのように行えばよいのだろうか。

たとえば、オンライン・フリーマーケット・アプリを運営するメルカリは、DAU（一日当たりアクティブユーザー数）、新規インストール数、新規出品数、継続率、出品率、購入率、商品購入金額、新規顧客獲得数、CPI（新規顧客獲得効率）、ROAS（広告費用対効果）、LTV（顧客生涯価値）などの典型的なKPIを採用している［＊29］。

同社がLTVの改善を目標値としてKPIを再編成しようとしたときも、その構造化をどのように行うかという困難に直面した［＊30］。

もし、新規ユーザーと既存ユーザーに切り分けるのであれば、その区分（例：常連・初心者）の差異を重要視することとなる。また商品ごとに切り分けるのであれば、その区分（例：高価格／低価格、新品／中古品）が判断の軸となる。

したがって、KPIは論理的に正しい因果関係で接合されるだけでは不十分であり、意思決定者の納得感があり、その企業の戦略の方向性と整合性のある構造を持つ必要がある。

メルカリは、こうした論理構造を議論してKPIを構造化するため、取締役、執行役員、プロデューサー、データサイエンティストが集まる一泊二日の合宿を行い、「納得感」のある

---

29 http://www.smartnews-ads.com/post/2016-03-16-marketing-interview-mercari/
http://www.sbbit.jp/article/cont1/30300; http://mercan.mercari.com/entry/2016/06/08/123000

30 http://mercan.mercari.com/entry/2016/11/22/110000

KPI管理を完成させた[＊31]。意思決定と利害にかかわる関係者を一堂に集め、時間をかけて納得感を醸成できるまでとことん議論を重ねることで、数値を経営判断に活用する体制を再整備したのである。

経営陣がトップダウンでKPIを定めてしまえば、その意図が現場に十分伝わらず、また当事者意識を持って担当者がその数値を扱うのは困難である。逆に、それぞれの担当者が別々にKPIを検討しては、それらをつなぎ合わせた際の全体像が、戦略とビジョンと同じ方向を向かなくなる危険性がある。

KPIを設定する作業自体が、組織の構成員の方向性を統一させる側面もある。これは、BSCの導入プロジェクトが組織にもたらす影響と似ている。数値を組織に導入する過程そのものが、個々人の中に暗黙的に眠っていた理解や常識を可視化し、組織全体を一つにまとめるのである。

もちろん、どれだけの困難を得てKPI管理を導入したとしても、それは長く続く旅路の出発点にすぎない。KPI管理を実践するうえで、意思決定者と利害関係者の意識をすり合わせる活動は、企業が変化を続ける限り、永続的に継続する必要がある。

二〇一三年に*Lean Analytics*（邦題『Lean Analytics』）を出版したアリステア・クロールとベンジャミン・ヨスコビッツは、事業の成長段階を共感（Empathy）、定着（Stickiness）、拡散（Virality）、収益（Revenue）、拡大（Scale）の五つの段階に切り分ける[＊32]。そして、スタートアップはこの五つの段階ごとに、比較しやすく、理解しやすく、比率や割合で表現される、行動に直結したKPIを選択し、注力すべきだという。

これはすなわち、組織が最重要視すべきKPIは、状況が変化するたびに変わるため、その変化に合わせて組織はKPI管理を絶えず見直す必要があるという主張である。

特に成長する組織では、KPI管理は刷新され続けなければならない。いったん設定したKPIの構造や、その確認と検証のプロセスも、企業のステージが進むごとに見直し、必要に応じて再編成することが求められる。さもなければ、賞味期限の切れたKPIが組織を誤った戦略に導いてしまうだろう。

戦略と数値をつなげるためには、個々の数値の因果を構造的に把握し、それを組織的な取組みで導入し、さらに継続的に見直すべきである。これは平坦な道のりではない。しかし、それに成功すれば、他者がまだ見ぬ情報を片手に、迅速かつ的確な戦略的意思決定を行うことができるのである。

31 注30と同じ。
32 共感は、解決すべき問題を明確化し、その解決策を見出す段階。定着は、少数の初期の顧客に対してサービスを作り込む段階。拡散は、より大きな顧客層にサービスを売り込む段階。収益は、事業のマネタイズに取り組む段階。そして拡大は、事業の拡大に取り組む段階である。

6 損益責任の明確化と権限移譲

とはいえ、スタートアップ企業のように、限られた事業領域において、限られた人員が事業にかかわるのであれば、ＫＰＩの論理構造は比較的シンプルな構造に収まる。こうした企業が数値管理を実践するうえで最も困難なのは、組織を一体にまとめることであり、絶えず移り変わる事業環境と自社の組織構造に対して、適切なＫＰＩ管理の刷新を続けることである。

一方で、組織がより複雑化し、事業規模が拡大し、複数の事業や無数の製品群を保持する企業となれば、財務会計上の数値と管理会計上の数字をより明示的に切り離し、各事業、機能の責任者が全社の方向性に基づいた意思決定を行うように誘導する必要が生まれる。

コストセンター、たとえば総務、人事、経理の責任を持つマネジャーは、単に自分に割り当てられた予算を消化するという発想ではなく、その予算をより効率的に活用するよう誘引づけられる必要がある。

また、プロフィットセンター、すなわち営業部隊やオンラインストア、販売促進に責任を持つマネジャーは、与えられた経営資源を前提としながらも、それを有効活用してトップラインを伸長させる施策を提案する義務がある。

そして、コストセンターとプロフィットセンターを統合する責任（PL責任、または損益責任）を持つマネジャーは、両者の調整を図りながら、異なる部署間の全体最適と、異なる時間軸間の全体最適を実現する責務を負う。

こうした異なる責任、権限、義務を持つスタッフが同じ方向を向くために、KPI管理やBSCの一環として設定される各種指標は、適切に各部署、各個人に因数分解される必要がある。

一九七〇年代にインテルが採用し、グーグルやフェイスブックなどの著名なシリコンバレーの企業でも数多く導入されているOKR（Objectives and Key Results）やKGI（Key Goal Indicators）の考え方の骨格も、全社の目標と活動と、各部署、各個人の目標と活動の整合性を担保することにある。

重要なのは、各個人が与えられた数値を達成することではなく、その数値の背景に存在する組織全体が重要と考える方向性に、各個人の日々の注力の方向性を揃えることである。

優れた実行を伴う戦略は、個々人に対する動機づけまでが一貫している。企業レベルの達成目標が、各事業、各部署、各チーム、そして各個人に落とし込まれ、それらが相互に矛盾しない。そして、各人がその目標の意義を十分に理解し、また達成を現実的な目標として意識することができている。

つまり、それぞれの事業や機能ごとにPL責任を明確化させることは、単に利益計画を達成し、内部統制を補完することが目的ではない。より重要なのは、各事業、機能、個人の業績を評価し、その評価の枠組みを持って行動を一定の方向に動機づけすることである[＊33]。

高業績をあげる多国籍企業（例：アップル、レノボ、ユニリーバ、P&G、BP）の多くは、全社の目的と整合性のある動機づけを組織に整備するため、期待された成果を達成できる経営幹部に高額の報酬を支払い、短期間で責任ある立場に昇進させる仕組みを整備している。

その報酬体系も、業績に関係なく支給される固定報酬よりも、短期・長期の業績を反映するインセンティブが手厚く支給される設計となっている[＊34]。もちろん、期待された成果をあげることができなければ、躊躇なく解任されたり、報酬が引き下げられたりする前提のうえである。

何もしないことが最大のリスクとなるため、こうした条件に置かれた経営幹部は、好調時には積極的に未来に向けた投資を行い、逆に不調時には数字を達成するために可能なあらゆる手段を検討する。

当然、成果主義を追い求める副作用があるかもしれない。また、業績不振時にも高額の報酬を受け取ることが問題視される事例も散見される。しかし、数多くの高業績をあげる企業が、明確な成果指標とそれにひもづいた報酬体系により優秀な人材の活用に成功しているのは事実である。結果として、欧米のみならず、中国や他のアジアの多国籍企業でも、三十代や四十代の経営陣が大きく活躍する事例が増えている。これは少なからず、適切なＫＰＩ設定と評価の賜物であろう。

もちろん、単に網羅的かつ構造的に、ＫＰＩをそれぞれの部署や個人に割り振るだけでは、全体最適の達成に必要な機動的な行動を各個人が果たせなくなる可能性がある。特に、突発的な事象や不確実性の高い事案に対しては、経営陣や本社の主導において機動的にＫＰＩを調整するか、ＫＰＩの範囲外から必要な経営資源を投下することが効果的である。

経済危機や天災が発生した際に、本社予算を機動的に活用し、競合他社が予算を縮小して販売促進を自粛する中でも、格安の広告媒体やがら空きの店頭に商品を流し込むべく準備を重ねる企業がある。企業買収のための資金や事業開発のための資金をあらかじめ本社に蓄積し、その獲得に向けて各事業部の創意工夫を競わせる企業もある。戦略的な商品の世界展開のため、各リージョンの損益責任とは切り離して、戦略的な商品の広告宣伝費を配分する企業は多数ある。あえて研究開発予算と人員に余裕を持たせ、それぞれの研究部隊が自由な発想で製品開発に臨めるように配慮する企業も多い。

33　ＫＰＩやＢＳＣで定義される業績目標の適切な構造化と配分以外にも、個々人のインセンティブの設計には考慮すべき要素が多数ある。サイモンズ（二〇〇三）二八七～三二〇ページ（原著最新版は、Simons［2014］pp.230-254）。

34　経済産業省「日本と海外の役員報酬の実態及び制度等に関する調査報告書」二〇一五年三月（http://www.data.go.jp/data/dataset/meti_20150706_0307）が参考になる。

重要なのは、ＢＳＣやＫＰＩで定義される業績指標を、論理的に組織と個人に割り振ることだけではなく、その配分がカバーできない不確実性や創造性を担保すべく、機動的な予算やその他の経営資源を活用する体制整備である。

論理的かつ構造的に設計された数値管理の枠組みと、ビジョンと戦略に基づいて柔軟に活用される経営資源の存在、その両者が揃うことで、複雑化した事業環境における不確実性下においても、大規模な組織が繁栄することができるのである。

7 数値管理のフロンティアはどこに

これまで述べてきたような数値管理を最大限に活用しようとすると、その限界として立ちはだかるのが、取得しにくい数値の存在である。特に非財務的な情報を扱う際には、数値として取得しにくいものの、戦略的に重要な数値をどのように手に入れるかが勝負の分かれ目となる。

インターネット関係のスタートアップであれば、自社の製品やサービスが常時ネットワークに接続された端末で展開されていることが大半であるため、多種・多様なデータを取得することが比較的容易にできるだろう。

また、営業部隊やコールセンター、サポートスタッフなど、人間が情報を取得して入力できる体制を整備できる事業構造であれば、他の用務の合理化によって余裕時間を生み出し、それにより必要なデータの収集・入力を依頼することが可能である。

しかし多くの場合、最も重要な情報は定性的であり、また個々人の暗黙的な理解の中に存在している。そのため取得は困難であり、またその取得のコストも膨大となる。こうした無形資産に分類される知識や能力、さらには感情や人のつながりをデータで理解することはきわめて難しい。したがって、もし競合よりも効率的に情報を収集し、それを活用することができれば、飛躍的に自社の競争力を高められる可能性もある。

KPIは、伝統的にはSMARTの頭文字を取って、明確で（Specific）、計量できる（Measurable）、権限移譲が可能な（Assignable）、実現可能であり（Realistic）、期限が設定された（Time - related）ものであるべきだと考えられてきた[＊35]。

しかし、SMARTは元来一九八一年に提唱された概念である[＊36]。それから三五年以上

35 これは、一九八一年のジョージ・ドランの解説をもとにしているが、これ以外にも多様な頭文字の解釈がある。たとえば、Mを「誘引づけられた（Motivating）」、Aを「合意された（Agreed）」や「到達できる（Attainable）」、Rを「関連した（Relevant）」、Tを「追跡可能な（Trackable）」とするものがある。

36 Doran（1981）p.35.

が経過した今、技術進化と競争の激化により、明確で計量できる定量的に把握しやすい数値のみを捉えていては、競争に立ち遅れる時代となりつつある。

現代において本質的な差別化を実現するデータは、実際のところ明確ではなく、計測が難しく、責任者が定義しにくく、収集が困難で、絶えず継続的に管理し続けなければいけないデータとなりつつある。

たとえば、ホテルチェーンのリッツ・カールトンが名声を築いた背景には、顧客データベースの活用がある。同社では、ホテルのスタッフが顧客と話す際の一つ一つの顧客のコメントに耳を傾け、顧客の情報をあらゆる角度から収集していた。

それを当時はまだ未成熟であった顧客データベースに入力し、顧客にかかわる全スタッフがそれを参照できるようにしたことで、顧客一人一人の好みを反映したパーソナルサービスの提供を実現した。これがリッツ・カールトンの名声につながり、小規模ホテルチェーンであることの不利を挽回させている。

現代においては、ネットワークに接続された小型センサーを活用して幅広い環境情報を取得することや、これまでに活用されてこなかった未整理かつ大量のデータを深層学習によってシステムに自律的に解釈させることが、現実的な費用、時間、労力で可能となりつつある。

IoT、ビッグデータ、人工知能と呼ばれるような技術トレンドは、着実に経営の現場に浸透しつつある。リッツ・カールトンが情報を武器に既存の高級ブランドの序列を突き崩したように、こうしたデータを活用する企業が、新たな勢力として台頭する可能性があるだろう。少なくとも、こうした新たな技術を活用し、数値と戦略を結びつけることが、避けては通れない未来が刻一刻と近づいている。

本章の要点

・管理会計は、経営戦略と同じく、一九六五年の書籍によって体系化された。
・一九九〇年代に管理会計と経営戦略の距離が大きく縮まった。
・BSCやKPIの議論が、非財務的情報を財務情報と接合したことが転換点となった。
・BSCが組織全体の数値管理を志向するのに対して、KPIは重要指標に焦点を当てる。
・BSCもKPIも、その導入にあたっては全社的な取組みが必要である。
・BSCもKPIも、事業環境や組織構造の変化に合わせ、継続的な刷新が必要である。
・複雑化した巨大組織では、各種指標を各事業、機能、チーム、個人に因数分解する。
・突然の変化に対応すべく、ときには本社主導の機動的経営資源投入も求められる。
・論理的かつ構造的な数値管理と、柔軟で機動性のある資源投入の両立が求められる。

第9章

経営戦略を浸透させる

人間への理解がもたらす組織の前進

第8章では、数値管理をどのように考えればよいかについて、管理会計を源流とする考え方からひも解いた。これは全社の目標を財務的、非財務的数値に落とし込み、それを因数分解して組織の隅々まで接続することで、数字を軸に組織を一体化させる経営戦略実行のための方法論である。

本章では、もう少し「人間」に着目してみたい。経営戦略を実行するのは、最終的には（今のところ）人間である。我々がどのような意思決定を重ねているのか、そして、それをどのように方向づければよいかを考えることから、経営戦略を浸透させるために必要な土台、土壌について議論する。

特に取り扱うのは、数値管理の裏側に存在する、組織文化、組織フィールド、センスメイキングなどの定性的な議論である。組織の慣習、文化、常識、非公式のつながりを意図的に設計し、そしてそれらを醸成することも、戦略家にとって欠かすことのできない日常業務である。戦略を浸透させるうえで不可欠なこうした要素を、どのように取り扱うべきかを考える。

むろん、これはあまりに深遠なテーマであり、すべてを語り尽くすことは不可能である。本章はあくまでその導入として、組織を研究する際に理解すべき基本的な概念に触れ、近年研究が進むセンスメイキングや新制度派組織論などを簡潔に紹介する。そのうえで、マネジメントからリーダーシップにその焦点が移り変わる、現代の組織管理について考える。

1 完全に合理的な意思決定はできない

人間は、自らの行動をどのように決定するのだろうか。この根源的な問いに対しては、さまざまな角度から多様な調査研究が進んできた。

前章で紹介した管理会計の系譜とともに、戦後、急速にその研究が進んだのが、組織論や組織行動論と呼ばれる研究領域である。これは組織が人間の行動にどのような影響を与えるのか、また反対に、人間の行動の集合体である組織がどのように行動するかを探究する学問領域である。

この研究の礎を最初に築いたのは、経営学のみならず、多様な研究領域に影響をもたらした、ハーバート・サイモンの論考であろう。サイモンはそれまでの経済学が前提としていた「合理的」な人間像を現実に照らし合わせて進化させた。

さかのぼれば、第2章で紹介したフレデリック・テイラーや、エルトン・メイヨーの研究は、このさらに上流に存在する。同様に、チェスター・バーナードが一九三八年に出版した *The Functions of the Executive*（邦題『経営者の役割』）は、経営組織を個人の協働によるシステムとして捉えた優れた作品であり、サイモンやそれに続く人間の行動に関する理論構築に大きな影響を与えている。

サイモンが一九四七年に出版した*Administrative Behavior*（邦題『経営行動』）は、彼の博士論文を原点として、それ以降における、自身の研究の礎となる作品であった。

この作品は、人間が「合理的」であることは否定しないものの、人間は完璧ではなく、その認知能力、処理能力、持てる時間に制限が存在するがゆえに、人間は限られた合理性しか持ちえないと説明する。これは「限定合理性」と呼ばれる人間の一つの本質である。彼はこの概念を主軸とした組織の意思決定プロセスの研究などから、一九七八年にノーベル経済学賞を受賞している。

サイモンは、これまでの組織行動に関する議論が、人間一人一人の意思決定の特性を十分に勘案しておらず、また、それぞれにおける相互の関係の分析が、職能や権限により規定される公式の組織構造の分析に過度に依存していると批判した。

彼は組織を、限定合理的に行動する人間が、役割を分担して相互に関係を持つシステムと捉えた。その行動は、人間の意思決定の特性と、相互の関係の特性に左右されると主張する。

つまり、人間は完全に合理的な意思決定をすることはできない。限られた時間で、限られた情報を前提に、しかし合理的に最善の答えを探し求める。人間は最高の答えに至ることはできず、常に最善な答えをもとに行動を決めているという。

また、人間同士の関係は、それぞれのコミュニケーションと関係のパターンによって確立されるため、公式の組織構造のみでは、その特性を完全に捉えることはできない。組織の行動はより複雑な調整のプロセスにより決定されており、その調整のプロセスが個々人の意思決定を統合し、より高次元の意思決定を可能にするとサイモンは説く。

サイモン自身も、合理性では説明し難い要因が人間の行動に影響を与えることは否定していない。心情であったり、倫理観であったり、そうした価値的な要素も、人間の日常の行動には大きな影響を与えうると理解する。しかし彼は、組織に所属し、その枠組みの中で活動する人間は、組織がその行動を制約するがゆえに、より合理的に行動する人間となるという。

すなわち、経営人あるいは組織人としての人間の行動は、一定の合理性の上に成るという解釈が可能となる。なぜなら、第一に、組織の諸制度が個人の価値的な要素を束縛し、個人の行動の選択肢を制約するからである。第二に、多数の人間による調整のメカニズムが、個々人の価値的な要素を相互に中和するからである。したがって、たとえ個々人が合理性では説明できない感情を一定程度持つとしても、組織に属する個人の集団は、限定合理性を持つ意思決定を下すようになる。つまり、組織が人間の合理性の土台となるのである。

この前提に立てば、経営者の重要な役割の一つは、経営戦略を実行に落とし込むために、自社の組織に参画する人々が、限定されているとはいえ、合理的な意思決定の結果として、組織の目標達成に資する意思決定と行動を取るように組織を整備運営することとなる。

これにはもちろん、前章で解説したような数値による管理が大きな基本となる。しかしそれ以上に、特に知的生産行動を行う知的許容量の大きな構成員の行動を統制するためには、単なる経営目標の提示ではとどまらない、個人の合理性の理解に基づいた組織設計とその運用が不可欠となる。

第6章で議論したように、実行と成果に至らない経営戦略に意味はない。したがって、人間の集合体である組織をどう方向づけるかは、経営戦略の領域でも大きな関心事である。特に経済活動の付加価値の源泉が高度に知的な生産活動に移行しつつある現代においては、こうした人間の行動の特性を理解せずして、経営戦略の実行は成果に結びつかない。

こうした理解を背景として、現代の経営戦略は、サイモンが議論したような組織内部の特性までを取り扱う。実行と成果につながる経営戦略の特性を探究し続けた結果、その研究の潮流は、戦略と組織の接合点までを扱うようになった。

さらに、「経営戦略のミクロ的な土台（Microfundations of Strategy）」と呼ばれるような、組織内における個人の行動や個人間の協業に関して、経営戦略を理解するために研究する潮流も、二〇〇〇年代から大きく広がりを見せている[＊01]。

これは経営戦略研究の学会である「ストラテジック・マネジメント・ソサエティ」のカンファレンスのテーマとなるなど[＊02]、多様な研究者をひきつけている[＊03]。経営戦略研究は、人間の認知に踏み込んだ議論から、さらに組織レベルの行動と個人レベルの行動の連鎖の構造の探究に至るまでを取り扱うに至った。経営戦略研究も、組織内部の要因や、個人の特性を無視できない時代を迎えているのである。

2 エージェンシー理論は何をもたらしたのか

一定の合理性を持つ人間の組織内の行動を分析し、その行動特性を理解することから組織運営の最適解を導く。それをどのように行えばよいかは、多様な角度から探究されてきた。特に、限定合理性を持つ人間という前提から、この問いを探究する最も大きな潮流は、エージェンシー理論であろう。

エージェンシー理論は、経営組織をそれに参画する主体同士による契約関係の集合体と捉える。この理論は、当初、株主と経営者の関係［＊04］を取り扱うことから形成が進んだが、現在

01 Foss and Pedersen (2016).
02 https://copenhagen.strategicmanagement.net
03 Felin et al. (2015).

では、経営者と従業員の関係[*05]や従業員同士の関係、そして、その他の利害関係者との関係性までを取り扱う理論体系へと成長している[*06]。

この理論は、プリンシパル・エージェント理論と呼ばれることもある[*07]。その名に含まれる、プリンシパルを委託する主体、エージェントを委託される主体として、この両者の関係をエージェンシー関係と呼ぶ。この二つの主体の関係性を議論するのが、エージェンシー理論やプリンシパル・エージェント理論と呼ばれる学問体系である。

わかりやすく両者の関係を述べれば、以下のようになる。エージェントはプリンシパルに対して特定の業務を行う契約を結ぶが、必ずしもこの両者の利害が完全に一致するとは限らない。また、プリンシパルとエージェントが持つ情報量には格差が存在するため、より多くの情報を持つ主体は、より情報を持たない主体に対して優位に立つ傾向がある。そのため、この両者の契約に伴って各種の問題が発生する可能性が生じ、それに伴う費用が経営組織の形態に影響を与える。

たとえば、エージェンシー理論で頻繁に扱われる問題は、アドバース・セレクション（逆選択）やモラル・ハザードと呼ばれる。アドバース・セレクションとは、エージェントが不都合な情報を開示せず、プリンシパルがそれを知らずに不都合な契約関係を結んでしまう問題である。モラル・ハザードとは、プリンシパルがエージェントの行動を完全には管理監督できないことから、エージェントがプリンシパルにとって不都合な行動をとる問題である。

経営者は、できる限り従業員に働いてもらいたい。しかし、従業員は必要以上に働きたくはない（利害の不一致）。経営者は、できる限り従業員の業務を管理しようとする。一方で、従業員の行動を完全に把握することは難しい（情報の非対称性）。

経営者は、できる限り売上と利益を成長させたい。しかし、従業員は予算を達成すればそれ以上に努力をしたくはない（利害の不一致）。経営者は、膨大な数値情報を限られた時間で処理しなければならない。一方で、本当に重要な現場の情報は一人一人の従業員が握っている（情報の非対称性）。

エージェンシー理論は、組織運営において避けて通ることのできないこうした問題の悪影響を、モニタリング（管理）とインセンティブ（報酬）の二つの側面から軽減しようと説明する（図表9－1）。

単純化すれば、モニタリングは情報の非対称性を軽減させる取組みであり、インセンティブ

04 Jensen and Meckling (1976).
05 Ross (1973).
06 Jensen (2000).
07 厳密には、株主や債権者などの外部者と経営者との関係性など、企業の所有権の実態に主眼を置いて研究する系譜を実証的エージェンシー理論と呼び、企業内部における経営者と従業員など、より一般的な主体間の関係性に主眼を置いて、より数学的に議論を行う系譜をプリンシパル・エージェント理論と呼ぶことで、両者を区別することがある。

［図表9-1］エージェンシー問題への対処例

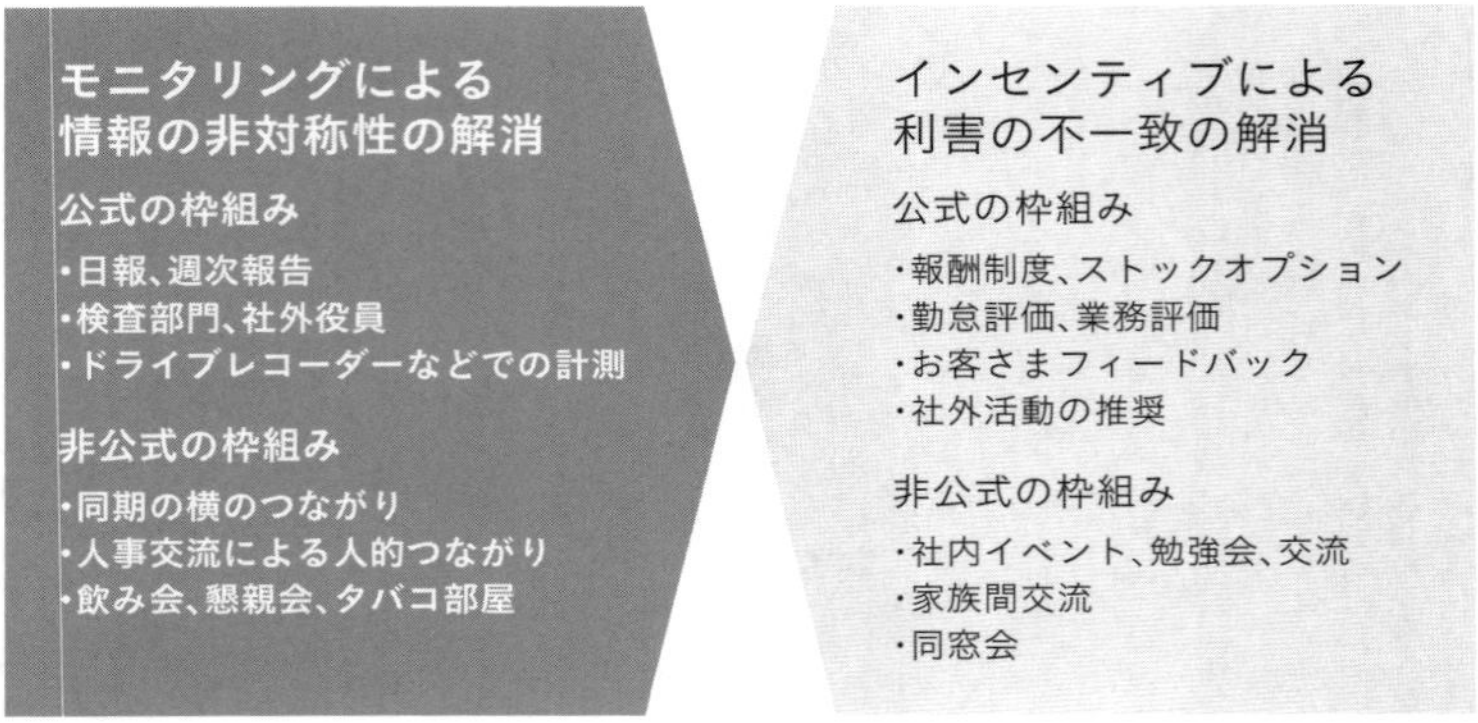
モニタリングによる
情報の非対称性の解消
公式の枠組み
・日報、週次報告
・検査部門、社外役員
・ドライブレコーダーなどでの計測
非公式の枠組み
・同期の横のつながり
・人事交流による人的つながり
・飲み会、懇親会、タバコ部屋
インセンティブによる
利害の不一致の解消
公式の枠組み
・報酬制度、ストックオプション
・勤怠評価、業務評価
・お客さまフィードバック
・社外活動の推奨
非公式の枠組み
・社内イベント、勉強会、交流
・家族間交流
・同窓会

は利害の不一致を軽減させる取組みである。

これは、前章で解説したバランスト・スコアカードや、ＫＰＩの設計と運用にも通じる要素がある。モニタリングにしても、インセンティブにしても、ある程度以上を仕組みに落とし込み、それを組織的かつ継続的に行うことで、合理的に行動する人間の特性を組織的に誘導することが一定程度は可能となる。

もちろん、モニタリングの仕組みも、インセンティブの仕組みも、組織がめざす方向性にひもづいていなければならない。社員一人一人を信頼でつなぐ組織をめざしているのに、過度に社員の行動を管理し、日々の行動を報告させるような組織では、社内の信頼はなかなか醸成されない。

顧客満足度を最優先にしているのに、勤怠評価や報酬制度が売上のみにひもづいているのであれば、顧客満足度をないがしろにして売上を追い求める社員が増えても不思議ではないだろう。

限定的であるにせよ、人間が合理的な選択をして行動を取ることを前提とするのであれば、当然その組織のあり方も、組織の構成員が経営戦略の方向性に照らして合理的に行動する形へと作り変えていく必要がある。

3 人間の「非合理性」をも合理的に理解する

こうした組織内に数多く存在するプリンシパルとエージェントの関係を軸に人間の行動を説明しようとする組織研究は、長らく大きな潮流を形成していた。しかし、特に近年、人間が合理的に行動することを必ずしも前提としない考え方も、少しずつその勢力を増してきている。

これは当然の流れかもしれない。人間は一定の制約のうえで合理的であるという前提が生み出されたのは、今から七〇年も前である。世界はそのとき、第二次世界大戦の混乱から完全には回復していなかった。超大国・米国は経済発展の真っ只中にあったものの、経営組織のあり方は現在とは大きく異なっていた。

当時は、今よりも単純な生産工程であり、知識労働に従事する人の数も限られていた。ホワイトカラーと呼ばれるような中間管理職の数も今ほど多くはなく、何よりも、産業構造が現在と比較すれば安定的であった。

現代のように、競争優位が短期間しか持続せず、情報通信技術や生産販売運送技術の進化によって意思決定とその実行が迅速化され、絶えず事業領域の変革と製品・サービスの刷新を求められる競争環境に比較すれば、その変化と革新の速度は緩やかであった。

何よりも、第二次世界大戦中に急速に活用が進んだ統計や確率の手法は、人間が限定合理的であるという理解と同じ方向を向いていた。こうした手法はオペレーションズ・リサーチとも呼ばれ、戦中から生産工程での生産性や品質の向上、船舶や航空機の航路選択、戦術目標の数値的評価などに大いに活用された。

こうした統計や確率論的な考え方は、特にジョン・フォン・ノイマンとオスカー・モルゲンシュテルンが最初に定式化した期待効用［*08］と合わせて、不確実性の高い現実世界における人間の行動も、統計と確率の概念を応用することで「合理的である」と説明できる可能性を提示した。そして、実際の組織運営において数多くの大きな成果をあげたのである。

こうした時代背景を前提とすれば、組織運営において少数の人間に自由と発想、変革の機会を与え、組織全体の運営をより科学的、合理的に理解し、それに基づいて設計することも不思議ではなかった。サイモンやノイマン、モルゲンシュテルンが人間の合理性を探究した時代は、確かに合理性が説明力を持つ時代だったのである。

では、人間の行動は本当に合理的な意思決定だけで説明できるのだろうか。

第二次世界大戦の終結から四半世紀を経て、一九七〇年代から、「人間は本当に合理的な判断をしているのか」に関する研究が盛んに行われるようになる。そして、この人間の心理的な側面に光を当てた研究の潮流は、一九七〇年代の終わりにはプロスペクト理論［*09］などの理論体系の確立につながる。

こうした潮流の第一人者として知られるのが、ダニエル・カーネマンとエイモス・トベルスキーである。二人は一九六九年の終わり頃から共同研究を始めると、次第に、人間が確率や統計に基づいた意思決定をするという前提は、特に不確実性の高い状況では当てはまりにくいと確信を深めていく。

彼らは、人間はごく少数のヒューリスティック、すなわち経験則、または意思決定の近道に頼っており、ときにそれが合理的な判断につながることもあれば、反対に、連続的かつ深刻な誤りにつながることもあると主張した。

一見すると、この主張は当たり前のようにも思える。確かに自分自身や、自分の周囲を見渡して、できる限りの情報収集をしたうえで、確率や統計の発想を用いて合理的な判断を下そう

08 von Neumann and Morgenstern (1944).
09 Kahneman and Tversky (1979).

とする人間はどれだけいるだろうか。

現実には、その場の思いつきであったり、過去の経験であったり、自分の好みで意思決定が下されることは多い。それはたとえ組織人として仕事をしているときでも同様であろう。多くの人間は、現実的には自らの趣味趣向を色濃く反映した意思決定と、それに基づいた行動を取っているように見える。

もちろん、できる限りの情報を入手したうえで、理論や論理的思考法に基づいた合理的な判断を下そうとする社員もいるだろう。その一方で、自分自身の成功体験に基づき、偏見を恐れずにそれにこだわる社員も多数いる。もちろん、そのどちらにも分類しえない、いわば「直感」で意思決定を進めていく社員もいるのである。

現時点では、人間が合理的に判断を重ねていくと理解するべきなのか、それとも自身の経験の積み重ねや意思決定の近道から判断を重ねていくのか、どちらを優位とするかは学術的な決着はついていない。

しかし、ここで重要なのは、組織は合理性が支配する人間だけで構成されているわけではないという理解である。一人一人が客観的に見て合理的な意思決定ができるわけではない。組織設計の基本は合理性にあるが、それだけでは優れた組織にはつながらない可能性がある。

事実、大企業においてもスタートアップにおいても、数値評価ではなく、対話を重視する傾向がある。一対一のマネジャーとスタッフの対話から、それぞれの持つ課題や質問を探り、画

［図表9-2］人間はどのように意思決定するか

	限定合理性と期待効用	ヒューリスティックとバイアス	直感
意思決定の仕組み	限られた情報量、意思決定力、時間の下であるが、統計的、確率的な手法も活用して、合理的に判断を下す	これまでの成功体験や、自分の考え方に頼り、意思決定の近道を取る。その結果、一定の法則性（パターン）を示す意思決定を下す	思考よりも感覚、経験よりも肌感覚に基づき、自分の感じたままに意思決定を下す
有益な局面	・巨額の投資が必要であり、信頼できるデータが取得できる場合 （例：エネルギー、製薬、造船、農業） ・巨大かつ多様性のある組織における意思決定	・安定的な事業環境下で、行動の繰り返しによる習熟が可能な場合 （例：伝統工芸） ・迅速さが重要必要であったり、不確実性が高い場合 （例：投資事業、営業）	・状況に予見可能な規則性があり、それを繰り返しにより学習できる場合 （例：スポーツ、機械操縦） ・情報がきわめて限られ、過去に例がない状況
短所・欠点	・データが常に正しいとは限らない ・不確実性に弱い	・誤った経験則による失敗の繰り返し ・過去の経験が当てはまらない事象に弱い	意思決定速度が必要であったり、不確実性が高いと、経験則も効果的となりうる

出所：Fox（2015）p.85などを参考に作成。

一的になりがちな人事制度の弱点を補完しようとしている。

ときに合理的とは思えない人間の行動をどう誘導するか、それを考え抜くことが、特に不確実性の高い環境では有効となる。そして現代においては、あらゆる事業分野において事業の不確実性が高まっていることはいうまでもない。

図表9－2は、これまでの議論を整理したものである。

人間の意思決定を大別すると、限定合理性と期待効用で説明しやすい意思決定、ヒューリスティックとバイアスで説明しやすい意思決定、直感で説明しやすい意思決定という、三つのタイプに区別できる。

限定合理性と期待効用で説明しやすい意思決定は、エージェンシー理論で扱いやすい問題であり、数値管理を中核としたバランスト・スコアカードやKPIの実践により、ある程度までは誘導しうる。

より難しくなるのは、ヒューリスティックやバイアス、直感に基づいた意思決定をどう誘導するかである。これを単に組織内の雑音と捉えるのか、それとも、社員のそうした特性までに一定の方向性を与えようとするのか、ここに一つの大きな挑戦が存在する。こうした困難こそが、前述した組織内部の特性を扱う組織論との接合点にある戦略研究や、「経営戦略のミクロ的な土台」のような研究潮流の直接的な源流なのである。

これを活かせるか、活かせないかで、経営戦略の実際の実行に大きな差違が生まれる可能性がある。人間の持つ不合理に見える性質を理解し、それを理解して活用することは果たして可能なのか。いまだその答えは出ていない。

もちろん、あるべき理想は、人間のヒューリスティックやバイアスをも経営戦略の方向性に誘導することである。だからこそ、これは一つのフロンティアとして、数多くの多様な研究者をひきつける研究課題である。

4 センスメイキング理論は何をもたらしたのか

特にヒューリスティックとバイアスの知見は、心理学の知見として経営学に最も大きな影響を与えたともいわれる、センスメイキングの理論にも密接にかかわり合っている。

センスメイキング理論は、「組織のメンバーや周囲のステークホルダーが事象の意味について納得し、それを集約させるプロセス」を探究する[*10]。この理論は、カール・ワイクによる一九七九年の著作[*11]からすでに注目され、一九九五年の著作[*12]以降、急速に発展した

10 センスメイキング理論の概要については、入山（二〇一六）がわかりやすく、参考になる。

理論体系であり[*13]、ヒューリスティックやバイアスの議論と同様の人間像を背景として、利害関係者が理解と判断の合意に至るプロセスには、個々人の主観が色濃く反映されると考える。それまでの組織論が組織の意思決定にフォーカスしていたのに対し、ワイクは組織化のプロセス、意味の生まれるプロセスに焦点を当て、組織を見る新たな視点として注目された。

そもそもの出発点として、この理論は人間一人一人が持つこの世界に関する主観的な理解が決定的に重要であるという前提を持つ。人間は唯一絶対の客観的な理解に至ることはなく、その合理性は、それぞれの独特な解釈や固有の世界像に影響されるため、分析や判断にあたって単一の尺度を当てはめることには無理があると考える。

人間は周囲の環境を感知し、その環境を解釈し、自己の行動を決定している。何もしなければ、その感知、解釈、行動はそれぞれにおいて多義的となる。すなわち、個人の集団のベクトルは、自然状態で相互に充分なかかわりがないのであれば、一つには定まらない。

ある人間にとっては、売上一〇%増は十分な成長率であろう。しかし、別の人間はそれを失敗として解釈する。ある人間は従業員の幸せを最重要と考え、ある人間は組織の成長を最重要と考える。同じ状態に直面しても、個人がそれをどのように知覚するかはさまざまである。こうした現実を背景として、センスメイキング理論は、合理性には多様性があり、人間は唯一絶対の価値判断基準で行動するわけではないと主張する。

したがって、センスメイキング理論に関係する諸研究は、組織の構成員をどう納得させるか、説得するかを探究する。それは、それぞれが客観的に状況を理解し、合理的に判断してもらうことを必ずしも期待するものではない。重要なのは、組織の構成員が行動することである。目標に資する行動が取られるのであれば、論理的、合理的な理解は必ずしも必要ではないとすら主張する。それぞれの構成員が、それぞれの独自の判断軸で、ヒューリスティックに、ときにはバイアスに基づいて判断することも、彼らが納得し、説得されるのであれば何ら問題はない。リーダーの役割とは、こうしたプロセスを理解し、共通認識を作り上げ、積極的に解釈の収束過程に介入することであり、これはセンスギビングともいわれる[＊14]。

特に現代社会においては、各人は知性を有し、相応の思考、哲学、判断力を持つようになっている。少なくとも七〇年前に比べれば、知識労働者の比率は著しく増加しており、教育水準もきわめて高い。個人が入手できる情報源も多種多様となり、人と人をつなげる社会的なネットワークも、情報通信技術により地理的な制約を超えるようになってきた。

こうした経営環境においては、個々人の多様性を前提とすること、すなわち個々人の認知と解釈が多義的であることを前提として組織を設計し、運用することが自然であろう。

11 Weick（1979）.
12 Weick（1995）.
13 Maitlis and Christianson（2014）.
14 Gioia and Chittipeddi（1991）.

この傾向は、企業の生産と販売の活動がより複雑化し、付加価値創造において知的生産活動が占める割合が急速に高まったことも後押ししている。

特に不確実性が高く、刻々と状況が移り変わる競争環境においては、客観的な情報を背景として、組織内の一人一人の合理的な判断と行動を期待することが、非効率どころか非現実的となることすらある。単純な繰り返し作業がロボティクスや人工知能と呼ばれる技術によってさらに人の手から離れつつある。人間が取り組む生産活動の大きな部分が、その知性の水準に依存する現在、そしてその知性の特性すらも、個性のない知性ではなく、個性ある独創的な知性が評価される現在、人間の個性を重視する理解は、その価値を次第に高めつつある。

個性を生かしながらそれを統制しようとすると、それぞれの構成員の独自の判断軸を活かしながら、それを組織のめざす方向性にどう統制するかが重要となる。それを高い次元で実現できる組織が、競争優位を保持する組織となりうるはずである。

リーダーの役割とは、さまざまな感覚や解釈を持つ個々の構成員に、特定の物の見方(frame of reference)を与え、その見方を通じて環境や現象を理解させることである。その過程においては、合理的・論理的説得はもちろんのこと、時には感情に訴えて周りを納得させることも必要になるだろう。

5 組織の「制度」を醸成することで、その方向性を導く

では、組織の構成員の行動がヒューリスティックやバイアス、直感に左右されるとすれば、経営戦略の立案者はそれにどう対処すればよいのだろうか。

人間の行動が合理的な判断には必ずしも基づいておらず、個々人の説得や納得のプロセスが重要であるとするならば、組織の文化を醸成すること、すなわち、各組織の独特の価値観や判断基準を確立することがきわめて重要となる。事実、強い組織文化が高い業績と関連するとする研究は数多く存在する［＊15］。

実は、企業のミッション、行動規範、行動憲章といった組織目標の策定は、究極的には組織の構成員の主観的な理解を意図的に誘導する手段でもある。

朝礼や社内報、そして新年会や社員旅行、さらには創業者の墓参りや社歌の斉唱に至るまで、組織はありとあらゆる手段を活用することで、その構成員が入手する情報に偏りを作り出

15　たとえば、Sorensen（2012）を参照のこと。

そうとする。組織は、構成員が日常的に触れる情報をコントロールすることによって、構成員それぞれの認知、解釈、判断を特定の傾向に導くことができる。

これは、第8章で議論した数値管理とは異なり、またモニタリングやインセンティブとも異なる戦略の浸透のプロセスである。実際、組織論の研究においては、公式の組織構造や数値管理や業績管理など目に見える指標の管理以上に、より曖昧で、属人的で、心理的なプロセスにも関心が割かれている。

もちろん、組織人の合理的な行動を前提としつつも、真に組織の成果を左右するのは、いかに個々人の裁量に自由度を残しながら、同時に、彼らの行動を一定の方向に集約させるかである。これは良い言葉を使えば、いかに組織の構成員に「共感」してもらうかであり、悪い言葉を使えば、いかに組織の構成員を「洗脳」するかである。そして、経営陣だけでなく、中間・現場のリーダーが、いかにその世界観を共有し、さらにその特定のものの見方を組織の末端にまで広げていくかが重要となる。

人間の主観的な理解を誘導し、一定の方向性に向かうよう動機づける要因については、多様な角度から学術的に研究されている。それこそ、太古の昔から、人間は自分たちの集団の方向性を統一すべく、さまざまな手法を編み出してきた。それは政治学であり、社会学であり、宗教学であり、文化人類学であり、およそ人間集団にかかわりのある学問体系の知見は、少なからず営利組織経営の文脈においても価値を持つ。

近年多くの調査研究が発表されている領域としては、たとえば組織固有の行動様式を新制度派組織論（New Institutionalism）の観点から分析する潮流がある。この理論体系は、ある特定の行動特性を共有する組織や個人のつながりの範囲を組織フィールド（Organizational field）と呼び、それがどのような特性を持ち、どのような要因で変化しうるのかを探究する[＊16]。

たとえば、新しい事業を立ち上げる際、起業家がその事業の価値をどのように社会に納得させていくかを研究したり[＊17]、すでに成熟した産業領域において、その産業特有の行動様式がどのような要因で変化するかを探究する[＊18]。また、組織が持つ独特のしきたりや固有の儀礼が、その組織が確立させた固有の価値観や行動様式をどのように保持しているかを調査した研究もある[＊19]。また、組織内部を取り扱う研究であれば、組織設計や組織文化の領域でも多種多様な研究が存在する[＊20]。

これに関連しては、私自身も創業二〇〇年の老舗和菓子店である船橋屋の調査研究を行っている。二〇〇年の伝統から培われた「売るより作れ」「他人より一銭かけろ」「浮利を追うな」

16 この領域の古典的な研究としては、DiMaggio and Powell（1983）が必読である。
17 たとえば、Maguire et al.（2004）。
18 たとえば、Greenwood and Suddaby（2006）。
19 Dacin et al.（2010）。
20 たとえば、Harrison and Carroll（1991）を参照のこと。

てどのように変遷したかを追っている。

「正直」といった船橋屋の伝統が、八代目である渡辺雅司の経営改革、新しい経営戦略を通じてどのように変遷したかを追っている。

組織の構成員の判断と行動に染み込んだ老舗企業の伝統は、構成員の自信と自負につながり、それが高い品質の顧客への約束となり、高いブランド価値を作り出す。しかし、時代の変化に伴い、こうした強い伝統は逆に変革の推進に負の作用をもたらすこともある。したがって、伝統と革新をどう両立させるか、これは経営戦略推進のうえできわめて重要な調査課題である。

こうした研究は、依然として黎明期にあり、「こうするべきだ」といえるような強いコンセンサスが生まれているわけではない。しかし、それらの研究成果を活用することで、不確実性の高い状況下において、ある一定の経営戦略を実行する際に必ず直面する事業課題に対して、答えを見出せる可能性がある。実際、新制度派組織論はあくまで、実証的な関心から交流した理論体系であるが、その知見を土台として、組織は戦略的に制度に影響力を行使し、その特性を活用すべきとする考え方も登場し始めている。

これは制度戦略(Institutional Strategy)とも呼ばれ、新制度派組織論の大家であるトーマス・ローレンスなどが中心となり、そのあり方の規範的な探究が進んでいる[*21]。

6 コミュニケーションとストーリーで経営戦略を伝播させる

また、他者を説得するという観点からは、リーダーのコミュニケーションに焦点を当てた調査研究も広がりを見せている。

たとえば、ステファン・デニングの二〇〇四年の『ハーバード・ビジネス・レビュー』の論考[＊22]は、事実の分析や論理的な解説よりも、ディテールを最小限にしたシンプルな物語のほうが組織の構成員をひきつけ、その行動を引き出すことができると解説する。

同様に、ピーター・グーバーの二〇〇七年の論考[＊23]も、無味乾燥な客観的かつ網羅的なデータよりも、自分自身と聞き手に対して誠実な、その場の状況に忠実であり、本質的な使命に焦点を当てたメッセージが有効であると主張する。

21 たとえば、Lawrence（1999）。
22 Denning（2004）.
23 Guber（2007）.

[図表9-3] 効果的なナラティブの特徴

あなたの目的	リーダーが語るべきストーリーの特性	語るうえで必要なこと
行動を引き出す	成功した変革が過去にいかに実施されたのかについて述べ、聞き手が自らの状況に当てはめたとき、どのように活かせるのかを創造できるようにする	聞き手の関心を聞き手が抱えている課題から逸らすことにならないよう、必要以上に詳細に言及することは避ける
自らの人となりを伝える	聴衆の関心を引きつけるドラマを提示し、自身の経験から強みと弱みを見せる	意義のあるディテールを提示することが重要だが、聞き手にはあなたの話を聞く時間的余裕と姿勢を与えるように配慮する
価値観を伝達する	聞き手に親近感を抱かせ、推し進めるべき価値観から生じる問題について議論を促す	たとえ仮説であろうと、信頼できる人物描写と状況設定を忘れることなく、物語があなたの行動と一貫していることを決してなおざりにしてはならない
コラボレーションを育む	聞き手にも身に覚えのあるような状況を感動的に語り、それに関連した実体験を共有するように促す	設定した課題が、この物語の共有を疎外しないように留意する。アクションプランは、この物語の連鎖反応によって解放されるエネルギーを吸収できるように準備すべきである

出所：Denning（2004）p.127（邦訳 p.107）より抜粋。

こうした論考は、組織の構成員や株主や投資家などの利害関係者を説得するうえで、どのような物語性、いかなる語り方が有効であるかを解説する(図表9-3)。

他人をいかに説得するかという議論は、何もコミュニケーションにとどまらない。経営戦略の立案作業それ自体において、ストーリー、すなわち自社を主役としてあらゆる関係企業の目的、意思決定、アクションを織り込んだ台本を書き起こすことが有益とする考え方もある。

たとえば、マイケル・ジャコバイズの二〇一〇年の論考[*24]は、自社の戦略に関する「台本」を練り上げることから、逆に自社の戦略を見直し、将来に備えた行動を立案することができるという。同様に、一橋大学の楠木建の『ストーリーとしての経営戦略』[*25]の要点となるメッセージも、優れた経営戦略が「思わず人に話したくなるような面白いストーリー」であるという事実であった。

こうしたナラティブ(物語)が経営戦略をプラクティス(行動)に落とし込む際のカギであるという調査研究は、『オーガニゼーション・スタディーズ』などの学術誌でも発表されている[*26]。

24 Jacobides (2010).
25 楠木(二〇一〇)。
26 たとえば、Fenton and Langley (2011)。

たとえば、組織内の構成員同士がどのように物語を交換し合い、それがどのように組織全体の一体感や個性の醸成に貢献するかが理論化されている[*27]。特に、内部の資源が少なく組織の歴史が浅いスタートアップでは、その存在価値や競争力を説明する際に、実際の競争力よりも事業の物語性やビジョンとミッションが重要であることが研究者間での共通理解になりつつある[*28]。

物語の重要性は、老舗企業でも変わらない。前述の老舗和菓子店である船橋屋においても、現代表である八代目のみならず、経営改革を先導する若手経営幹部が、繰り返し船橋屋の「新しい伝統」を取引先や社員、採用候補者に伝え続けている。

生産工程へのISOの導入や、和カフェ事業への参入、乳酸菌発酵の知見を応用した医薬品や健康食品の展開が、なぜ船橋屋の二〇〇年の伝統を受け継いでいるのか、それを丹念に納得と共感が得られるまで、経営陣が繰り返し関係者に伝播させているのである。

経営戦略を成果につなげるためには、単にその経営戦略が組織にとって最善な判断であることだけでは十分ではない。そこから成果をあげるためには、行動にその戦略をつなげる必要がある。

そして、その実現にあたっては、それぞれの構成員の経験則や主観に訴えかける諸制度の整備、組織フィールドの醸成、さらにはストーリーとしてのシンプルさと面白さ、伝わりやすさと柔軟性が必要である。ストーリーは、理解と共感を促すと同時に、その中で語られているキーワードやエピソードが、構成員のセンスメイキング（共有認知構築）を促す。あのときはこうだった。こんな話があった。そういった共通の知識が、集団の行動を束ね、環境の解釈の類似性を高めるのである。

7 マネジメントの時代からリーダーシップの時代へ

著しい成果をあげ、カリスマ的とも呼ばれる経営者の多くは、人間のヒューリスティックな側面、そして直感に訴えかけることができる人物である。

優れた経営者が知性と論理で優れた事業計画を示し、それを高いマネジメント能力で推進できるのは不思議ではない。しかし、そのうえで現代の経営者に求められているのは、組織全体の方向性を一つにし、その構成員の自発的な行動と自由な発想を育むリーダーシップ能力であろう。

27 Ibarra and Barbulescu（2010）.
28 たとえば、Cornelissen and Clarke（2010）；Navis and Glynn（2011）。

第2章で触れた経営戦略の前史の時代、フレデリック・テイラーの時代は、労働者が従事する作業の内容も、そして労働者自身の社会的な生活の質も限られた時代であった。マネジメントという概念の黎明期には、依然として個々人の持つ世界観の多義性を深く考慮する必要性は限られていた。

しかし、テイラーが一九一一年に *The Principles of Scientific Management*（邦題『科学的管理法』）を出版してからすでに一〇〇年以上が経つ。すでに世界は、ピーター・ドラッカーが Post-Capitalist Society（ポスト資本主義社会）と呼んだ［*29］時代に移り変わっている。

その時代とは、最も重要な生産要素が知識となり、サービス労働者が付加価値創造の中核となる時代である。専門知識を持つ個人がそれらを結合させ、協働し合うことが付加価値創造活動の中心となりつつあるのである。

こうした時代においては、階層的組織構造の中で上から下に意思決定を伝達するような旧来型のマネジメントではなく、構成員一人一人の専門性や人間性を最大限に発揮できるよう、チーム全体の方向性を示し、関係者の利害を調整し、関係者の意欲を高めることができるリーダーシップが重要となる。

もちろん、組織の計画性、組織化、管理といったマネジメントの側面を無視して、リーダーシップのみを語ることはできない。

リーダーシップ研究の大家であるジョン・コッターによれば、マネジメントとリーダーシッ

［図表9-4］マネジメントとリーダーシップの対比関係

マネジメント		リーダーシップ
Planning and Budgeting（計画し、予算を立てる）	⟷	Setting a Direction（方向性を指し示す）
Organizing and Staffing（組織化し、人事を練る）	⟷	Aligning People（関係者の利害を調整する）
Controlling and Solving（管理し、問題に対処する）	⟷	Motivating People（関係者の意欲を高める）

出所：Kotter（1990）; Simions（1995）などを参考に作成。

プは対比関係にあるという（図表9－4）。今、経営企画やマーケティング、そしてデザインや製品規格、研究開発や新規事業の創出など、現代の付加価値を創出する多くの経営機能では、効果的なマネジメントだけではなく、リーダーシップが求められる時代になった。

第8章で議論したような、バランスト・スコアカードやKPIの議論は、どちらかというとマネジメントに関する議論である。また、限定合理性や期待効用を前提としたモニタリングやインセンティブの仕組みも、どちらかというとマネジメントの議論である。

しかし、本章で述べてきたように、人間は必ずしも合理的に行動しているとはいえない。そして、そうした行動はより不確実性の高い環境で発生しやす

29 Drucker（1993）.

い。知識生産とサービス産業が付加価値生産のかなりの部分を占めるようになった現在、組織のミッションやビジョンを提示し、優れた物語性を与えることができるリーダーは、まさに組織の目標達成のカギを握る。

実行と成果につながる経営戦略の立案には、人間とその集団である組織の理解は欠かせない。経営戦略を効果的に実行するためには、合理的に行動する人間を一つの前提としながらも、ときに非合理に見える判断や行動を取る人間の特性も最大限に活用できる組織運営が必要となる。

今後、さらに情報処理技術やセンサリング技術、そしてロボティクスが進化していけば、すでに急速に進化しつつある深層学習や強化学習の知見と合わせて、情報処理のための中間管理職は不要になるだろう。これまでマネジメントのために必要であった数多くの枠組みが不要となり、人間はより創造的な作業にその活動の焦点を移していく。

こうした劇的な技術変化によって大量の職が失われることが、破滅的な政治的危機や国際紛争につながらないのであれば、情報を合理的に処理して判断を下す作業の多くを人間ではない存在が担うようになる。そして、人間はより高次元の枠組みを考案することや、予期しえない状況に対応すること、よりそれぞれの個性に根ざした活動から付加価値を社会に提供する存在となるだろう。

そのような世界では、いっそうリーダーシップが重要となる。それは人間の人間的な側面を理解し、それを導き、束ね、前に進める存在である。その存在が経営戦略を実行に落とし込み、成果につなげていくはずである。

本章の要点

- 人間は、認知、情報処理、時間の制約から限定合理的だと考えられてきた。
- モニタリングとインセンティブは限定合理的な人間の行動を統制する手段である。
- 一九七〇年代より、人間のヒューリスティックとバイアスに関する理解が進んだ。
- 心理学の知見が、合理的に見えない人間の行動に関する理解を深めた。
- 主観的理解を誘導し、説得により納得を引き出す作業も重要である。
- 企業の行動規範、行動憲章などは、人間の行動を誘導する手段でもある。
- 新制度派組織論は、人間の認知を左右する組織フィールドの理解を深めた。
- 組織フィールドを意図的に誘導する制度戦略という考え方が発展しつつある。
- 説得においては、コミュニケーションや物語性もきわめて重要である。
- 現代はマネジメントからリーダーシップの時代に移り変わりつつある。
- 人工知能などの現在進行中の技術発展は、リーダーシップの重要性を高めるだろう。

第Ⅳ部　経営戦略のフロンティア――経営戦略の現代的課題

I never think of the future.
It comes soon enough.

私は未来を考えたことはない。
未来は十分すぐに来るからである

アルベルト・アインシュタイン（1879－1955）

経営戦略の探究は今も続いている。急速的な変化が絶え間なく持続し、世界各地がそれぞれの独自性を保持したままにつながり合う困難な経営環境において、最善な経営戦略はどのようなものであるのか。それを探し求める多種多様な探究は今も継続している。

第Ⅳ部では、特に伝統的な経営戦略の知見が役割を果たしにくい新興企業の戦略形成に関して、そして、過去三〇年ほどの期間で急速に進展した国際的な事業環境に関して、どのように経営戦略を検討するべきかを議論する。そのうえで、情報通信技術の土台の上に成り立つ近未来の技術進化が、どのように経営戦略を変貌させうるかを考える。

第10章

新興企業の経営戦略

意図されない戦略を、どう意図的に作るか

本書ではこれまで、経営戦略をめぐる理論的な発展と、それを考える際に必要な要素を幅広く紹介してきた。

まずは経営戦略の定義を議論し（第1章）、その原点を紀元前にまでさかのぼり（第2章）、経営学の黎明期から戦略論の誕生までを理解した（第3章）。

そして、古典的な戦略論が一世を風靡した時代から、外部環境から考える道筋（第4章）と、内部環境から考える道筋（第5章）がどのような経緯と議論をたどって形成されたかを概観した。

さらに、事業戦略（第6章）と全社戦略（第7章）、そして論理を軸とした実行（第8章）と感性を軸とした実行（第9章）を対比させ、現代の経営戦略の実務に必要な考え方の全体像を提示してきた。

本章では、これまで築いてきた各章の土台に基づき、三つの特殊な経営環境を考えてみたい。

一つ目は、本章で議論する新興企業の戦略である。ゼロから立ち上がり、試行錯誤を重ねながら成長する企業は、どのように経営戦略を考えていけばよいのだろうか。

二つ目は、国際的な企業の戦略である。世界中の多様な特性を持つ事業環境にどのように適応し、それをどう活用すればよいのだろうか。

三つ目は、第四次産業革命とも呼ばれる新たな技術革新である。人工知能、ロボティクス、センサー技術、ビッグデータなど、今後の経営戦略を大きく変える可能性がある各種技術について、それが経営にもたらす影響を検討したい。

いずれの特殊な状況にも、基本的には、これまでカバーしてきた内容のすべてが当てはまる。検討すべきことの根幹や、経営戦略の役割は変わらない。しかし、初期の事業立ち上げ、国際的な経営の推進、技術変革の取り込みにあたっては、通常とは異なる経営戦略の推進が必要になる場合がある。

本章では特に、事業立ち上げ期の戦略のあり方を取り扱う。事業の立ち上げ期は特に、起業家個人の趣向が色濃く反映される。

創業期は特に事業の軸足が定まらないことが多く、また起業家がコントロールしえない偶発的な事象にも経営が大きく左右されうるため、「経営戦略」と呼べるようなものは存在しない、とする声すらある。

本章での議論は、「こうすべき」という絶対的な指針や、理論的に確立された知見を提示するものではないことはご留意いただきたい。あくまで本書で紹介してきた考え方や理論を思考の柱としながら、起業家がどのように経営戦略を推し進めるか、その大枠を示すのが目的である。

1 新興企業が成長可能な事業環境を考える

新興企業と一言で表現しても、その状況は各社で異なる。

創業当初から数百億円の予算を持つ事業もあるだろう。当初はまったく資金がなくとも、創業から二、三年で一〇〇億円以上の投資を受ける例も珍しくない。一方で、長期の潜伏期間、すなわち、人もお金も不十分なままに事業のあり方を探し求める状態が続くこともある。

その新興企業がどのような事業環境に身を投じるかによって、戦略立案の方向性はおのずと変化する。これはたとえば、第6章で解説した「戦略パレット（The Strategy Palette）」を活用して理解することもできる。

戦略パレットは、事業環境の特性を「予測困難性」「可鍛性（その状況を変質／変化させうるか）」「生存困難性」の三つの要素から分類する（図表6－4参照）。特に新興企業が存在する事業環境では、一般的に予測困難性、可鍛性、または生存困難性のいずれかが高い可能性が予見される。しかし、一口に新興企業といえども、まったく新しい事業領域を作り出していく企業も存在すれば、逆に安定成長している産業領域や、衰退産業に果敢に取り組む企業も確かに存在する。すなわち、それぞれの企業が置かれる事業環境の特性はさまざまであり、したがって、その事業環境の特性を理解することが新興企業の戦略立案においての第一歩である。たとえば、予測困難性も低く、可鍛性も低い場合は、経営戦略の立案は古典的（Classical）となる。

こうした事業環境は成熟かつ安定していることが多く、既存の企業が一定以上の影響力を行使できる可能性が高い。新興企業が新規にこうした事業領域に参入して成長していくためには、規模感のある資本、そして十分な知見と経験が求められる。多くの場合、それは新興企業の得意とするところではない。たとえ新興企業が事業を行うとしても、事前の詳細な計画や、それに基づいた周到な準備が必要となる。

一方、予測困難性が高く、可鍛性が低い事業環境は、非連続的な変化が持続している環境である。

こうした環境においては、事業モデルの工夫や技術や仕組みの革新によって自社のみが先回りできれば、既存企業が対抗しえない競争優位を得ることができる。しかし、可鍛性が低いということは、その産業構造を変革することが難しい環境であることを意味する。他社に先回りして業界を変革するような動きを見せるためには、一定以上の影響力や事業規模が求められる。

小規模な新興企業がそれを得るのは一般的には困難ではあり、多くの場合、適応的

(Adaptive) な戦略を使いこなす既存プレイヤーに強みがある。新興企業が勝負をかけるならば、初期段階から十分な経営資源が必要となり、既存企業との合従連衡も必要となるだろう。

これらに対して、予測困難性が低く、可鍛性が高い状況に産業構造が転換しつつあるときは、新興企業にとってより大きな事業成長の機会がある。こうした事業環境は、新技術や新サービスの展開、すなわち洞察的 (Visionary) な戦略が事業環境の構造を変化させうる状態にあるからである。

たとえば、電力自由化と再生エネルギーへの政策的な誘導が行われており、新規参入に関して全面的な優遇が行われているような状況では、エネルギー産業にも多様な新興企業が参入する余地がある。同様に、電化製品や自動車など多種多様な製品がそれぞれ独自の集積回路を必要とする時代が訪れたことにより、一部企業の寡占化が進んでいた半導体産業においても、ARMのような新興企業が大きくシェアを伸ばすこととなった。変化の方向性を理解できる起業家が適切な事業モデルを推進すれば、大きな成長可能性をもたらすことができる。

また、予測困難性も高く、可鍛性も高い事業環境や、既存のプレイヤーの生存困難性が高い事業環境は、当然、多種多様な新興企業による新たな市場創出の主戦場となる。こうした環境下では、成形的 (Shaping) な戦略や復興的 (Renewal) な戦略が発揮するだろう。これまでの事業環境の常識にとらわれない発想、すなわち、必ずしも現在の外部環境や自社が有するリソースに左右されない、新しい事業の方向性が求められる。ただし、それは自由度が高い反面、初期から確実性の高い計画を立案するのは不可能に等しい。

確かに、どのような事業環境でも新興企業は成長しうる。しかし、新興企業が特に注目され、また事業成長を成し遂げることができる事業環境は、不確実性が高く、状況が変化しやすい環境である。

したがって、こうした事業環境では、どちらかといえば洞察的、成形的あるいは復興的な戦略を取ることが求められる。洞察的、成形的、復興的といったキーワードは、伝統的な予算編成に基づいた経営戦略検討とは相容れ難い。

より動的な事業環境を絶えず理解し続け、柔軟に自社の事業構造、戦略を転換し続けることが必要となるため、新興企業の戦略立案は一般的な打ち手とは異ならざるをえない。

2 新興企業の主戦場は「シュンペーター型」の競争

先進国を中心に経済が成熟し、かつ複雑化した現代、資源の限られる新興企業が比較的短期間で競争優位を得られる産業領域は限られる。これは第6章で解説した一九八六年のジェイ・バーニーの論文［*01］が示した「競争の型」からも説明できる。

［図表10-1］バーニーが示した「競争の型」

	IO型の競争	チェンバレン型の競争	シュンペーター型の競争
分析の単位	産業の特性	産業と企業の特性	産業と事業の特性
中核的な考え方	SCP理論、すなわち産業構造とそれが導く企業の行動	非独占競争、すなわち企業間競争	創造的破壊をもたらすイノベーション

出所：Barney（1986b）p.797をもとに作成。

新興企業が特に成長する事業領域は、バーニーの議論を援用すれば、安定的な産業構造が企業間の競争を誘導する「IO（Industrial Organization）型」でも、既存プレイヤー間の競争関係が事業環境を規定しうる「チェンバレン型」でもなく、イノベーションが競争構造を組み替えうる「シュンペーター型」の競争が発生する事業領域である（図表10－1）。

IO型の競争が行われる事業環境は、比較的産業構造が安定的であることが多い。すでに確立された事業モデルを持つ既存企業が存在しており、長期間にわたり、その事業環境下の企業の戦略も変わらない。

多くの場合は寡占化が進行しており、後発参入者である新興企業が事業を拡大しようとしても、既存の枠組みを打ち破ることが難しい。新規参入が成し遂げられるとしても、近接する他の産業領域の事業者の多角化の一環であることが多い。成功する新興企業があるとしても、それの多くは産業の一部へニッチな領域以上に拡大することが難しい。チェンバレン型の競争環境は、新興企業にも可能性を残す。それぞれの企業は各社の独自性をもとに事業を行うことが求められるが、既存企業との十分な差別化が可能であれば、新興企業にも十分に成長の余地が与えられる。

とはいえ、比較的安定的な事業環境下で、すでに大きな事業規模を持ち、大きな経営資源を有する既存企業との競争に打ち勝つのは容易ではない。そのため、新興企業の中でも一部の限られた企業のみが成長を実現することとなり、それはいわば例外的な事例となる。

シュンペーター型の競争環境は、一般に流通している言葉で言い換えれば、「破壊的イノベーション」や「創造的破壊」と称されるような、技術や事業モデルの抜本的な革新が芽生える事業環境である。これはまさに、戦略パレットにおける、予測困難性や可鍛性、生存困難性が高い状況と同義であろう。

こうした事業環境は、産業構造が大きく変化しつつあるか、あるいは既存企業のイノベーションが停滞する状況にある。こうした環境でこそ、無数の新興企業が生まれ、無数の試行が繰り返される。企業や事業の多産多死の状況でもあるが、だからこそこうした環境が新興企業の事業拡大の主戦場となる。

01 Barney (1986b).

3 戦略検討の定石だけでは新興企業には不十分

シュンペーター型の競争環境では、外部環境を理解し、内部環境を理解し、自社の競争優位を定めるという基本的な道筋だけでは、新興企業の現実に対応できない。すなわち、創業当初から正しい答えを導き出すのはきわめて困難である。

したがって、新興企業の戦略検討には、絶えず移り変わる外部環境の特性に柔軟に対応でき、同時に、自社の成長に伴って絶えず変化する内部環境の特性を逐一加味できるような、より創発的で柔軟な戦略検討の考え方が必要となる。

出発点として、まずは経営戦略立案の基礎に立ち返る。第6章において、日米の一般的な経営戦略の教科書で解説される経営戦略の立案手法の定石について解説した。それは以下のようなものであった。

①外部環境を理解する……ポーターのファイブ・フォース分析やPESTEL分析、シナリオ分析など、本書の第4章で解説した手法を用いる。

②内部環境を理解する……資源ベース理論や知識ベース理論、ダイナミック・ケイパビリティなど、本書の第5章で解説した概念を用いる。
③競争優位の源泉を決める……差別化、コスト優位、イノベーションの三つの主な方向性があり、特殊な競争環境では、競合との関係がカギとなる。

新興企業の経営戦略を考えるにあたっても、この骨格は揺るがない。しかし、新興企業がその強みを発揮でき、急速に成長する可能性が高い市場領域では、必ずしも外部環境の構造が安定しているとは限らない。また、どのような自社資源や知識、能力が競争優位につながるかを特定することも難しい。すなわち、外部環境の分析からも、内部環境の分析からも、持続的に競争優位を保持しうる自社の戦略の方向性は検討しにくいのである。

こうした認識から、新興企業の戦略をめぐる議論は独特の発展を遂げてきた。これは「創発的戦略（Emergent Strategy）」という言葉で表現される新興企業の独特の経営戦略の確立の過程を探究する学術研究の系譜であり、第1章で解説した、ヘンリー・ミンツバーグらが一九八五年に発表した論文〔*02〕である「臨機応変な戦略形成（Strategy Formation in an Adhocracy）」がその近代的な研究の起源である。これはさらに、「実践としての経営戦略（Strategy as

02 Mintzberg and McHugh (1985).

Practice)」と呼ばれる研究潮流として、近年は発展探究が進んでいる[*03]。

これはまさに企業業績を説明する要因の探究において、どう戦略策定が組織的・社会的なプラクティスから生み出されるかに注目している。すなわち、実践はまさに経営戦略研究においても、まだフロンティアの一つなのである。

こうした議論の出発点にあるミンツバーグは、経営戦略が直線的な経緯をたどるという理解、すなわち経営者は外部環境の分析と内部環境の分析から競争優位の源泉を議論し、決定した経営戦略を粛々と実行するという単純な理解とは異なる事例を提示した。

彼は、経営戦略は日々の行動の実践から次第に生み出されること。実務家が実行のプロセスの中から、成功体験を積み重ねることで次第に経営戦略の方向性を見出すこと。全社の向かう目標は、必ずしもトップダウンで組織に与えられるものではなく、むしろ草の根から組織の各層に浸透し、それが結果として経営戦略として認知される可能性があることを示した。これが後に「創発的な戦略」と表現される、経営戦略が段階的に創出されるプロセスそのものであった。

もちろん、新興企業には創業当初の戦略が必要ないというわけではない。

新興企業の多数が興隆する事業環境は、予測困難性、可鍛性、生存困難性の少なくともいずれかが高い可能性があり、市場参加者が絶え間ない革新で競争優位を再定義し続けるシュンペーター型の競争にさらされていることが多い。こうした事業環境では、当初の戦略に固執しすぎることが、逆に競争に不利益なだけなのである。

だからこそ、新興企業は自身の行動を通じて、日々、自らの事業の方向性を修正し、刻一刻と移り変わる事業環境の特性に即応し、絶えず戦略の舵を柔軟に動かし続ける必要がある。当初の計画を立てることは、事業推進上の仮説を生み出すうえで役立つ。しかしそれを土台として、日々それを調整し続けることが必要となる。

4 スタートアップにおける戦略検討の特性

二〇〇〇年代以降に注目を浴びる、新興企業の事業開発手法の議論に関する直接の原点は、リタ・ギュンター・マグレイスとイアン・マクミランが一九九五年に『ハーバード・ビジネス・レビュー』に発表［＊04］した「Discovery-Driven Planning（仮説思考計画法）」にある。

仮説思考計画法は、まず、経営陣が成功を信じる事業の仮説を詳細に検討させる。次に、そ

03 Vaara and Whittington (2002).
04 McGrath and MacMillan (1995).

の事業の売上や費用に関する仮説を競合や市場平均と比較しつつ、事業に必要なそれぞれの要素を詳細に記述して構造化する。

そのうえで、この過程で必要となった仮定条件、たとえば部品の価格や配送費用などの数値を検証し、可能な限り具体的かつ現実的な数値に落とし込む。これらの数字は、事業を推進する過程で絶えず見直され、それに伴い当初の計画も進化していく。

この手法は、新興企業が戦う事業領域においては、計画を立てる時点では確実な情報が限れるという現実を反映している。不確実な要素を無理に明らかにしようとせず、事業創造の進展にあわせて、手に入る情報を段階的に組み入れる発想である。

官僚的で保守的な組織でありがちな間違いは、実証実験と称して一度だけ事業仮説の検証を行い、それが充分な成功につながらなければ、その取組みを簡単に諦めてしまうことである。もちろん撤退と前進の線引きは難しいが、この手法の実践に求められるのは、失敗から学ぶ姿勢であり、失敗を許容して、それを繰り返す姿勢である。

たとえ、当初の前提条件が誤っていても問題はない。仮定や前提条件が正しいことを信じて、それを証明しようとするのではなく、仮定や前提条件が適切であるかを検証する客観的な姿勢が求められる。当初の仮説は出発点にすぎず、その正しさを証明しようとすることはむしろ害悪となりうる。

仮説思考計画法では、無駄に見える費用をある程度払うことで、しかし全面的な失敗を防ぐことを当初の目標とする。

たとえば、米国市場で発表予定のスマートフォン・アプリケーションを、まずは最小限の費用をかけてオーストラリアやニュージーランドで検証したり、全国ネットで放映予定のテレビCMを、まずは名古屋を中心とした地域だけで放映して反応をうかがうような試みである。「テストマーケティング」や「パイロット」、もしくは期間限定販売、地域限定販売など、さまざまな呼称で行われている各種の実験的な取組みにも、仮説思考計画法が応用できる。

目的はあくまで仮説の検証であるので、実績が上がらなかったとしても、本来的には学びさえあり、次につながるのであれば、成功と見なしうる。それまでの経営計画の発想が、当初計画からの大きな乖離を悪と見なしていたのに対して、仮説思考計画法はそうした乖離は自然であり、不可避であると考える。

ここで重要なのは、まずは仮置きの数字や計画をもとに事業仮説の検証を、検証可能な最小の単位で始め、本格的な投資を開始する前にその事業仮説を現実の数字に置き換え、できる限り予測を盤石のものにすることである。検討プロセスの紆余曲折は想定内であり、避けられない不確実性であるから許容するべきと考える。

この手法は、新興企業において特に使いやすい。スタートアップにおける戦略検討は、事業モデルが確立され、市場で一定のポジションをすでに保持しており、既存の社内資源による制約も大きな成熟企業とは異なり、より不確実性と密接に絡み合っている。

「作りながら走る」「入れ替えながら回す」「絶えず更新し続ける」。こうした言葉に表されるように、現在の環境、自社の現状を前提とするのではなく、あくまでも仮定とし、それらが組み替わっていく現実に密接に寄り添った発想が必要となる。

逆に言えば、この手法は重厚長大産業の大企業の特性にはなじまない。仮説思考計画法を再考した二〇一七年の『ハーバード・ビジネス・レビュー』のオンライン記事［*05］では、著者の一人であるリタ・ギュンターがインタビューに答えている。

彼女は、仮説思考計画法は、たとえば二〇億ドルを投じる半導体工場のようなプロジェクトにはなじまないという。より不確実性が高く、大量の前提条件を走りながら検証し、事業の型を創発的に作り出す新興企業に向いていることを認めている。

確かに、半導体や発電事業などの初期投資が膨大にのぼり、後々の調整が難しい事業領域では、こうした方法論は自然と難しい。また、仮説思考計画法が、一回のプロセスで計画を完成させるものではないことも、計画の途中変更が難しい事業領域や、柔軟に組織の方向性を調整することが難しい組織でのこの手法の導入の障害となる。

仮説思考計画法では、絶えず前提条件を更新し、そして計画を刷新し続けることが不可欠となる。すなわち、絶えず現状の計画を更新し続け、実行と計画のサイクルを短期間で回し続けることが肝要である。しかし、こうした取組みを大規模な組織で大々的に行うのは、非効率性を大きく高め、逆に競争力を阻害する可能性すらあるだろう。

仮説思考計画法が提示されてから、すでに二〇年以上が経過している。確かに、この考え方の根本、その精神は現在でも普遍的価値がある。しかし、時代の変化を背景として、仮説思考計画法も現代の競争の現実にそぐわない要素が見出されてきた。

たとえば、未来を志向した前提条件を取り入れる必要があること、特に自社事業の競争優位がどの程度持続できるのかを深く検討し、仮説を検証する期間をより短期間とする必要があることがすでに指摘されている[＊06]。元来の発想が伝統的な予算と数値管理を前提とした経営計画立案の手法に根差しているために、現代において実務に応用しようとすると、やはり経年劣化が否めない。

また、二〇年前には存在していなかった技術の普及が、経営戦略のより動的な検証を可能としている。たとえば、顧客データの収集、管理、分析に必要な技術基盤やノウハウは高度に発展しており、顧客趣向、顧客の反応をリアルタイムで知ろうとすることは、かなりの程度まで可能である。スマートフォンのアプリケーションや、オンライン上で提供される各種のサービスであれば、そのサービスのあり方を動的に、しかも瞬時に変えることすらできる。３Ｄプリンターなどの最新の技術ももちろんではあるが、製品の開発に必要な各種の開発支援ツールの

05 Gallo (2017).
06 McGrath and MacMillan (2014).

進化により、複雑な製品のプロトタイピングもやりやすくなった。各種の国際規格の整備により、組織の壁をまたいだ製品開発や部品仕様の検証プロセスも、過去に比べれば明らかに速い。

もちろん、顧客趣向の成熟化や各種の法規制の整備により、特に先進国では製品を開発して販売するまでに、事前に検証しなければならない内容も多岐にわたるようになった。しかしそれ以上に、仮説をもとに事業モデルをまずは作り、それをベースに走りながら磨き込むことは、競争上の理由からも必要不可欠となりつつある。

こうした現実を反映し、二〇〇〇年代後半からは、この発想を出発点として、しかし、よりスタートアップの実務家にとって使いやすく、理解しやすいフレームワークや経営コンセプトが数々と登場し、それらが一世を風靡したのである。

5 リーン・スタートアップという概念

新興企業の創業当初の経営戦略立案は、経営戦略という言葉よりむしろ、イノベーションやビジネスモデル、プロトタイピングといった言葉にひもづけられる。それは新興企業における経営戦略の立案が、その企業の中核的な事業の設計とほぼ同義であるからだろう。

事業開発手法をめぐっては、多種多様な考え方が登場しては消えていった。しかし、仮説思考計画法の発想を原点に、それをより使いやすいフレームワークに落とし込んで幅広く受け入れられたのが、二〇〇〇年代後半に発案され、エリック・リースが二〇一一年に出版した *The Lean Startup*（邦題『リーン・スタートアップ』）により広く普及した、「リーン・スタートアップ」の考え方である。

スティーブ・ブランクの二〇一三年の論考［＊07］によれば、リーン・スタートアップの要点は三つに集約できる。それは、①事業モデルにひもづく仮定や前提条件を構造化して理解すること、②創業初期においては、その仮定や前提条件の検証へ注力すること、そして、③その検証に対し、顧客を巻き込み、市場でそれを行うことである。

第一に、この概念はまず、仮説思考計画法が、複雑に絡み合う仮定や前提条件をそれぞれの事業ごとにゼロから検討していたのに対して、ビジネスモデル・キャンバス［＊08］と呼ばれる戦略フレームワークなどを活用し、新興企業が事業開発を行う際に仮定を置き、前提条件を設定しなければならない要因について、限られた要素に整理することを求める（図表10－2）。

07 Blank（2013）.
08 ビジネスモデル・キャンバスの概念は、アレックス・オスターワルダーとイヴ・ピニュールが考案したものである（Osterwalder and Pigneur, 2010）。

［図表10-2］ビジネスモデル・キャンバスによる仮説の図式化

主な事業パートナー

・主な事業パートナーは誰か
・主なサプライヤーは誰か
・事業パートナーに融通してもらう主なリソースは何か
・事業パートナーは主な活動のうちどれを担うのか

主な活動

・価値提案の実現に欠かせない主な活動は何か
・流通チャネルが要求する活動は何か
・顧客との関係性を維持するのに必要な活動は何か
・売上を途絶えさせないために必要な活動は何か

主なリソース

・価値提案の実現に欠かせない主なリソースは何か
・流通チャネルが要求するリソースは何か
・顧客との関係性を維持するのに必要なリソースは何か
・売上を途絶えさせないためのリソースは何か

価値提案

・顧客にどのような価値をもたらすか
・顧客が抱える問題のうち、どの解決に協力しているか
・各セグメントにどの製品やサービスの組合せを提供しているか
・どの顧客ニーズを満たしているか
・必要最小限の製品（MVP）に相当するものは何か

顧客との関係性

・どの顧客関係性が確立しているか
・それらはビジネスモデルの他の要素とどう結びついているか
・どれくらいコストがかかっているか

流通チャネル

・自社が対象とする顧客セグメントはどのチャネルでの取引を望んでいるか
・他社は現在、どのようなチャネルを用いているか
・どれが最もうまく機能しているか
・コスト効率が最も高いのは、どのチャネルか
・チャネルを顧客のルーティン業務とどう調和させているか

顧客セグメント

・誰のために価値を創造しているのか
・最重要の顧客は誰か
・典型的な顧客像はどのようなものか

コスト構造

・このビジネスモデルに必然的に伴う最も重要なコストは何か
・主なリソースのうち、どれが最も高コストか
・主な活動のうち、どれが最も高コストか

主な収益源

・顧客はどのような価値に快く対価を支払おうとするか
・現在は何に対価を支払っているか
・収益モデルはどのようなものか
・どのような価格戦術を用いるか

出所：Blank（2013）p.66［ブランク（2013）p.43］より作成。

もちろん、ビジネスモデル・キャンバスのようなフレームワークをまったくそのまま使うことが期待されているわけではない。あくまで一般的に用いうるテンプレートとしてビジネスモデル・キャンバスが提供されているのであり、理想をいえば、それぞれの企業がそれぞれの事業に最も即した独自のキャンバスを考案して、用いるべきである。

第二に、新興企業の創業初期においては、事業モデルを探索するカギとなる、第一段階で構造化した仮説、前提条件などの要因を探索的に日々検証し、当初の経営戦略の有効性を可能な限り迅速に検証することに注力すべきであると説く。

この際、全要素を網羅的に精緻に検証するのではなく、たとえ荒削りであっても、仮説の概略を構成する主要構成要素に絞った効率的な探索を迅速に行うべきである。事業の細かい点に関しては、拡張性のある戦略の方向性を見出してからでも遅くない。あくまで重要なのは、全体の枠組みを検証することであり、詳細な作り込みはある程度の規模を得てからでも構わない。創業初期に重要なのは、中核的な事業概念の検証であり、その根源的な収益性を左右する要因の検証であり、それに関連する要素の作り込みである。

第三に、この考え方は、経営戦略の立案にあたって顧客を巻き込み、市場での検証を通じて、それを磨き込むことを強く推奨している。

まずは小さな市場を対象として潜在顧客に積極的に会いに行き、同時に、事業を拡大した場合に協業する取引先の候補と創業初期から積極的な意見交換を重ねる。こうした活動からの情

［図表10-3］顧客との対話から戦略を作り込み、その結果に資源を投入する

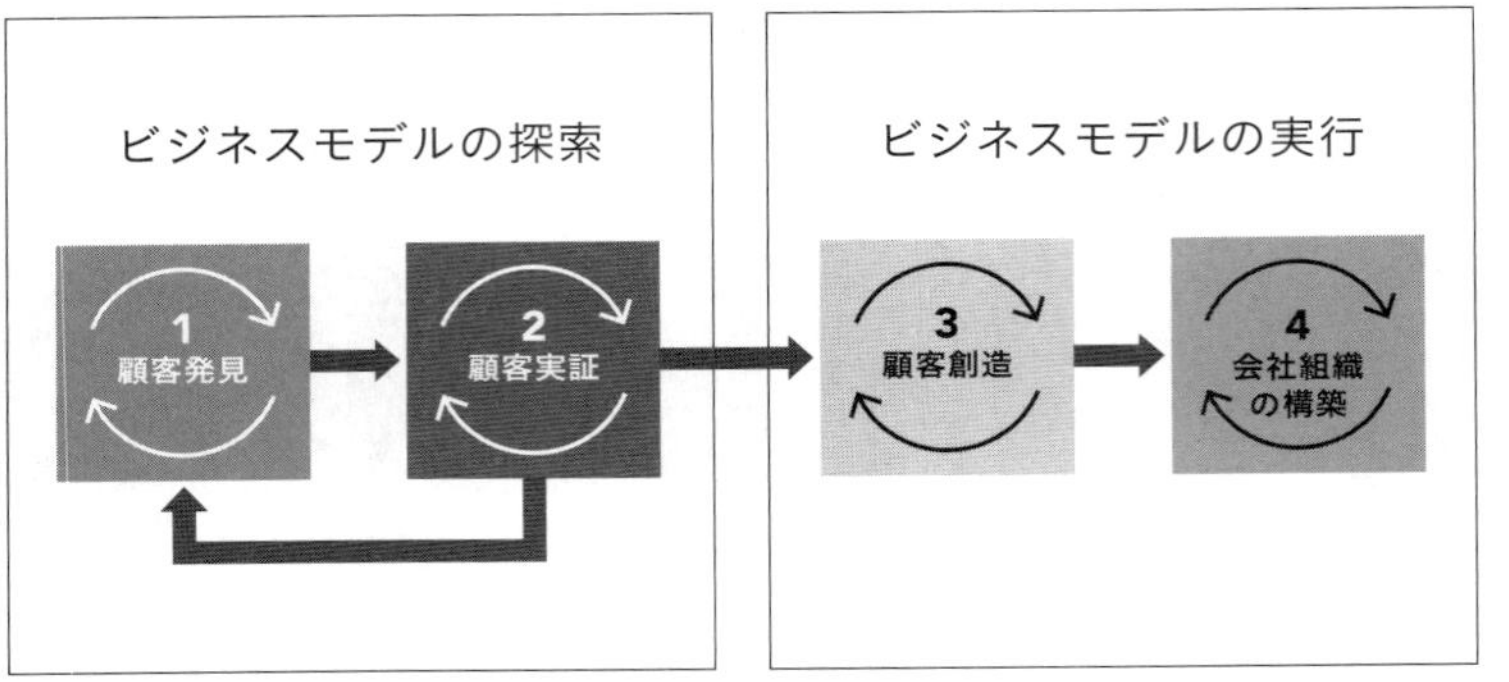

出所：Blank（2013）p.68［ブランク（2013）p. 44］より作成。

報入力を絶えず自社の事業に反映し、市場の中で自社の事業仮説を試しながら磨き込む。

これはまさに、新興企業の多くが存在する動的な事業環境でこそ取れるアプローチである。言い換えれば、その実践がきわめて難しい事業領域も多数存在する。

たとえば、発電プラント、鉄道、橋梁など、一つ一つの製品がそれぞれの顧客の要請に基づいて設計され、政府機関などのきわめて限られた数の顧客しか存在しない場合などが代表例だろう。こうした事業領域では、不完全な完成度の提案を限られた数の重要な顧客に何度もぶつけることは現実的にはなりにくい。

一方で、新興企業の主戦場となる事業環境においては、まず、ビジネスモデルを探索するための検証を市場で繰り返す「探索（Search）」と、それが見えた段階で販売促進活動の支出を増大させ、組織を

急速に整備する「実行（Execution）」の二段構えのアプローチは、有効に機能する可能性が高い（図表10－3）。

リーン・スタートアップの考え方は、こうした事業仮説の磨き込みを迅速に繰り返し実行し続けることを奨励する。できるだけ多くの修正点を反映した次世代の製品やサービスの完成をめざすのではなく、当初の事業仮説を少しずつ磨き込み、それを絶えず迅速に改善していくことに注力する。

実はこの点は、リーン・スタートアップのもう一つの原点である、「トヨタ生産方式」（英語圏では「リーン生産方式」として知られる）にも通じるところがある。

顧客からのフィードバックを絶えず反映し続け、それによって段階的に製造現場をカイゼンしていくトヨタ生産方式は、中央集権型の組織構造を取り、限られた数の経営陣やエンジニアが生産ラインを分析して、再編成する手法とは真逆に存在する。

新興企業は、顧客を発見し、顧客と対話しながら有効な経営戦略を見出すことができる。それを通して当初の事業仮説を検証し、誤りであるときには経営戦略の抜本的な転換（ピボット）を行うことも不可能ではない。逆に、その事業仮説の有用性が説明できるのであれば、採用を拡大し、販売促進に投資し、組織体制を整えながら方向性を固めることができる。

「ステルスモード」と呼ばれるように、自社の経営戦略が社外に漏れないよう厳密に情報管理を行い、一定の完成度に到達してから顧客にそれを問うという発想にも一定の価値があるだろう。他者に模倣されることが致命的となりうる事業では、特にこうしたアプローチにも利点がある。

それに対して、リーン・スタートアップの考え方の根底には、機密保持よりも現場の情報に価値を見出し、引きこもって考え込むのではなく、市場に出て叩かれたほうがよいという発想である。

圧倒的な技術的な優位の可能性や、また事業モデルの新規性自体に絶対的な自信があるのであれば、確かに「ステルスモード」も検討に値する。しかし、多くの新興企業はそこまでの優位性を持って創業されるわけではない。

あくまで試行錯誤の中から、実践を通じて磨き込み、時代の要請を反映したサービスや商品のあり方を見出すほうが、特に創業期の経営戦略検討のあり方としては、多くの場合は適切となるはずである。

6 探索のフェーズにおける新興企業の取組み

ビジネスモデルの探索の段階がめざす重要なマイルストーンは、「プロダクト・マーケット・フィット（ＰＭＦ）」の確立である［＊09］。

ＰＭＦは、顧客を満足させうる製品やサービスと、一定規模以上への成長を可能とする製品やサービスに最適な市場の組合せによって成り立つ。ここで重要なのは、良い製品や良い市場だけではＰＭＦを確立できず、あくまで製品と市場の組合せが重要であるという点である。

あくまで製品を軸にして市場を探すプロダクトアウトでもなく、市場を軸にして製品を考えるマーケットアウトでもなく、プロダクトとマーケットの両者の間の整合性、すなわち「フィット」をめざすことが肝要である。

どれほど優れた製品やサービスを考案しても、市場が存在しなければ価値を持たない。同様に、どんなに可能性がある市場を見出しても、その市場に最適な製品やサービスを提供できなければ意味がない。

ある製品やサービスの価値を見出すのは市場であり、その市場の潜在性を発掘し、その成長を加速させるのは製品やサービスである。したがって、プロダクトとマーケットの相互作用により、両者がそれぞれを補完しあう構造を発見する必要がある。

09 プロダクト・マーケット・フィットという言葉は、著名実業家であり投資家であるマーク・アンドリーセンが、二〇〇七年六月二五日のブログ記事で最初に用いたとされる。すでにこのブログ記事は存在しないが、web.archive.orgのアーカイブで当時の記事を閲覧することが可能である（http://web.archive.org/web/20070701074943/およびhttp://blog.pmarca.com/2007/06/the-pmarca-gu-2.html）。

［図表10-4］PSFを発見するための基本的な取組みの型

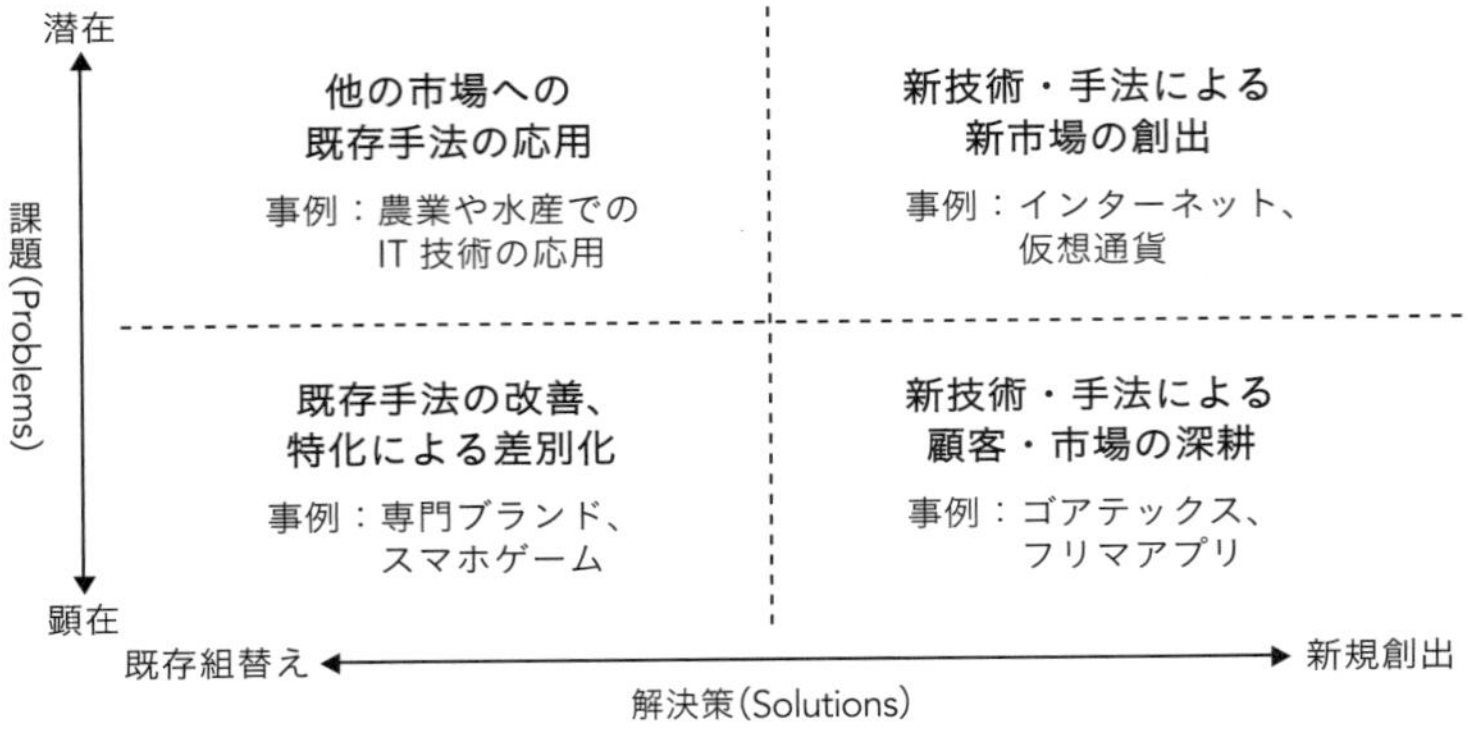

この構造を発見するためにはまず、ＰＭＦの確立の前段階として、より根源的な「プロブレム・ソリューション・フィット（ＰＳＦ）」を見出すのが定石とされている。

ソリューション（解決策）はプロブレム（課題）にひもづいているのが基本であり、それは無数に存在しうる。そのため、ＰＳＦを発見するには、まずプロブレム（課題）から入るのが有効である。

さらに、プロブレムとソリューションはそれぞれ顕在と潜在、既存の組替えと新規の創出の二つに大別できる。この組合せから、ＰＳＦを見出すための四つの基本的な方向性が説明できる（図表10-4）。

まず、「既存手法の改善、特化による差別化」である。たとえば、無印良品、ビームス、スノーピークといったセレクトショップや専門ブランドは、特定の趣向やデザイン・コンセプトに焦点を当てることにより、比較的特化した領域から支持層と事業を広げていった。

スマホゲームのように開発に用いられる技術や手法が枯れている中で、その組替えや改善を通して他社との差別化を図る道もある。これは特に、市場構造が比較的安定的な事業環境で用いられる。

次に、「他の市場への既存手法の応用」である。アグリテックやフィンテック、そしてHRテックやリーガルテックといった言葉があるが、これらは当初インターネットサービスによって開発された手法や技術を応用し、そうした技術が浸透していない事業領域の潜在課題を発掘し、解決しようとしている。

これも比較的、産業構造が安定的な事業環境に新規参入する際に有効な方向性である。事業の多角化に際しても幅広く用いられる取組みの型であり、特に創業者や創業チームの過去の経験や知見を応用できる際に、成功の確率を引き上げることができる。

「新技術・手法による顧客・市場の深耕」は、すでに顕在化しているニーズに新たな技術や手法で挑戦する。たとえばゴアテックスは、防水浸透性素材という防水性と浸透性を両立させる新素材を活かして、アウトドアの愛好家から圧倒的な支持を集めた。急速に成長するフリマアプリも、既存のオークションサービスなどが要した、出品と落札に要する手間暇を大幅に軽減することで支持されている。

もちろん、「新技術・手法による新市場の創出」も不可能ではない。インターネットや仮想通貨など、まったく新しい概念で新市場を作り上げることも、限られた一部のプレイヤーには可能であろう。しかし、これを自社単独で成し遂げることは一般的には難しく、多種多様な利害関係者との協力のうえでのみ成し遂げられる方向性である。

7 PSFとPMFのギャップの正体

では、PSFとPMFの間に存在するギャップとは何であろうか。起業家ごとに持論があると思われるが、その共通点を一言でまとめれば「数字が合うか」である。

「数字が合うか」とは、第一に、PSFの検証から作り出された製品やサービスに対して一定以上の成長が見込めるか、である。いかに優れた製品やサービスであっても、きわめて限られた数の顧客しか存在しないのであれば、事業として成立しえない。少なくても投資として見合わない。

第二に、事業がある一定規模に達したとき、製品やサービスを提供することで得られる収入が、それらを作るために必要なコストを上回ると予測できるかも重要である。これは現代的には、「ユニット・エコノミクス」とも称される概念を用いても検証できる。経済学や管理会計分野において古くからある言葉を使えば、限界費用や限界収益に近い。

この二つの前提のうえで、特段の努力をしなくとも販売量や契約数が継続的かつ自然に増加していく状態に至れば（もしくはその兆候が見えれば）、探索のステージは速やかに（少なくともいったんは）終わるべきとなる。

「数字が合う」状態に至る道はきわめて難しく、予測がつかない。しかし、この発想と検証のプロセスの効率化をめざす手法は数多く存在する。

たとえば、ＩＤＥＯが提唱する「デザイン・シンキング」［*10］のアプローチは、この過程をInspiration（着想）、Ideation（概念化）、Implementation（実現化）の三つのプロセスに分解し、それぞれで製品やサービスのプロトタイプの作成とユーザーテストを繰り返すことで、事業化のヒット率をできる限り高めようとしている。

また、アッシュ・マウリャが二〇一二年に出版した*Running Lean*（邦題『実践リーンスタートアップ』）のように、リーン・スタートアップの手法をより実践的に解決し、ＰＭＦに至るための手法を解説する書籍も多数ある。

とはいえ、新興企業の経営者がどのようにＰＳＦを満たし、最終的にＰＳＦを説明できる経営戦略を見出したかをヒアリングすると、デザイン・シンキングのように体系化されたアプ

10　Brown（2008）.

ローチを採用した起業家は、少なくとも日本にはほとんどいないようである［＊11］。

現状では、探索の過程は多くの場合は起業家の「職人芸」に依存している。日本の新興企業の起業家は、エンジェル投資家や先輩経営者などからの助言、自身の過去の事業経験から得た知見をもとに、属人的にこの作業に取り組んでいるのが多くの現実である。

8 実行のフェーズにおける新興企業の取組み

ＰＳＦを「説明」できる状況に達したら、次は実行の段階に移る。これは別の言葉で説明すれば、「資源投入ステージ（Resources Mobilization Stage）」ともいえる段階である。

ここで重要なのは、「説明」で十分であり「証明」しようとしてはならないという点である。特に新興企業が置かれる事業環境は、刻一刻と変化して流動的である。無数の新興勢力が立ち上がっては消えていく状況下では、どれだけ可能性のある経営戦略であろうと、その正しさを証明することは不可能に近い。

経験値の浅い起業家によくある間違いは、資金調達のために事業計画書やビジネスプランの書類を大量に書き溜め、データでできる限り自分の事業の正しさ、すなわちＰＭＦを証明しようとする行為である。これは新興企業の大半が置かれる事業環境では意義の薄い行為であり、私の知る限り、そうした資料を高く評価するシード投資家は一人もいない。

もちろん、実行のフェーズに移行して以降は、「説明」が「証明」に少しずつ近づいていく。この段階は資源投入の段階であり、経営資源を投じて顧客をかき集め、製品やサービスを段階的に改善していくフェーズである。

これは創発的な段階から組織的な段階への遷移であり、より科学的な定量的なアプローチが有効となる段階への移行である。第8章で紹介した重要業績評価指標（KPI）は、特にこの段階で活用しやすいだろう。

数値をもとに事業モデルの状況を構造的に把握し、それぞれを同時並行的に改善するアプローチは、スタートアップの間では「グロースハック」という言葉で最もよく知られている。これは製品やサービス自体だけでなく、その集客手段や運営手段までを含む全社のコスト構造と収益構造を対象に、特に実証データに基づく仮説検証を繰り返す手法である。

この言葉は、米国の実業家であり、現在はGrowthHackers.comのCEOを務めるショーン・エリスによる、二〇一〇年の記事［*12］が初出といわれる。

11　筆者は、過去三年間で約一五〇名の日本の起業家にヒアリングを重ねているが、新興企業で成功した経営者に限定した場合、そうしたアプローチが言及されたことはほとんどなかった。
12　http://www.startup-marketing.com/where-are-all-the-growth-hackers/

彼は、リモート・アクセス・サービスであるログミーイン（LogMeIn）やオンラインストレージのドロップボックスの成長に貢献した経験から、ＰＭＦがすでに確立された事業であれば、定量的な仮説検証を繰り返すアプローチにより高い確率で事業成長を成し遂げることができると主張した。

グロースハックの象徴ともいえる分析手法はＡ／Ｂテストである。これは製品やサービス、あるいは広告やキャンペーンの実装の選択肢のうち、どれが最も効果が高いかを本格的な実装の前に検証する手法である。現在では、オプティマイズリー（Optimizely）［＊13］やKAIZEN Platform［＊14］のようなサービスを用いて、特にオンラインサービスであれば、こうした定量的な検証が機動的に実行できる環境が整いつつある。

もちろん、グロースハックと総称される取組みでは、Ａ／Ｂテスト以外にも多数の方法論が用いられる。たとえば、Conversion Rate Expertsがまとめたグロースハックのための二七の手法と、それに関連するウェブサービスの一覧［＊15］は参考になる。

同社は、顧客に一対一で直接自社のスタッフと対話するよう動機づけ、ＳＮＳへの投稿などの公開情報を収集し、また類似の事業を行う非インターネット企業の取組みまで調査すれば、より幅広い範囲のサービス改善ができると説明する。

日本でも特にテレビＣＭなどのマスメディア広告の利用の際を中心に、どのようなクリエイティブに効果があるのか、どの時間帯が最も効果が高いかなど、数値を軸に広告や販促の効果を定量的に計測検証するノウハウが新興企業まで浸透してきた。

ユーザーインタビューやサーベイなどの伝統的な調査手法を日々の業務ルーティンに取り入れ、その学びを迅速に製品やサービスに取り入れることも常識となりつつある。フェイスブック、そしてエアビーアンドビーやウーバーのように、こうした取組みを「グロースチーム」などと呼ばれる専業部隊で実行する企業も無数にある。

これらの意味するところは、新興企業の具体的な経営戦略は、その実行の過程の中で決定されていくという単純な事実である。

A／Bテストなど定量的な改善を基本とするグロースハックは、それぞれの機能、UI／UX、システム構成の改善である。しかし、こうした日々の取組みの積み重ねが、次第にサービス全体の再編成や人員・組織体制の変革、さらには提供価値の再定義につながることもありうる。新興企業はこうした検証と改善を行いやすい事業領域に存在しているため、実行の中から戦略を動的に転換するアプローチと親和性が高い。

一方、繰り返しになるが、二〇～三〇年の事業期間が必要となり、いったん投資を決定すると設計の見直しがきわめて難しいインフラ事業、基礎設計から製品販売までに五年以上の期間

13 https://www.optimizely.com/
14 https://kaizenplatform.com/ja/aboutus.html
15 http://www.conversion-rate-experts.com/conversion-tools-infographic/

を要して高い安全性が求められる乗用車、さらに開発期間も長くリスクも高い航空機事業などでは、こうしたアプローチは取りにくい。

また、既存事業の規模が大きくなればなるほど、製品やサービスの根源的な設計を見直すコストは加速度的に高くなる。だからこそ、新興企業が長期的な競争優位を築くためには、初期段階において、実行を通じて絶えず自社の戦略を変化させ続けることが重要なのである。

9 新興企業が成熟するとき

新興企業は、いつまでも新興企業のままではいられない。

一〇人程度の組織であれば、全員が経営陣の隣に座っているような環境を作れる。また、一〇〇人程度であれば、優れた経営者であれば、おそらくほぼ全員の名前と顔が一致している。しかし、それが五〇〇人、一〇〇〇人規模となれば、それはもう不可能である。経営陣、役職者以外の何らかの力によって、組織を一つにまとめ続けなければならない。これこそが、第9章で解説した、経営戦略を浸透させるものである。

新興企業は特に、創業当初は経営資源がきわめて限られた状態にあり、日々その経営の方向性も変わっていく。したがって、定量的な評価基準や細かなインセンティブ設計よりも、日進月歩で組織や戦略が変化する中で根源的に信じるべきもの、組織の構成員全員が共有すべきバリューやミッションが要となる。

これらは創業初期にはそれほど重要でないかもしれない。しかし、組織文化、制度、風土とも呼ばれる組織の定性的な要素は、一昼夜では醸成できないがゆえに、創業初期から作り上げ、熟成させていかなければならない。

また、コミュニケーションという概念も同様に重要となる。組織が小さなときにはその仕組み化は求められないが、急成長する組織でこれを怠ると、気づかぬうちに急速に人心が離れていく。そして、離れ始めてからそれを始めても、ほとんどの場合はもはや手遅れである。すなわち、これも創業初期から実行しなければならない重要な取組みとなる。

こうした組織の足腰を鍛える取組みが立ち遅れれば、採用が難航したり、中心メンバーの心が離れたりするだけでなく、組織の意思決定の方向性も歪んでしまう。

組織が大きくなればなるほど、経営幹部一人一人の自律的な意思決定に依存せざるをえなくなる。その個別の意思決定を統制するものは、バリューやミッションといったその組織が共有する価値観や考え方であり、日々経営陣から発信されるコミュニケーションの蓄積なのである。

新興企業も、いつしか成熟企業となる。そこに至る過程で、当初は事業戦略と全社戦略の間に大きな重なりがあったものが、次第に全社の戦略がそれぞれの事業の戦略から独立していく。第7章で議論したように、組織を永続させようとするのであれば、全社戦略が欠かせない。その中核となるのは、前述したミッションやバリューの確立と、それをもとにした組織内コミュニケーションによる、組織ドメインの定義・周知・更新である。その土台の上で、それぞれの事業機能を成長に合わせて再編成しつつ、事業領域の設定と管理を継続していくこと、そして、自社の活動を監査・評価・統治することが、単一の事業を超えて組織が継続するために必要となる。

たとえば楽天は、上場企業となって以降、創業事業である楽天市場の拡大のみならず、銀行やトラベルなど周辺領域の事業を積極的に買収することで成長を遂げた。これはＰＬ（損益計算書）による成長からＢＳ（貸借対照表）による成長に舵を切ることで、単一事業の成長を超えた企業価値の最大化を狙った動きであろう。これはまさに全社戦略の妙である。

ＳＰＥＥＤＡ事業で創業したユーザベースがNewsPicks事業に乗り出し、印刷事業で成長したラクスルが配送事業であるハコベル事業に乗り出し、フリマアプリで成長したメルカリが子会社のソウゾウで「メルペイ」や「メルチャリ」などの新規事業に取り組むのも、単一事業の限界を超えて、企業としての持続的な成長を模索する全社戦略の取組みといえるだろう。

また、株式の上場をめざし、上場企業としての組織体制を整える過程で、その企業の方法論、組織文化、運営手法が次第にスタートアップ特有の特徴を持つものから、いわゆる大企業特有の特徴を持つものに変遷することも、避けることはできない［＊16］。

株式上場以後も、新興企業は市場との対話を重ねる。組織は事業規模を拡大させ、より多様な構成員によって運営されるようになる。この成長の過程で、新興企業も成熟企業へと転換していく。そして、既存事業の生産性を引き上げれば引き上げるほど、逆に新規事業に対する創造性は発揮しづらくなる［＊17］。

そして、ある時点では再び創発的な戦略検討が必要になる。どのような事業であっても、変化を続ける事業環境に対して永続的な価値を提供することはできない。実際、イノベーションが停滞し競争力を失いつつある成熟企業は、さまざまな手段を用いて、探索のステージに回帰しようとする。

いま苦境に立つ大企業の多くも、過去には新興企業であった。その時代を思い出し、現代の新興企業の戦略構築手法を学び、小さなところからでもまず実践することが、遠回りに見えるかもしれないが、実は近道なのではないだろうか。

16 Kotosaka and Sako (2017).
17 琴坂（二〇一四b）。

本章の要点

・予測困難性、可鍛性、生存困難性のいずれかが高いと新興企業が生まれやすい。
・新興企業の多くが戦う事業環境では、シュンペーター型の競争が起きており、戦略検討の「定石」はそうした事業環境では不十分である。
・新興企業の経営戦略は、ミンツバーグの創発的戦略の概念で説明できる。
・一九九五年に提示された仮説思考計画法の考え方が、新興企業の戦略検討の源流である。
・二〇〇〇年代後半にかけて確立されたリーン・スタートアップは、仮説思考計画法と同様の考え方を戦略フレームワークとして広く伝播させた。
・リーン・スタートアップは、事業開発を「探索」と「実行」に切り分ける。
・探索では、市場との対話からプロダクト・マーケット・フィットを見出す。
・実行で行われる戦略検討は、グロースハックと呼ばれている。
・急速な成長の継続には、創業初期からの組織文化醸成が欠かせない。
・新興企業の戦略検討では、段階的に全社戦略が事業戦略から独立する。
・成長の過程で、新興企業はその特性を失い、成熟企業へと変化する。
・成熟後も創造性を失わない企業が、組織の永続性に近づいていく。

第11章

多国籍企業の経営戦略

国境を超越する経営に、どう戦略的に取り組むか

第10章では、新興企業の経営戦略の特性について概観した。ゼロから事業と組織を立ち上げ、試行錯誤を重ねながら成長していく新興企業には、より創発的な経営戦略立案のアプローチが求められる。事業を走らせながら戦略仮説を検証し、さらに磨き込む。こうした考え方に求められる基本を提示した。

本章では、国際的な事業環境について議論を進める。国際的な事業環境に対しても、新興企業と同様に、これまでの議論を適用できる。検討すべきことの骨格や、経営戦略の基本的な役割は変わらない。もちろん、それが新興企業の場合であれば、前章の議論を加味することも必要である。

そのうえで、国際的な事業環境、すなわち二つ以上の国や地域をまたいで事業を行う状況では、単一の国や地域で事業を行う場合は検討する必要がないさまざまな要因が、競争優位の直接的な源泉となり、差別化の最重要項目になる。

以下、国際的な事業活動を推進するための経営戦略がどう異なるのか、そこにどんな困難や可能性があるかについて、関連する学術研究の系譜にも言及しながら、掘り下げて議論する。

1 現代はセミ・グローバリゼーションの時代

現代は、第二次グローバル経済の最中にある［＊01］。

最初のグローバル化の波は、金本位制の普及が始まる一八八〇年から一九二九年の世界恐慌までの時代であった。それが戦争と、戦争がもたらした分断の時代を挟み、中国の改革開放政策が始まる一九七九年以降、「グローバリゼーション」とも呼ばれる第二次グローバル経済につながる［＊02］。

大前研一による一九九〇年の著作*The Borderless World*（邦題『ボーダレス・ワールド』）が描写する「相互連結経済圏（Interlinked Economy）」や、二〇〇五年にトーマス・フリードマンが出版した*The World is Flat*（邦題『フラット化する世界』）で描かれる「フラット化した世界」は、旧植民地の独立、冷戦の終結、中国の経済開放、そして第三世界の発展という、新たな国際協調体制と自由貿易推進の流れが作り出した経営の新たな常識となった。

こうした変化の背景には、一九七〇年代の中頃以降に急速に進んだ、四つの経営環境の変化が存在している［＊03］（図表11-1）。

01 琴坂将広「ところで、グローバリゼーションって何？——『世界的な価値の連鎖』の始まりはいつ？」日経ビジネスオンライン、二〇一四年一〇月二三日（http://business.nikkeibp.co.jp/article/report/20141022/272888/）。
02 Jones（2004）.
03 琴坂将広「『世界はグローバル化などしていない』に反論する——データで知る、世界経済を取り巻く環境変化のリアルな姿」日経ビジネスオンライン、二〇一四年一一月二六日（http://business.nikkeibp.co.jp/article/report/20141125/274207/）。

[図表11-1] グローバリゼーションを牽引した4つの要因

	なぜこれらが重要か?	潮目の変化
情報通信とグローバルなメディアの成長	・低価格で、即時性があり、密度の高い情報がリアルタイムな企業間連携を実現 ・情報の国境を超えた流通が、顧客趣向の世界的な均一化に貢献	・海底ケーブル（～1900年代） ・通信衛星（～1950年代） ・インターネット（～1990年代）
人と物の移動手段の進化	・定期的で、定時性が高く、迅速で、かつ価格が低く、しかも安全性の高い物流・交通手段が国際事業の運営コストを大きく削減	・コンテナ船（～1970年代） ・ジェット旅客機（～1960年代）
国際標準の整備とモジュラー化	・知らない企業によって知らない場所で作られた製品やサービスが適切であることを担保する国際標準の数*	・IEEE（1963年） ・ISO（1947年） ・IEC（1906年）
国際法規の整備と市場統一	・契約時の問題を低減 ・関税負担の減少 ・国境通過時間の減少	・例：WTO/GATT（1948年） ・IMF（1945年） ・二国間自由貿易協定

注*：国際標準は、例えば出入力の方法を標準化する、自然言語に対する人工言語として機能。

まず、情報通信とメディアが急成長した。テレックス、国際電話、国際ファックスの導入が進み、特に一九九〇年代以降は、インターネットの普及が世界の情報網を急速に発展させた。情報通信サービスの利用の拡大は、サービス自体はもちろんのこと、その裏側に存在する物理的なインフラ、たとえば海底通信ケーブルや衛星通信網の急速な大容量化、低価格化と同時並行的に進展したことも忘れてはならない。

また、人とモノの移動が、ジェット旅客機の大衆化とコンテナ船の普及、それらに伴う空港港湾の標準化と大規模化によって様変わりした。これにより定期的に、確実に、さらに迅速に、安価に人とモノを世界中でやり取りすることが可能となった。

さらに、これは見過ごされがちな要因でもあるが、生産活動における情報交換を円滑化する、人工言語の整備と普及が進んだ。ＩＳＯ（国際標準化機構）やＩＥＥＥ（米国電気電子学会）などの国際標準、さらにはプログラミング言語などにより、知らない人間が、知らない場所で作成した部材や製品であっても、一定の基準を満たしていると信頼できる仕組みが整った。これは、世界中で共通の顧客インターフェース、プラットフォームで事業展開ができるようになったことも関連してくる。これは国境を超えたコラボレーションと意思決定を容易にし、世界的なプロダクトやサービスの登場を支援してきた。

加えて、第四の要因として、第二次世界大戦から冷戦を経て、一定の緊張状態が持続した期間や数々の地域紛争があったものの、国際貿易が振興され、国際法規が整備されて、統一され

［図表11-2］経済における世界の多様性は今も残る

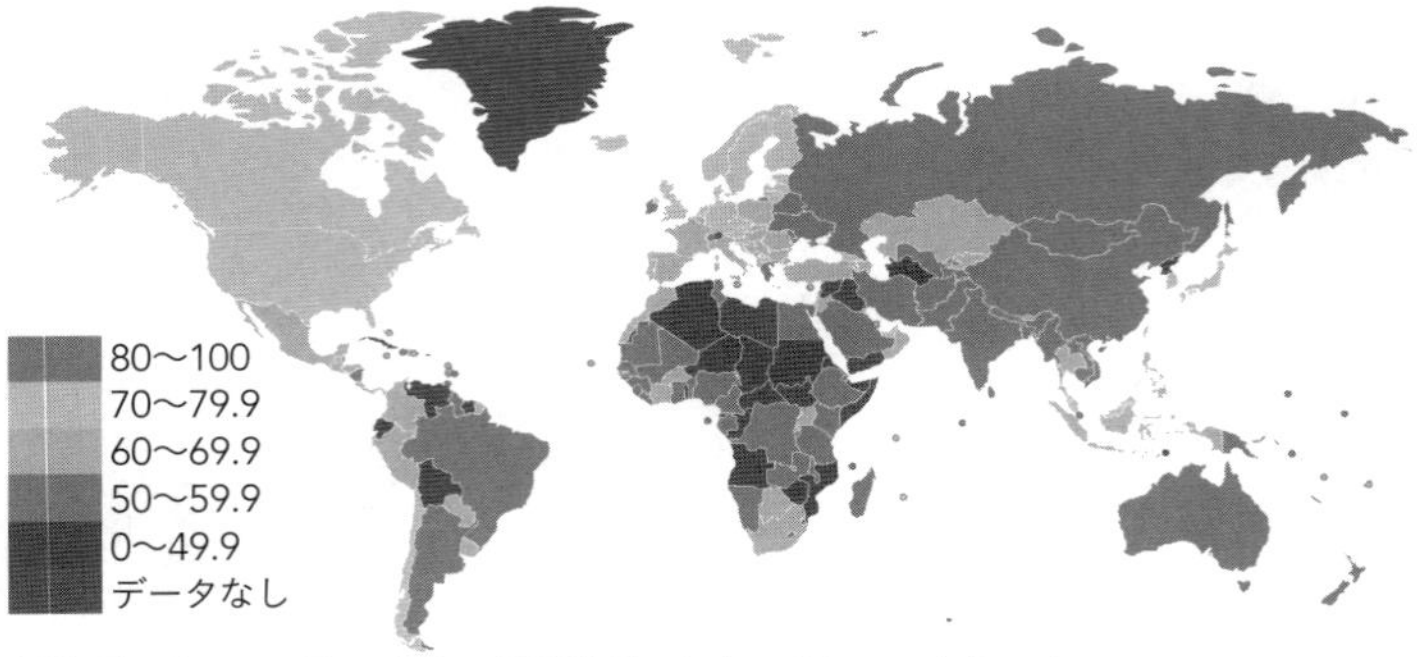

出所：The Heritage Foundation（2018）The Index of Economic Freedom（http://www.heritage.org/index/heatmap）を参照して作成。

る方向性が継続されたことも挙げられる。これは少なくとも現時点までは、グローバル化を推し進める要因であった。

「少なくとも現時点まで」という条件つきなのは、現在において完全にグローバル化した世界経済が存在しているわけではないという重要な事実である。

世界経済をつなげようとする要因が、企業の国際化を力強く進行させている。しかし同時に、世界各地の独自性が消え果てたわけではない。世界の多様性を保ち続けようとする力も、依然として力強く存在する。

たとえば、世界各国の市場経済の特性を分析する指標としてしばしば引用される「経済自由度指標(Index of World Economic Freedom)」は、依然として大きな差異が残る、各国の市場の特性を概観できる資料である。

この指標は、「法の支配（Rule of law)」「政府の規模（Government size）」「規制の効率性（Regulatory efficiency）」「市場の公開度（Market openness）」という四つのカテゴリーに分類できる一二の指標から構成される。そのうえで、その国の経済自由度について一〇〇を最大値、〇を最小値として算出し、市場経済の特性を表している。

この尺度をもとに世界地図を塗り分けたものが、図表11-2である。

この図を見ると、世界の市場にはいまだ大きな多様性が残っていることがわかる。経済格差、人々の生活水準、健康水準、文化の差異だけでなく、企業が活動する際に重要となる市場の統制の度合いを見ても、世界が単一の市場となりつつあるとは、とうてい言えない。

同様の傾向は、世界銀行の「世界ガバナンス指標（World Governance Indicators）」［＊04］や、非営利組織トランスペアレンシー・インターナショナルの「腐敗認識指標（Corruption Perception Index）」［＊05］からも確認できる。こうした指標の数値は、我々が常識と考えている商習慣や取引の前提が成り立たない市場が、依然として世界には数多く存在することを示唆している。

特に最近では、欧州連合からの英国の脱退を意味するブレグジット（Brexit）や、国粋主義的かつ保護貿易的な政策を支持する米国のトランプ政権の誕生など、世界の市場統合の流れに

04　http://info.worldbank.org/governance/wgi/
05　https://www.transparency.org/news/feature/corruption_perceptions_index_2016

対する揺り戻しが目立つ。

日本の経済自由度も、残念ながらここ数年は、医療費などの政府支出と負債の増大、相対的に重い租税負担により徐々に低下しつつある。一部に経済的な自由度を増している人々がいる一方で、相対的な貧困にあえぐ人々が増加している事実も無視できない。

一方の流れとして、技術進歩と世界経済の発展が世界各地を密接に接続しようとしている。他方では、世界各地に残る社会と経済の多様性は消え去ることはなく、現時点でも明確に存在し続けているのである［＊06］。

こうした世界市場の状態を、パンカジュ・ゲマワットは二〇〇三年の論文［＊07］で「セミ・グローバリゼーション」と名づけている。セミ・グローバリゼーションとは、グローバリゼーションが進行しつつも、それが完全には世界を一つの市場にしていない中間的な状態である。これが、国境を越えて事業を展開する企業が直面する、世界市場の異質性である。

世界がより均質的（ホモジーニアス）であれば、国際的な環境において事業を行うことも、これまでに議論した考え方を単に活用するだけでよいだろう。しかし現実には、そうではない。多数の組織や個人が国際的な環境で活動するようになりつつも、世界には無視しえない異質性（ヘテロジニティ）が存在している。

その異質性が作り出す複雑性があるがゆえに、国際的な環境における経営戦略においては、そうではない環境とはまた異なった検討が必要となるのである。

2 国際経営戦略の立案は市場の多様性との対話である

経営戦略と国際経営戦略は、どう違うのか。

それを考えるうえでは、ゲマワットによる二〇〇三年の論文の整理がわかりやすい。究極的には、「国際」と付く事業戦略と全社戦略は、世界市場の異質性という複雑性を加味した事業戦略と全社戦略であり、一次元より複雑な検討が求められる経営戦略であると彼はいう(図表11-3)。

すでに第6章で事業戦略、第7章で全社戦略の立案について解説した。端的にいえば、国際事業戦略と国際経営戦略は、これらで触れた要素に加えて、セミ・グローバリゼーションの最中にある、複数の国や地域で事業を運営することの可能性や困難性が加味される経営戦略である。

06 琴坂将広「なぜ『本当はグローバル化など進んでいない』と言われるのか」日経ビジネスオンライン、二〇一四年一二月一七日(http://business.nikkeibp.co.jp/article/report/20141215/275147/)。

07 Ghemawat (2003).

[図表 11-3] **経営戦略と国際経営戦略の端的な比較**

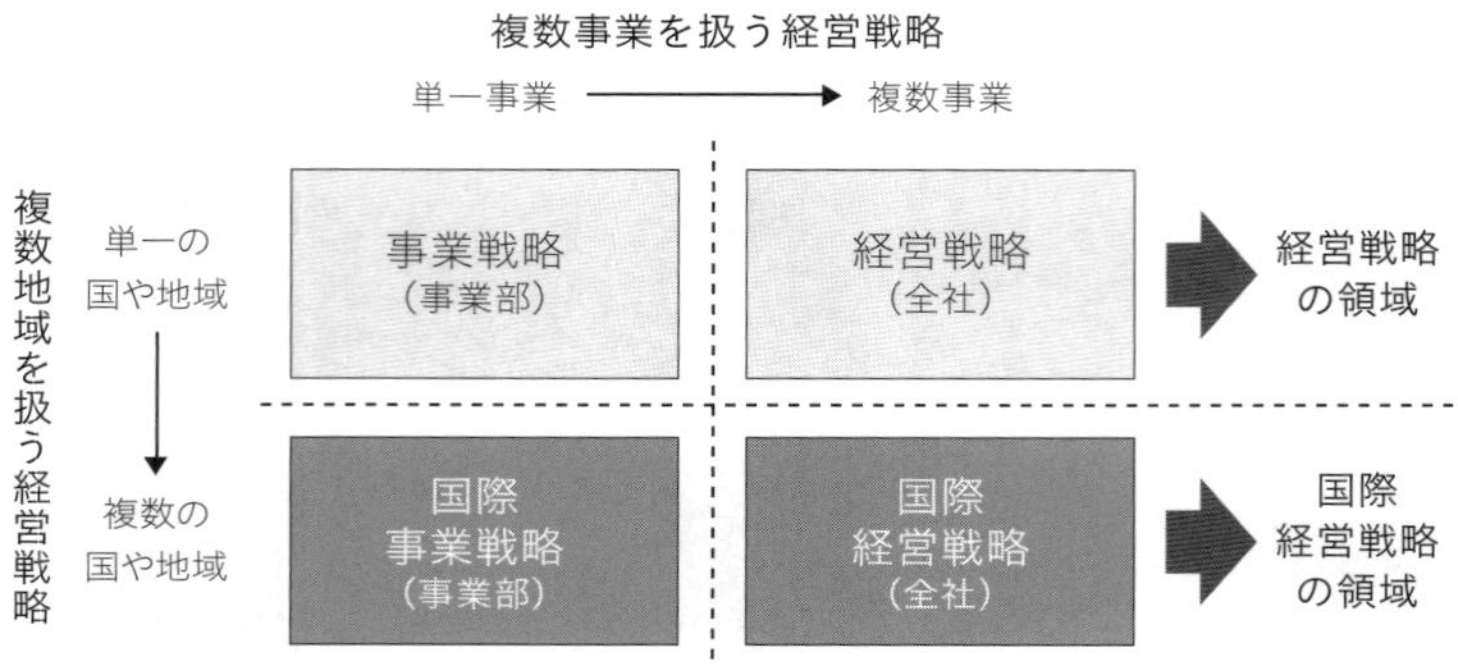

出所:Ghemawat (2003) より作成。

第一にその可能性とは、全世界のさらなる統合により、世界で自社の優位性を築き上げ、事業拡大を成し遂げる契機が広がったことである。

多様な地域への進出を通して売上を拡大させ、さらに事業リスクを分散させるだけでなく、多様な地域を統合的に運用することで規模の経済を実現し、自社の競争力を高めることができる。

そして、その困難性とは、世界に散在する大きな多様性に自社の事業を最適化させることである。

母国とは異なる事業環境で競争に打ち勝つためには、国境を越えて事業を行う追加的なコスト、たとえば現地の環境に精通していないこと、現地の利害関係者とのつながりが薄いことを補完しうる、現地企業以上の競争力を保持しなければならない。

最大のジレンマは、複数の国や地域を統合させることによる競争力の獲得と、それぞれの現地環境に自社の事業を適合させることによる競争力の獲得

［図表11-4］**統合と適合のトレードオフ**

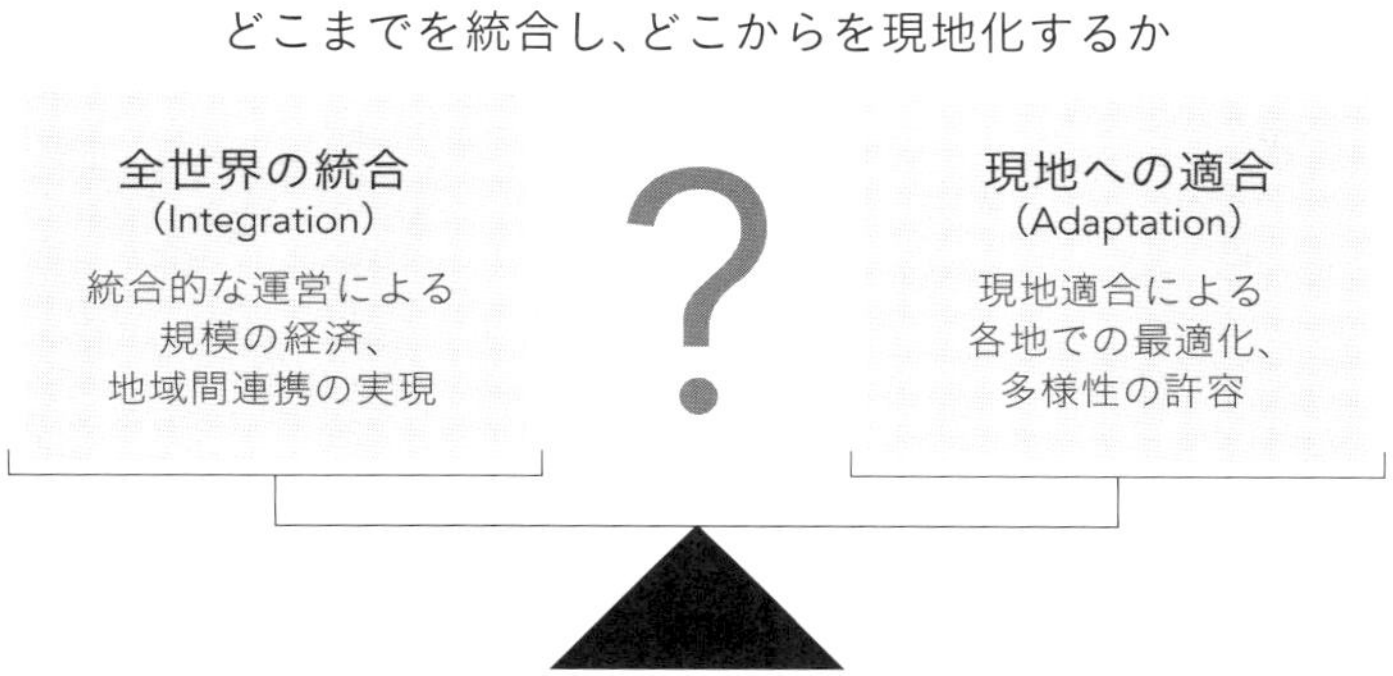

出所：琴坂（2014a）p.182。

が、トレードオフの関係にあることである（図表11－4）。

たとえば、全世界の組織運営を単一の仕組みで行えば、複雑性が低下して運営コストが下がる一方で、現地の特殊事情に対応することは難しい。

逆に、それぞれの地域で独自の製品を開発・販売していては、原材料調達、生産、販売、販促の地域をまたいだ標準化は進まず、世界進出による規模の経済を享受できない。

世界に多様な市場があるがゆえに、単純に規模を拡大するだけでは現地競争に勝てない。しかし、それぞれの現地で個別に競争していては、国境を越えて展開するための事業コストだけが重なり、売上が上がるとしても利益を圧迫するだけとなる。

この問題は、国際経営戦略の理論構築の黎明期に、C・K・プラハラードが一九七五年のハーバード大学の博士論文である“The Strategic Process in a Multinational Corporation"（多国籍企業の戦略立案）で解説した問題であり、同僚であったイブ・ドーズの一九七六年の博士論文"National Politics and Multinational Management"（国家政策と多国籍経営）でも言及されている、国際経営戦略における根源的な問いである［＊08］。

この考え方は、「統合－適合フレームワーク（Integration Responsiveness Framework）」と呼ばれ、その頭文字を取って「I－Rフレームワーク」とも呼ばれる。これは、一九八六年に執筆された両氏の共著 *The Multinational Mission*（多国籍企業の使命）［＊09］によって一般に広く理解されるようになった考え方である。

ここでいう「統合（Integration）」は「グローバル統合（Global Integration）」とも表現され、多国籍に展開する競合や顧客の存在、製品市場におけるグローバル化の度合い、コスト削減への圧力など、国際経営における統合への圧力を総称している。

また、「適合（Responsiveness）」は「ローカル適合（Local Responsiveness）」とも呼ばれ、それぞれの市場における顧客趣向、販売チャネル、産業構造、現地政府や法規制の特性がもたらす、国際経営において現地市場へ適合することへの圧力を総称する。

国際経営戦略は、この二つの力に対して、どのような答えを導き出すかに左右される。一九七〇年代後半以降、このI－Rフレームワークの考え方を土台として、また、加速度的に進行した企業の海外進出と多国籍化にも支援されながら、統合と適合のトレードオフにどう取り組めばよいかについて、多種多様な議論が展開されてきた。ただし、依然として統一的な見解には至ってはいない。

3 国際的な事業環境の四つの類型

国際経営戦略に関する研究の潮流は、ポール・ローレンスとジェイ・ローシュが土台を作り上げた「コンティンジェンシー理論（条件適応理論）」[＊10]を源流とする。

そのため、第一に注力すべきは外部環境の理解だという見方が強い。このように外部環境を理解し、その特性に応じて戦略を検討するのは、ヘンリー・ミンツバーグが提唱した一〇の分類[＊11]を参照すれば、エンバイロメント・スクールに当てはまる。これは、経営戦略を環境への反応プロセスとして捉える研究潮流である。

外部環境の分析から経営戦略を立案する系譜は、第4章で触れた。ファイブ・フォース分析、

08 Devinney et al.（2000）によれば、この概念は、Lawrence and Lorsch（1967a）までさかのぼることができるという。
09 Prahalad and Doz（1987）.
10 Lawrence and Lorsch（1967b）.
11 Mintzberg et al.（2009）.

［図表11-5］国際的な経営環境の4つの類型

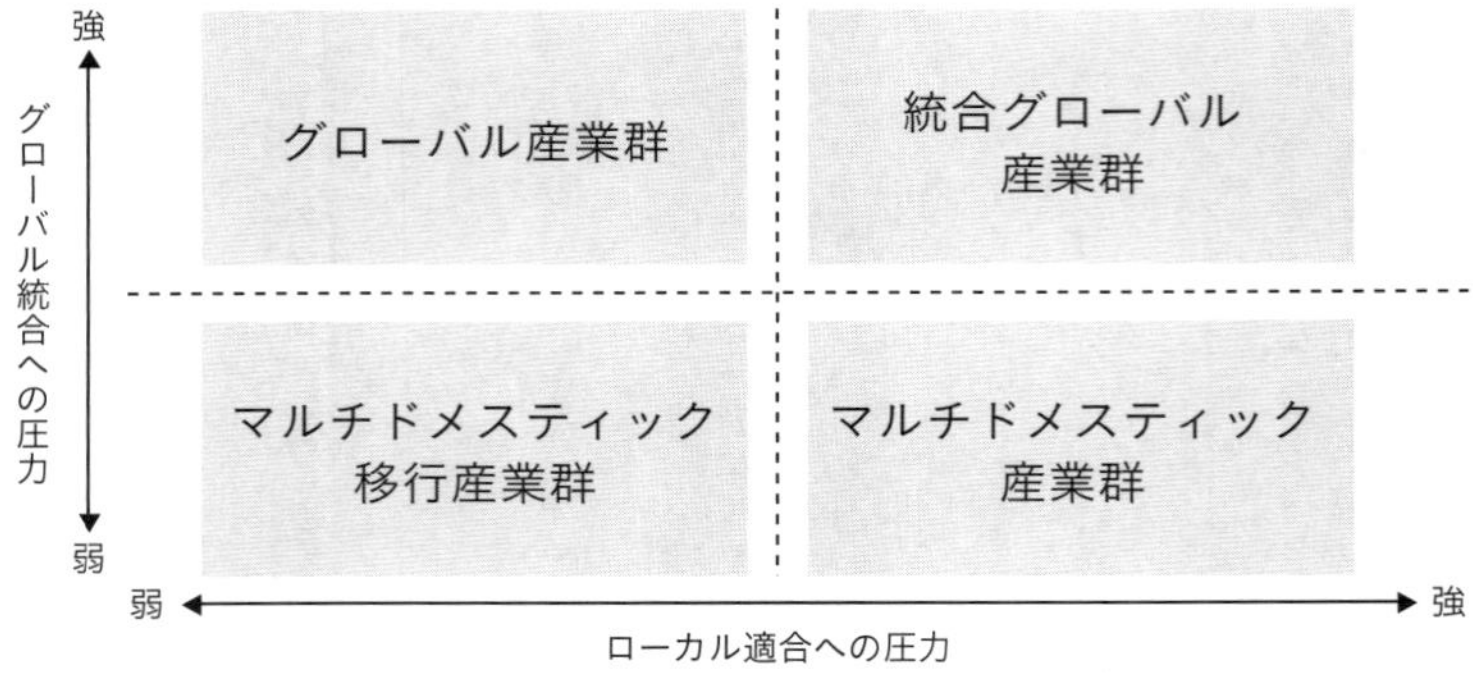

出所：Prahalad and Doz（1987）；Makhija et al.（1997）を参考に作成。

PESTLE分析、シナリオ分析といった分析手法は、国際経営戦略の立案でも活用される。ただし、国際経営戦略の立案においては特に、自社が複数の国や地域に進出していることの意味合いを深く考慮する必要が生まれる。

複数の国や地域に進出する場合においては、I－Rフレームワークを用いて自社がかかわる国際的な経営環境の特性を理解する手法が、欧米の多くの国際経営の教科書では定石として教えられている。

こうした作業は、図表11－5のような分類から自社の置かれた経営環境を理解する。

この図は、モナ・マキージャらが一九九七年の論文［＊12］で解説した産業のグローバル化の四分類を、I－Rフレームワークに当てはめたものである。

自社の置かれた環境が「マルチドメスティック移行産業群」であれば、依然としてグローバル統合の圧力も、ローカル適合への圧力も弱い状況である。

世界的に展開する企業が限られ、地域間の顧客趣向や産業構造の違いが事業展開の障壁となっていない。典型的には、自動車修理業などの各種リペアサービスや、土木・住宅建設などの領域は、比較的、国際化の進展が遅く、この分類に当てはまる。

こうした事業領域においては、そもそも国際的に事業を展開することの利点が限られることも多い。母国を越えて活動をしようにも、それぞれの国の特性が大きく異なっており、それに対応するためのコストがかさむ。

また、多国籍に展開する協業もほとんど存在しないため、国際展開をする必要性も限られる。確かに、他社に先駆けて国際展開に成功すれば、先行者利益を得られるかもしれない。しかし、それは困難な道である。

また「マルチドメスティック産業群」であれば、多国籍に展開する巨大企業が世界的に目立つが、そうした企業が世界で統合的な事業展開をせず、各国の顧客ニーズに適合させた製品やサービスを各地で提供している。

ここには、現地の言語や文化が影響するコンテンツ事業、飲料や食料品、または通信などの規制産業がこの分類に当てはまる。こうした事業領域においては、確かに各国の市場特性に応える必要性があるが、しかし多国籍に展開することの利点も数多く存在する。

12 Makhija et al. (1997).

原材料などの一括購入による原価低減を進めたり、それぞれの市場で培った知見を相互に融通し合うことで、一カ国でしか展開しない企業に対して、組織能力獲得の観点からも優位に立てる可能性がある。

また何より、すでに多国籍に展開することに成功している企業が多数存在する事業領域であることも多く、そもそも多国籍に展開することを視野に入れなければ、長期的な競争で生き残れない可能性のある事業領域でもある。

グローバル統合への圧力が強く、しかし、ローカル適合への圧力が弱い経営環境は、「グローバル産業群」に分類される。

こうした事業環境では、競争が世界的に行われ、世界的な市場の寡占化が進行している。そのため、規模の経済を活用しなければ生き残れない事業環境にある。たとえば、旅客機、造船、工作機械、腕時計、化学、鉄鋼、資源、金融などの領域はここに分類される。

確かに、それぞれの国にそれぞれの国のみで展開する企業も存在する。しかし、こうした事業領域では、顧客の趣向が国境を越えて同質的であり、各国の特性に無理に合わせなくとも充分に競争力のあるサービスや製品を提供できる。また、多数の国に展開すればするほど、バックオフィス、研究開発、購買生産などそれぞれの事業機能において効率化を進めることになり、外部からの調達コストを低減させうる可能性が高まる。

したがって、自然とグローバルに展開する企業が競争力を増す。確かに各国の規制によって一時的には事業を延命させることもできるかもしれない。しかし、いったん規制が撤廃されれば、もはや追いつくことが不可能なほどに競争力の格差が広がる状況となる。

そして現在、多くの産業が移行しつつあるのが「統合グローバル産業群」である。

これはグローバル統合への圧力も、ローカル適合への圧力も強い競争環境であり、世界各地で統合を推し進めながら、各国市場にも適合できる強力な多国籍企業が事業を展開する産業群である。たとえば、自家用車や日用消費財がここに該当する。

こうした事業領域では、かなり以前から国際経営が競争の前提条件となっている。経営のノウハウの蓄積も進んでおり、多国籍に展開することの利点をどの企業も最大限に活用して事業展開を進めている。端的にいえば、新興企業がこうした事業領域に最初から全面的に挑むのはきわめて難しい。

それぞれの国の事情に合わせた事業展開をしつつ、しかし世界展開していることの利点を最大限に引き出さなければならない。それができる企業と、できない企業の間に大きな差が生まれるがゆえに、国際経営戦略をどのように立案するかが、まさに勝敗を左右する。

ある一つの国や地域のみで経営戦略を検討する際には、国際的な事業環境の特性を議論する必要性は高くない。しかし、世界の市場の多様性を戦略検討に織り込もうとする場合、まずはこのような類型を参考にしつつ、自社のそれぞれの事業領域が置かれている経営環境の理解が必須となる。

4 国際経営戦略の四つの方向性

自社が直面している国際的な事業環境の特性を理解できたら、自社の国際経営戦略の基本的な方向性も議論できる。図表11－6は、図表11－5で示した国際的な経営環境の四つの類型それぞれに対応する、四つの基本的な国際経営戦略の方向性を示している。

自社が置かれているのがマルチドメスティック移行産業群であれば、母国市場を中核として、その事業モデルを海外に移行するシンプルな方向性を意味する「母国複製戦略」が基本となる。

自社がマルチドメスティック産業群にある場合、各国に大幅な権限移譲を行い、本社は全体の資源管理に注力する「マルチドメスティック戦略」が望ましい。それがグローバル産業群であれば、本社に権限を集約させ、シンプルな組織構造を採用し、全世界で統一的な戦略を推進する「グローバル戦略」が有効となるだろう。

自社が統合グローバル産業群に置かれているときは、グローバル統合とローカル適合の最適なバランスを探し求めなければならない。こうした産業群では、「トランスナショナル戦略」

［図表11-6］産業特性に応じた国際経営戦略の4つの方向性

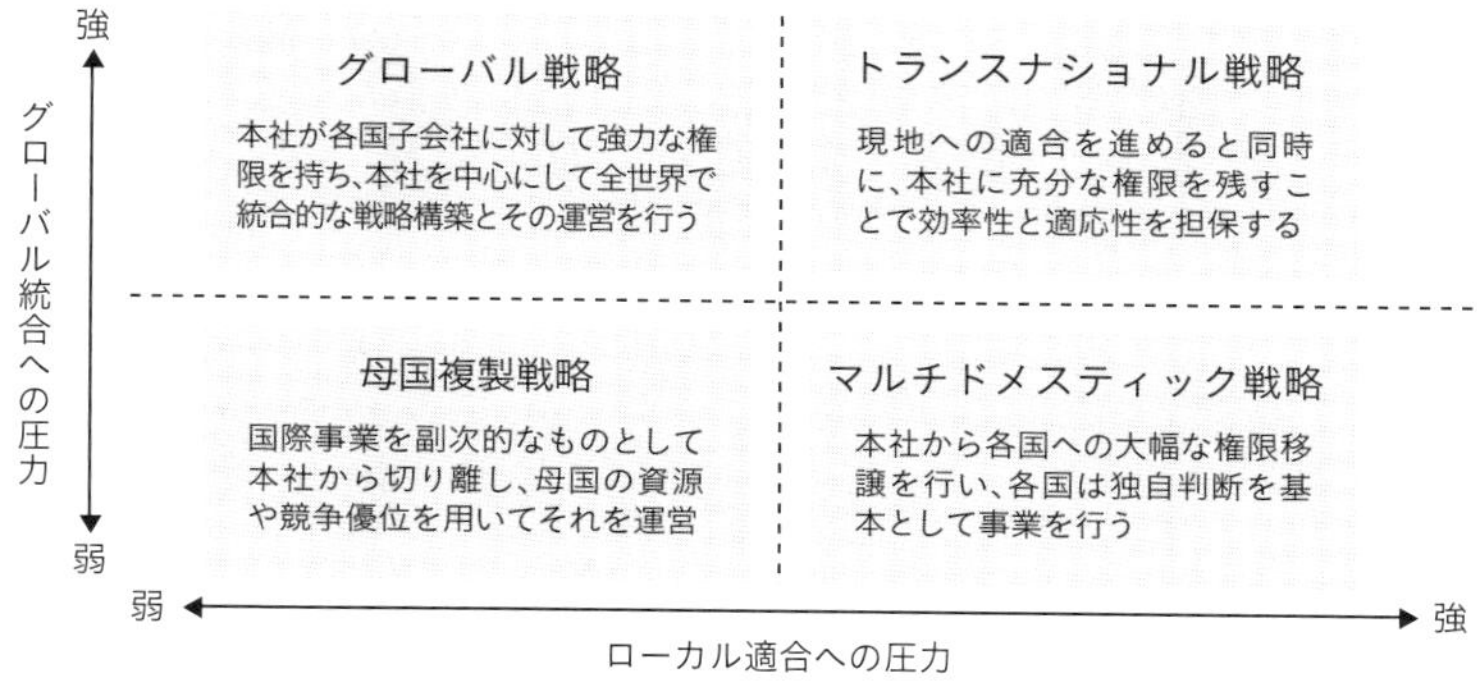

出所：琴坂（2014）p.204［原出典：Cavusgil et al., 2011］より作成。

と呼ばれるように、国の境界を超えた組織運営が求められる。これは「グローカル戦略」とも呼ばれ、グローバルでありながら、ローカルの要素を持つ複雑な組織と戦略の実践が求められる。

こうした検討は、全社レベルのみならず、事業レベル、機能レベルでもそれぞれ行う必要がある。たとえば、アップルは全社レベルではグローバルで単一の商品しか販売しない。

しかし、事業レベルで見ると、たとえば日本では携帯キャリアとの連携のうえでiPhoneを販売する日本独自の事業モデルを取る一方で、Apple Pay ではグローバルなプロダクトをそのまま導入している。

また、機能レベルで見ても、マーケティングやブランディングは世界で統一する一方で、事業推進や商品の販売方法はローカライズを進めている。このように、全社の視点だけではなく、各事業、各機能で最適な方向を選択する必要があるだろう。

もちろん、この類型が絶対的に正しいと言うつもりはない。あくまで一つの例であり、重要なのは、経営戦略を立案する当事者が、腹落ちし、関係者に対して説明できる思考の軸を持つことである。

国際経営戦略に関する書籍は山ほどあり、そのそれぞれが異なるフレームワークを提示している。すでに第6章でも述べたように、複数のフレームワークを比較検討しながら、自社の置かれた状況や事業の特性、戦略の方向性に最も合致する考え方を土台として、自分なりの思考の軸を作ることが肝要である。

たとえば、やや視点を変えた考え方であれば、パンカジュ・ゲマワットが二〇〇七年に発表した論文［＊13］で解説した「AAAトライアングル」が存在する。

AAAトライアングルは、「適応戦略（Adaptation）」「集約戦略（Aggregation）」「アービトラージ戦略（Arbitrage）」の三つの方向性の最適なバランスを検討し、その組合せにより市場の多様性から最大限の利益を得るべきという。

適応戦略とは、各国の特殊性にできる限り適応して、各国の顧客に対する商品の魅力度を最大化させようとする方向性である。これはI－Rフレームワークの適合（Responsiveness）の方向性と重なる。

また集約戦略とは、I－Rフレームワークの統合（Integration）と同様に、国際的な運営をできるだけ一つに集約することでそのコストを最小化し、競争優位を生み出そうという方向性である。

そしてアービトラージ（裁定）戦略とは、それぞれの国の間に存在する差異から競争優位を生み出そうとする方向性である。最もわかりやすいのは、人件費や光熱費などの生産費用の差異であり、新興国で生産し、先進国で販売するような形態が当てはまる。

前述のマルチドメスティック産業群であれば適応戦略が中核となり、グローバル産業群であれば集約戦略が中核となるだろう。また、参入している国や地域の生産費用や販売価格などの大きな差異が存在するのであれば、その差異から便益を得ようとするアービトラージ戦略も視野に入る。AAAトライアングルは、この三つの要素を組み合わせることにより、最適な国際経営戦略のあり方を導出する。

繰り返しになるが、こうしたいわば定石のみで勝負に勝てるわけではない。これらはあくまで、複数の国や地域に参入する複雑性と可能性を加味するための筋道である。自社が事業を行う各国の市場特性を理解し、その国と地域の組合せから得られる便益を最大化するためには、さらに深い検討が必要となる。

定石はあくまで経営戦略の検討の出発点である。しかし、定石の上に戦略の検討を進めるこ

13 Ghemawat (2007).

とに価値があることは、将棋や囲碁やチェスと同様であろう。

5 海外市場でのしかかる二つの「負債」

国際化を推進する過程において、企業は各国の市場でそれぞれの競合に打ち勝ち、現地の事業を推進しなければならない。

しかし、母国市場で培った競争優位は、不慣れな現地の市場ではまったく役に立たないことがある。それどころか、国外から参入する外国企業は、現地企業にはない「負債」を背負いながら事業を進めることを強いられる。

この負債は、「異質性による負債（Liability of foreignness）」と呼ばれる。これは、多国籍企業研究の先駆けとなったステファン・ハイマーの一九六〇年の博士論文［＊14］でもすでに言及されており、企業やその他の組織が母国以外の事業環境で活動する際に存在する困難として、長らく多面的に研究されてきた。

この負債の特性は、スリラタ・ザヒルの一九九五年の論文［＊15］により、以下の四つの要素としてまとめられている。

①地理的な距離に直接関係するコスト（例：旅費、輸送費、通信費）
②現地の環境に不案内であるためのコスト（例：市場調査費、運営の非効率）
③現地の環境特性により生じるコスト（例：外国企業への警戒、市場の閉鎖性）
④母国の環境特性により生じるコスト（例：軍需品等の輸出規制、貿易摩擦）

こうしたコストはすべて、グローバル化によって少しずつ低減されてきた。特に旅費や輸送費、通信費は大幅に削減されている。国際経営が多くの領域で浸透し、各国市場の特性や運営を取り扱える専門的な経営人材の層が厚くなりつつある。また、市場の閉鎖性や貿易摩擦などの国家間の対立に関しても、一九九〇年代と比較すれば、現在の揺り戻しの兆候を加味しても劇的に状況が改善している。

しかし、たとえこの四つのコストが最小化されたとしても「外部者性による負債（Liability of outsidership）」が残るため、外国企業は進出先の現地市場において事業上の困難に直面する、と主張する論文［*16］が二〇〇九年に発表されている。

14 同論文は一九七六年に書籍（Hymer, 1976）として出版された。
15 Zaheer（1995）.
16 Johanson and Vahlne（2009）.

この論文では、多国籍企業が直面する負債が、地域特性に関連する上記四つのコストよりも、他者との関係の特殊性（Relationship-specificity）や、社会的つながりのネットワークの特殊性（Network-specificity）に関連するコストに変質しつつあるという。すなわち、現地を知らないことや現地との距離が遠いこと以上に、現地の人物や企業とのつながりが薄いことや、現地の社会的なつながりにおいて信頼を得ていないことが、そこでの事業構築とその推進において、より重い負債となるという主張である。

確かに日本の大企業の経営者も、たとえば経団連や経済同友会などのつながりを通じて、日本国内では相互に強い結びつきを保っている。しかし、ひとたび海外に進出すると、現地の経営者のコミュニティにはなかなか入り込めていない。またスタートアップの経営者や投資家も、日本国内では相互に密に連携しているが、国外の起業家や投資家と一定以上のつながりを持つことには、なかなか成功していない。

現代の日本企業とその経営者が、新たに海外進出する際に直面する困難は、異質性による負債よりむしろ、外部者性による負債のほうが大きいと思われる。これは特に優秀な人材の採用や、現地の企業との連携において大きな障壁となっている。

こうした負債を上回るだけの便益を得られなければ、海外市場には参入できない。海外進出においては、そもそも現地企業に対して競争劣位にさらされているという前提に立ち、それを上回る理由を提示する必要がある。

もし、その理由が見当たらないのであれば、最善の戦略が「海外進出をしない」となる可能性すらあるだろう。

6 企業はなぜ国外市場に進出するのか

では、こうした負債、事業上の困難を抱えているにもかかわらず、なぜ企業は海外市場に参入するのか。

この問いは長らく、複数の学術的な視点から議論されてきた。これを取りまとめた代表的な考え方[＊17]が、ジョン・ダニングが提唱した「OLI理論（または折衷理論）」である[＊18]。

OLI理論は、一九七六年のノーベル・シンポジウムで初めて発表され、ダニングの一九七九年の論文[＊19]で、その骨格が提示されている。以後、対外直接投資と多国籍企業の研究に

17 同時期に成立した「内部化理論」は、OLI理論と同様に代表的な考え方といえる。その概要は、Rugman（1981）を参照されたい。
18 OLI理論の発展の経緯と現代的な解釈に関しては、Dunning（1995）を参照されたい。
19 Dunning（1979）.

［図表11-7］OLI理論の3つの要素

3つの要素が、企業が自ら他国市場に参入するかを左右する

・所有の優位（Ownership-specific advantages）
　・企業が内部に保持する知識、技能、能力、物理的な資産、関係性がもたらす競争優位の程度

・立地の優位（Location-specific advantages）
　・参入する国や地域が保持する生産国または消費国としての相対的な優位性。
　たとえば、その国の天然資源、人的資源、市場の魅力度

・内部化の優位（Internalization advantages）
　・海外の生産設備、販売物流網、その他の付加価値創造のプロセスを外部から
　組織の内部に取り込むことで得られる優位性

出所：Dunning（1981）を参考に作成。

おいて、長らく代表的な理論的枠組みとして参照されてきた。

この理論は、海外進出の検討に影響を与える要因を以下の三つに整理する（図表11-7）。

「所有の優位」は、その企業自身が有する、海外市場でも十分に機能する競争優位を指す。わかりやすいのは、特許や著作権などのように、特別の権利を付与された技術や情報である。これらは法的に保護されており、参入企業は現地での独占を認められる。そうした特別の権利がなくとも、現地の企業には作れない、真似できない商材やサービスであれば、異質性や外部者性による負債を乗り越え、企業は利潤を確保できる。

「立地の優位」は、異質性による負債を支払っても余りある参入の見返りを、その国や地域が提供できる場合を説明する。わかりやすいのは、アフリカ諸国で産出される希少鉱石であろう。きわめて危険な

事業環境であり、リスクも高く、参入のコストは高い。

しかし、そこから得られる資源が魅力的であるがゆえに、その危険性やリスクも許容される。また、米国や中国などの巨大市場も、参入のコストに対して成長可能性を大きく見積もれるため、参入する理由を見出せる可能性がある。

「内部化の優位」は、現地の企業に生産や販売を委託するのではなく、自社で行うことの優位性について説明する。所有の優位や立地の優位が存在していたとしても、わざわざ自社で現地に参入せずとも、現地企業に輸出や輸入で任せておけばよいケースもある。ただし、遠隔地にある現地企業を契約関係だけで管理監督するのは困難を伴う。したがって、自社で進出し、現地のオペレーションを強くコントロールすることには一定の意味がある。

海外市場に参入する際には、そもそも自社が海外市場で直面する異質性による負債や、外部者性による負債を克服できるだけの理由を持っているかを入念に検証する必要がある。そして多くの場合、それだけの理由を見出すことは難しい。

他社を圧倒できるような所有の優位を持つ企業は限られる。また、立地の優位を得られるような国や地域は、世界中から競合が集結してくる可能性がある。そして、内部化の優位は、その優位性を得るまでの間に、国際経営の知見を充分に蓄える必要がある。

したがって、大半の企業にとっては、長きにわたって国際経営は無縁の世界であった。今現在でも、世界に存在する企業のうち、国外からの調達や国外での販売を積極的に行うことができている企業はごく少数である。

確かに技術進化は、より多くの企業に国際経営の門戸を広げている。未来を見据えれば、国際経営は避けることはできないだろう。しかし、国際展開の便益を冷静に考えたとき、論理的に考えて挑戦するべきだと考えることができる企業は、まだ多くはない。

7 国外市場から得られる付加価値とは

海外進出の魅力は売上の拡大やコストの削減だけではない。より多面的に海外市場に進出することの付加価値を検討すれば、その意義を再発見できる可能性は高まる。

売上の拡大やコストの削減以外の多面的な便益の可能性を把握し、それを検討するためには、パンカジュ・ゲマワットが二〇〇七年の著作[*20]で解説した「ADDING価値スコアカード」が有用である[*21]。

ADDING価値スコアカードは、海外市場進出で得られる可能性のある付加価値を一覧にしている。この考え方は、二〇〇一年の論文[*22]で発表され、現地市場の特性を母国との比較から理解する「CAGEフレームワーク」、そして前述したAAAフレームワークととも

［図表11-8］ADDING価値スコアカード

A	＝ 販売量の増加、または事業の成長
D	＝ コストの削減
D	＝ 差別化、または支払い意欲の向上
I	＝ 産業魅力度、または取引交渉力の改善
N	＝ リスクの平準化、または最適化
G	＝ 知識、資源、または能力の獲得や活用

出所：Ghemawat（2007）pp.65-106より作成。

に、実務家から高い評価を得ている。

OLI理論が、国際経営の研究者から実証研究のための理論的枠組みとして参照される一方、ゲマワットが考案したこれらのフレームワークは、理解しやすい思考の道筋として、経営の実践で幅広く参照されてきた［＊23］。

ADDING価値スコアカードは、ADDINGの六文字で表される六つの要素を、海外市場進出で得られる可能性のある付加価値として解説する（図表11-8）。

20 Ghemawat（2007）.
21 海外進出の誘因に関しては、ADDING価値スコアカード以外にも、Dunning（1998）が参考になる。
22 Ghemawat（2001）.
23 たとえば、著名な国際経営の研究者であったアラン・ラグマンは、Rugman（2009）の中で、ゲマワットの著作は実務家に高い価値を持つ一方、過去の学術的発展を十分に参照していないため、学問的な価値は限定されると評価している。

ADDINGには、「販売増（Adding volume）」「コスト削減（Decreasing cost）」「差別化（Differentiating）」「産業魅力度の向上（Improving industry attractiveness）」「リスク平準化（Normalizing risk）」、そして「知識の創造（Generating knowledge）」の便益が含まれる。海外進出を検討する際に出発点として議論されるのは、販売であれば売上の拡大であり、製造であればコスト削減である。

しかし、海外進出によって得られる便益はそれだけではない。たとえば、高級ブランドがパリやニューヨーク、そしてロンドンに支店を持つことは、その店舗が赤字であったとしても、ブランドの差別化、母国市場における顧客の支払い意欲の向上につながることがある。また、ある国への進出それ自体は黒字にならずとも、それが自社の市場シェア向上につながり、取引交渉力の改善につながることがある。米国の建設機械メーカーであるキャタピラーが過去、赤字覚悟で日本市場に参入したように、その参入自体は利益につながらなくとも、それが競合への牽制となり、母国市場の競争環境を改善させることがある。

一方、ドールやデルモンテなどの国際的な企業は、世界各地に農園を持ち、異なる気候で作物を栽培することで、天候不良や栽培条件の悪化に伴う収穫量低下のリスクを平準化している。フランスのワイン生産者たちが、地球温暖化に備えてチリなどの新世界での栽培を始めているのも、こうした理由からでもある。

さらに、その産業の最先端の地域、たとえばインターネット産業におけるシリコンバレーや、金融におけるニューヨーク、ファッションにおけるミラノなどに進出することは、売上やコスト削減に直接的に結びつかなくとも、自社の競争優位の源泉となりうる知識、資源、あるいは能力の獲得に資することは想像に難くない。

こうしたADDING価値スコアカードのようなフレームワークは、海外進出の付加価値を多面的に理解することを助ける。市場の多様性が生み出す付加価値の可能性は、単純な売上増や費用減だけではない。こうしたより幅広い視点からの便益を把握すれば、国際経営の可能性がより広がっているのは事実である。

8 「制度」を理解し、非市場戦略を検討する

特に近年、重要性が増している新興国への進出を検討する際には、これまで解説してきた要素に加えて、さらに新興国独自の要因も勘案する必要がある。

海外事業運営のコストが継続的に低下し、何より新興国における人口増加と経済成長が継続したことによって、一九九〇年代後半から新興国の重要性が急速に増大している。

一方で、新興国市場への進出は容易ではない。新興国においては、異質性による負債も、外

部者性による負債も、先進国を母体とする企業にとっては、先進国市場に比較してはるかに高いためである。

まず、狭義の社会資本、道路、鉄道、港湾、電気・ガス・水道などの整備が未発達であり、事業展開をするうえでの前提条件となる、社会インフラが先進国に比較して不十分である。

また、タルン・カナとクリシュナ・パレブが二〇一〇年の著作〔*24〕で説明したように、市場経済の各種機能を支える「制度（institutions）」が未発達であるか、少なくとも先進国のそれと大きく異なることの負担が大きい。

両氏は、市場経済の各種機能を支える制度を以下の六つに整理している。

①信用の裏づけを行う制度（例：各種認定機関、監査法人）
②情報分析とアドバイスを行う制度（例：経済誌、信用情報機関、調査会社）
③集約と流通を担う制度（例：大規模小売店、投資信託、農協、中間流通業者）
④取引支援の制度（例：証券取引所、卸売市場、クレジットカード会社）
⑤仲裁・審判を行う制度（例：裁判所、調停機関、業界団体）
⑥規制する制度（例：規制当局、公的機関、各種委員会）

発達した市場経済においては、これらは相互に密接に連携しており、市場経済の足腰として重要な役割を果たしている。しかし、これらは未発達の市場経済においては十分に機能しておらず、ときに事業運営上の致命的な障壁になることすらある。

カナとパレプはこれを「制度の隙間（Institutional Voids）」と名づけ、こうした制度の不在や未整備をいかに克服するかが、新興国における戦略検討のカギであると主張した［＊25］。

この考え方は、市場における競合他社との製品やサービスの価格や質を軸に競争すること、すなわち、市場戦略を立案することだけではなく、市場外において政府や規制当局、各種メディア、その他の利害関係者との密接な連携と調整を図ることが、ときに経営戦略として有効であると説明する。

このように、市場競争ではなく、市場を整備するための非市場競争に着目し、それを戦略検討のプロセスに織り込むべきだとする考え方の原点は、ディビッド・バロンが一九九五年に発表した論文［＊26］に、その原型を確認できる。

この論文は、市場環境を整備するための非市場戦略、たとえば関税を下げる、規制を撤廃させる、補助金を受けるなどの政府や規制当局との交渉のプロセスと、製品・サービスの価格や質で戦うための市場戦略の立案のプロセスを統合させ、「統合戦略（Integrated Strategy）」と

24 Khanna et al.（2010）.
25 Khanna et al.（2005）.
26 Baron（1995）.

［図表11-9］**統合戦略は市場戦略と非市場戦略の密接な連携を図る**

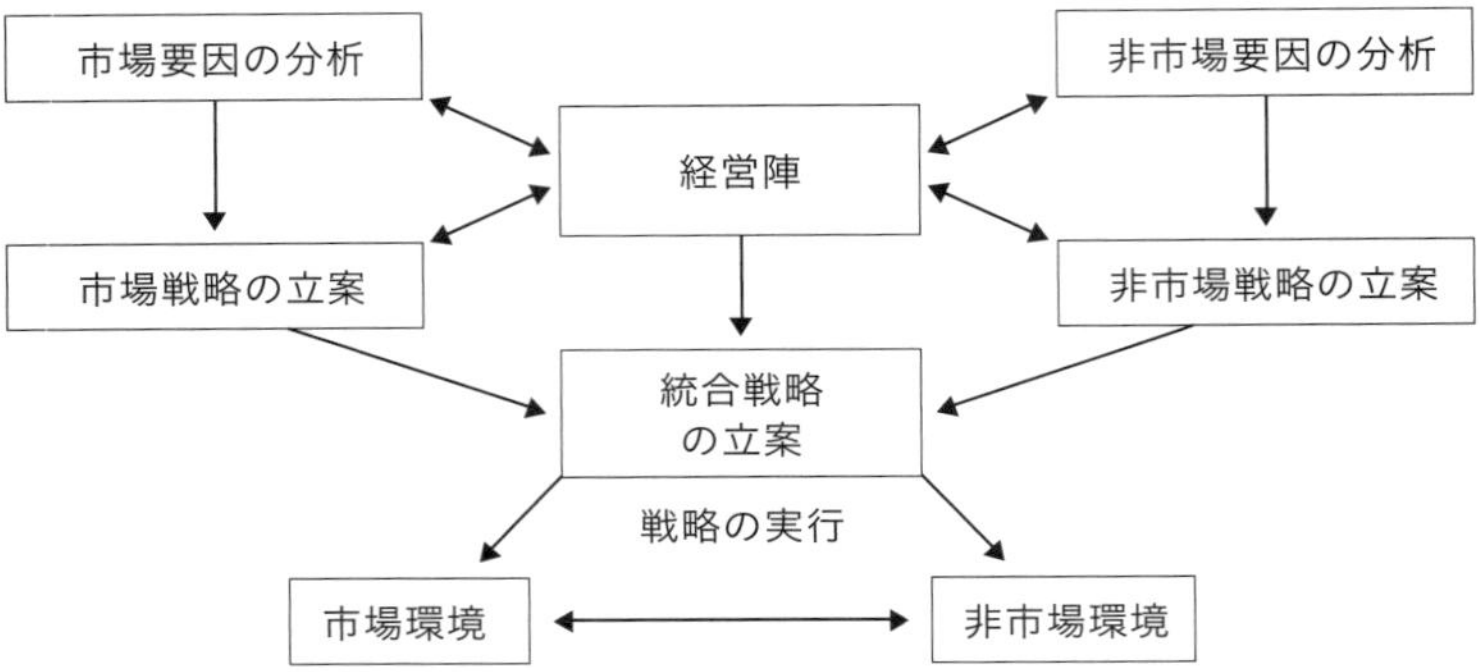

出所：Baron（1995）p.49より作成。

して運用すべきだと主張する（図表11-9）。

この考え方は特に、市場環境の整備が不十分、または欧米の企業にとって使いにくい状況にある新興国では重要となる。

そもそもの競争環境が整備されていなければ、市場における競争では勝敗がつかない。したがって、非市場の要因が勝敗を決め、製品やサービスの絶対的な有意差が競争優位に結びつかない状況が生まれる可能性がある。

たとえば、アフリカの携帯電話事業者であったセルテル（現在はバーティ・エアテルの傘下）は、自ら事業に必要なインフラを整備することで、携帯電話通信網をゼロから作り上げた［＊27］。道路が未整備のため、基地局の機材をヘリコプターで輸送し、電力網が存在しないため、基地局に発電機を設置し、燃料と冷却水を毎日補充した。また、政府機関と交渉を重ねることで国境を越えた通信網を整備し、国際通話の価格を大幅に引き下げて競合を引き離した。さらに、学校や病院を自ら建設して地域に貢献することで、市場拡大を進めた。

このように非市場要因が競争力を左右し、ときに勝敗を決めることは、新興国市場では珍しくない。国家の制度や法規制も、権力者の合意を取りつけるだけで大幅に刷新されうる。競争の前提条件を前提条件とは捉えずに、積極的に変革させようとすることが、新興国市場での経営戦略においてはきわめて重要となる。

また、非市場戦略の重要性は、近年の国際的なスタートアップ、たとえばタクシーの配車サービスのウーバーや、空き家や空き部屋を短期間旅行者に貸し出すエアビーアンドビーをめぐる議論でも大きな注目を浴びている［＊28］。

両社ともに、世界各地でその地域の法規制や業界団体と戦い、日本でも旅館業法や道路運送法などの規制緩和を主張している。多くの国と地域において、法規制のグレーゾーンで事業を展開しながら事実を積み重ね、ロビー活動を積極的に展開し、規制当局と交渉を重ね、関係者への根回しを行い、さらに世論を醸成するための取組みを進めてきた。

これは、いま存在する制度を前提にする必要はない、という端的な理解に基づいている。技

27 詳細は、Ibrahim（2012）を参照されたい。
28 琴坂将広「Airbnb、Uberと新興国の意外な共通点――『ちょい悪』が武器になる、『非市場戦略』の過去と未来」日経ビジネスオンライン、二〇一五年一二月九日（http://business.nikkeibp.co.jp/atcl/report/15/268513/120200003/）。

術進歩や社会の変化により、過去には必要とされたすでに確立された制度も、ときに刷新が求められる。その刷新は、市場競争における前提条件を根底から覆すため、それを主導できれば大きな競争優位を得ることができる。

特に国際的な事業環境においては、制度は単一で絶対的なものではなく、無数に存在する相対的なものであり、企業はその経営戦略を通じて、一定以上に誘導が可能な要素と見なすべきである。これらを操作できる変数と捉え、積極的に自社の戦略検討の俎上に載せることが、市場競争のみに注力する競合に対して優位に立つための、きわめて有効な手段となる。

9 世界的な価値連鎖の時代の国際経営戦略

二〇二〇年を目前に控えた現在、企業経営は以前にも増してグローバル化に直面している。もはや国際経営は、一部の巨大企業のみに許された特別な行為ではなく、創業間もないスタートアップ企業であっても視野に入れるべき活動である。

事実、「ボーングローバル企業」と呼ばれるように、創業初期から多国籍に展開し、海外調達のみならず海外販売を開始して、事業を国際的に成長させる企業[＊29]は、一九九〇年代中頃から観測され始め、現在では多様な産業領域に存在する[＊30]。

［図表11-10］シリコンからパソコンができるまでの価値連鎖

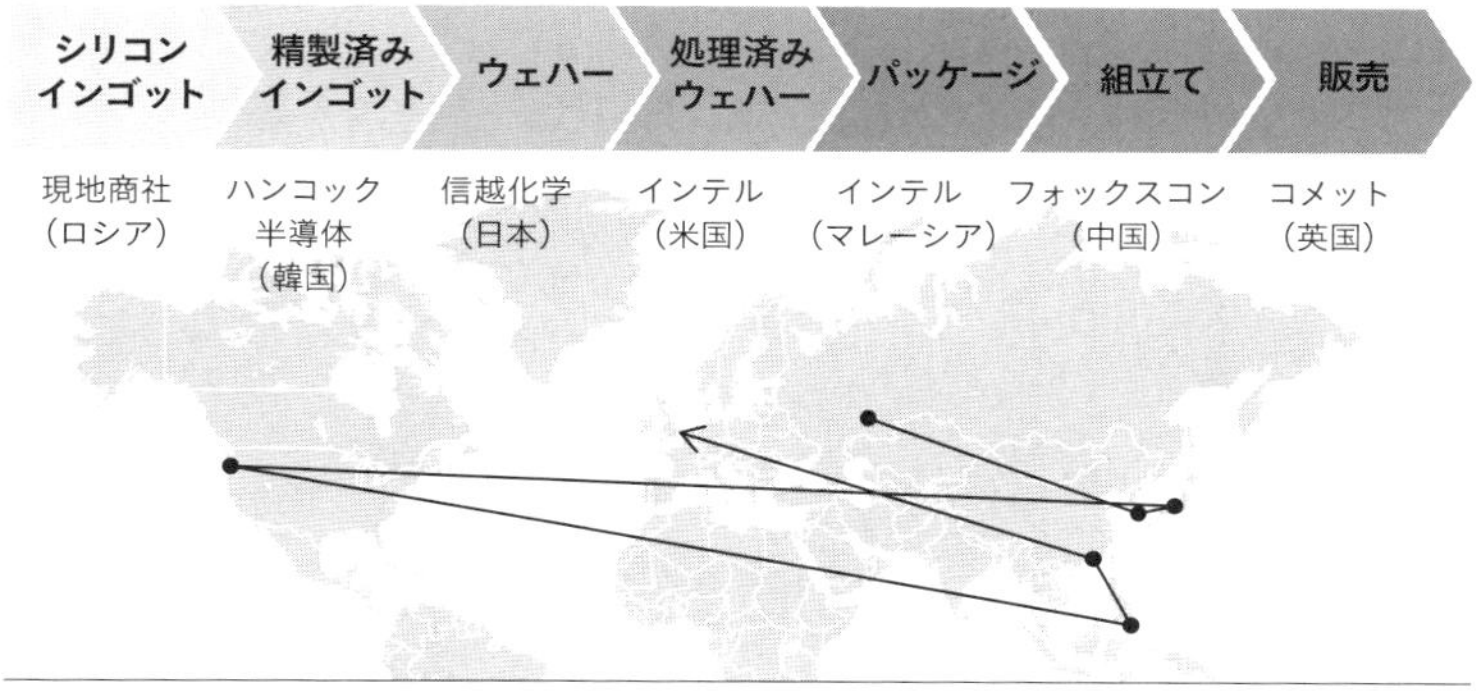

出所：琴坂（2014a）p.231。

人とモノの移動手段が進化したこと、国境を越えて異なる言語、異なる文化を持つ人々が協調しながらの付加価値生産が一般的になったことで、現代の企業間連携は、国境を幾度となくまたいで行われる時代となった。

図表11－10は、「世界的な価値連鎖（Global Value Chain）」とも呼ばれる、世界的な付加価値生産の連鎖構造をシンプルに図示したものである［＊31］。

一九七〇年代であれば、たとえば日本のコンピュータ製造会社は、シリコンを海外から輸入した後、インゴット精製からウェハーの作成など、メモ

29 琴坂将広「経営学が注目する『ボーングローバル企業』——国際起業家は、日本から生まれるのか？」日経ビジネスオンライン、二〇一五年三月五日（http://business.nikkeibp.co.jp/article/report/20150227/278056/）。

30 ボーングローバル企業の研究を概観するには、Zander et al.（2015）を参照されたい。

31 世界的価値連鎖の概要は、UNCTAD（2013）を参照されたい。

リやマイコンなどの半導体製造の全工程を国内で完結させていた。しかし現代は、これを世界各地の企業が分業して担う時代へと変貌している［＊32］。

こうした世界的な価値連鎖の構造で製品を生産し、サービスを提供する動きは、半導体だけではない。

ボーイング787のような巨大な航空機であっても、主要部品・部材を日本、韓国、カナダ、オーストラリア、英国、イタリア、フランス、スウェーデンなど世界各国から調達している。また、コンサルティング会社、弁護士や会計士事務所などのプロフェッショナルファームも、単純な調査工程や資料作成作業をインドや東欧などの海外拠点で行い、世界的に業務を分散させている。

この流れは、イブ・ドーズらの二〇〇一年の著作［＊33］で「メタナショナル（Metanational）」と名づけられた方向性である。また、ＩＢＭのサミュエル・パルミサーノが二〇〇六年の論文［＊34］で「グローバル統合企業」と名づけた多国籍企業の現実を反映している。

すなわち、世界中で最もふさわしい場所にそれぞれの機能を分散させ、「適正な場所で、適正な時期に、適正な価格で」自社の商品やサービスを提供できる体制を動的に運営することが、未来における競争力を担保するために求められる［＊35］。そして、その実現が困難であるからこそ、それをいち早く実装する組織が、それぞれの市場でも、また世界競争においても、競合に対して優位に立てるのである。

世界には市場の異質性が依然として存在している。これは困難であると同時に可能性でもある。確かに、大多数の企業にとって、国際経営は依然として身近に感じられる方向性ではない。しかし、世界の各地の特性を理解し、これらを自社の活動にふさわしい形で組み上げ、それを絶えず刷新していくことが求められる時代が、少しずつ近づいている。

32 琴坂将広「『日本製』や『中国製』というタグは、もう意味がない——グローバリゼーション3・0の本格到来」日経ビジネスオンライン、二〇一四年九月二四日（http://business.nikkeibp.co.jp/article/report/20140919/271503/）。
33 Doz et al.（2001）.
34 Palmisano（2006）.
35 琴坂将広「三菱商事、JT…母国に縛られない大企業の戦略を読む——『グローカル経営』はもう古い?」日経ビジネスオンライン、二〇一五年一月二八日（http://business.nikkeibp.co.jp/article/report/20150126/276690）。

本章の要点

・現代は第二次グローバル経済の最中にある。
・四つの経営環境の変化が、グローバル化の流れを加速させた。
・グローバル化が進む一方、世界の市場の異質性は依然として高い。
・現代の国際経営環境は、セミ・グローバリゼーションの状況にある。
・経営戦略と国際経営戦略の違いは、複数の国や地域を取り扱うことにある。
・統合と適合の最適なバランスを見出すのが、国際経営戦略の根源的な問いである。
・国際経営戦略は、外部環境の理解から戦略の方向性を見出す手法が主流である。
・外部環境の分析手法は、国際経営環境でも活用できる。
・事業環境の特性に合わせて、国際経営戦略の基本的な方向性を見出せる。
・現地市場では、外国企業は異質性と外部者性の負債にさらされる。
・ダニングのＯＬＩ理論が海外進出に影響を与える要因の理解に活用できる。
・ＡＤＤＩＮＧ価値スコアカードは、網羅的な事業価値の分析に資する。
・新興国市場における競争では、制度の理解と非市場戦略が欠かせない。
・世界的な価値連鎖の時代では、国境を越えた組織と戦略が不可欠となる。

第12章

技術の進化が導く経営戦略の未来

第12章では、技術進化が経営戦略にもたらす影響について考えたい。

本書の第2章では、経営戦略の起源を先史時代までさかのぼり、その源流を探った。先史時代の経営戦略も、現代の経営戦略も、人間の集団である組織がある一定の目標を持ち、特定の道筋を立てて行動するために編み出されていることは変わらない。ただし、それを形づくる前提は大きく異なる。

現代は、人間一人一人の知的許容量と、その集団である組織が処理できる作業総量とが、情報の収集・伝達・処理を支援する仕組みや技術、そして体系化された教育と学習のプログラムの普及によって引き上げられている。

同様に、研究、開発、生産、販売、保守といった事業活動の一連の流れを実行する際、過去には想像すらしえなかった大規模なオペレーションを、高い効率で実現できる各種の技術が提供されてもいる。

このように、人間自身の許容量が異なり、また人間が用いる道具としての科学技術と、その結実である機械やシステムが異なるのであれば、それに基づく行動の形が大きく異なるのは当然であろう。

未来予測はきわめて難しい。また、長期的な技術動向を詳細に語るのは、経営戦略の議論から大きく外れるところでもある。そのため本章では、これまで議論してきた経営戦略の諸概念を土台とし、技術が経営戦略の未来をどう変えうるかを考え、本書の結びとしたい。

1 三つの経路から考える、技術が経営戦略に与える影響

技術は経営組織にいかなる影響を与えるのか。この問いを考えるとき、一九八八年、リネ・マーカスとダニエル・ロビーが『マネジメント・サイエンス』に寄稿した論文[＊01]は参考になる[＊02]。同論文では、情報技術は組織に対して以下の三つの経路から影響を与えると整理する[＊03]。

01 Markus and Robey (1988).

02 本章では、技術が与える影響という一方向の議論として解説する。しかし、厳密には組織が社会と技術は不可分であり、双方向の関係を持つという理解が学術研究では一般的となっている。たとえば、Orlikowski and Scott (2008) や Leonardi (2013) を参照してほしい。

03 筆者は『ＤＩＡＭＯＮＤ ハーバード・ビジネス・レビュー』の論考において、この考え方を応用し、ＩｏＴが組織にいかなる影響を与えるかを論じた。この分類は、きわめてシンプルであるがゆえに、科学技術全般の発展が経営戦略にどんな影響を与えるかを考察するきっかけとして用いることができるだろう（琴坂、二〇一五ａ）。

技術が直接的に影響する

技術が直接的に影響する際の最も基本的な経路は、これまで困難であった活動を容易にすることである。その大きな影響は二つに分類できる。

・投下費用に対して生み出せる成果を増加させる（効率性の向上）
・期待した成果を期待どおりに生み出す確率を改善する（不確実性の低減）

第一に、効率性の向上の代表的な例は、紀元前四〇〇〇～三〇〇〇年頃に生み出された車輪、西暦一七〇〇～一八〇〇年頃に実用化が進んだ蒸気機関、一九〇〇年頃を境に急激に進化した内燃機関である。車輪によって数百キロの物資を限られた数の馬や人が運べるようになった。蒸気機関は安定的かつ大きな動力をもたらした。内燃機関は小型で取り扱いが容易であり、高出力化が進んだ。

こうした技術によって、商取引の中核であるヒトとモノの移動の効率性が飛躍的に向上し、地理的により広い地域を組み合わせた事業展開が可能となった。取引相手を選択する際、より遠くの場所に存在する売り手や買い手も対象に入れることができ、組織が取りうる選択肢の幅が大きく広がった。また、物資を大量に輸送すること、大きな動力を用いる生産設備を稼働することが可能となり、経営の効率性は大きく向上した。

第二に、不確実性の低減も、技術が果たす大きな役割である。最もわかりやすいのは、情報の記録と伝達に関する手段の発展であろう。

紀元前三四〇〇～三二〇〇年頃までには、文字を記録する方法が体系化され、当初は石版など可搬性の低い媒体に記録されていた情報が、パピルスなど可搬性の高い媒体に記録されるようになった。同時期には伝書鳩による通信も実用化され、駅伝制の発展とともに、遠隔地の状況を確実かつ迅速に把握する手段が整った。一八世紀には電信の実用化が進み、一九世紀の終わりには海底通信ケーブルが世界中を結びつける世界的な通信網が完成した。

こうした情報の記録と伝達の手段が普及したことで、巨大な組織の運営が初めて可能となった。できる限り確実に、過去と現在の時間を超え、また、地域間の距離を超えて、必要な情報を相互に伝達できたことにより、ローマ帝国やモンゴル帝国のような巨大国家の経営も実現したのである。

情報の記録と伝達の手段の発展は、過去に類を見ない大規模かつ複雑な組織を運営することを可能にした。不確実性を一定以下に軽減させるのは、単に効率性を向上させる以上に、組織運営上の前提条件となりうる。多少非効率であっても、確実な成果が期待できるのであれば、組織は難なく活動できる。しかし、不確実性が過度に高い状況下では、一定規模以上の組織は充分に機能することが難しい。言語表現の発達が人類の文明進化の礎となったのも、これと通じるところがあるだろう。

効率性を向上させ、不確実性を低減することで、技術は営利組織における活動の可能性を広げてきた。羅針盤、六分儀、活版印刷、電気、無線通信、ジェットエンジン、コンピュータ、インターネット、……これら技術の積み重ねが、過去の経営戦略と現在の経営戦略の間に大きな差分を作り出したのである。

技術が間接的に影響する

技術の進化が経営組織にもたらす影響のうち、直接的な変化、すなわち効率性の向上と不確実性の低減は目に見えやすく、直感的にも理解しやすい。しかし、その影響が甚大である可能性があるのは間接的な変化、すなわち経営環境の変貌である。

新たな技術が登場し、それが普及することは、競争の前提条件を構築する要素を変える。それによって、経営戦略を検討するプロセスも、その結果としての意思決定もおのずと変化する。最も大きな変化は、競争優位の源泉となりうる資源・能力・知識の変化である。進化した技術の登場と普及は、特定の資源・能力・知識がもたらす競争優位を低減させる。同時に、その技術の活用を前提とする資源・能力・知識の価値は高まる。

たとえば、プロパンガスが普及する前の調理は、薪や練炭による火加減の調整をいかに上手に行えるかが、きわめて重要な調理の能力であった。しかし、プロパンガスという即時に着火可能で、かつ火力を自在に調整できる技術の登場によって、その重要性は大きく低下した。火加減で勝負していた料理人の多くが、その強みを失った。その一方で、火加減を自在に調整できる前提で調理技術を磨き込んだ料理人が、競争優位を持つ時代となった。

自動車の生産工程においても、鉄板をプレス機で圧迫して成形するプロセスが普及するより以前には、鉄板を叩き、引っ張り、溶接するという板金技術の水準がきわめて重要な差別化要因であった。しかし、プレス機の価格が下がり、その性能が向上するにつれて、そうした技術に長けた熟練技術者の雇用が競争優位につながる時代は終わりを告げた。これによって、熟練技術者による職人芸に依存した自動車メーカーの多くは、その競争力を失った。一方で、プレス機などの生産機械の普及は自動車の製造コストを大幅に引き下げ、ベルトコンベア方式などの新しい生産方式や科学的管理法の普及と組み合わさり、大量生産・大量販売を実現する自動車会社に競争優位をもたらしたのである。

このように、技術の発達によって、かつては花形とされた職業が消滅することはよく見られる。電話の交換手は人気職業であったが、自動交換機の登場でその職は失われた。エレベーターガールもほぼ同様である。安全性を確保できる自動エレベーターの普及により、その存在はほとんど見ることができない。ある時点では競争力の源泉となった要素も、技術進化によってその価値を失うのである。

では、競争優位につながると見なされる要素が、技術の変遷とともに変化するのはなぜだろうか。たとえば、第5章で紹介したＶＲＩＯフレームワークを例に考えてみたい。

VRIOフレームワークは、Variable（価値がある）、Rare（希少性がある）、Inimitable（模倣困難である）、Organization（組織と適合性がある）という四つの要素を持つ資源が、組織の競争優位に貢献するという考え方である。

この考え方を用いて考えるのであれば、技術が進化することはすなわち、VRIOの前提条件が変化することであると理解できる。VRIOの前提条件が変わるということは、組織の競争優位に貢献するであろう資源が、異なるものになることと理解できる。

たとえば、鉄の量産が実現したことで青銅の実用的な「価値」は大幅に低下した。中東のバーレーンではかつて天然の真珠が産出され、高価な装飾品としての輸出競争力を持っていたが、日本のミキモトが真珠の養殖技術を確立して以降、その「希少性」は下落した。

従来は模倣困難であった日本の和牛の肉質は、一部の個人や企業が生体や遺伝子を海外に流出させた結果、日本国外における「模倣困難性」が低下し、世界中でWagyuと名のつく牛肉が量産される事態を迎えた。

また、新しい技術基盤を前提とした組織運用を採用する組織が増加すれば、「組織との適合性」を持つ経営資源も変化する。近年の例でいえば、在宅勤務が代表的であろう。ネットワーク回線の低価格化とビデオ会議システムの普及、パソコンを用いた業務プロセスが常識となり、電子データでビジネス文書がやり取りされる時代を迎えた結果、外出先からでも、自宅からでも、仕事に関係する業務の処理ができるようになった。

こうして働き方が変化し、それに伴い組織構造が変化することで、経営戦略を検討するプロセスも、その結果としての意思決定も影響を受けるのは想像に難くない。

このように、技術が進化することで競争のルールは変わる。技術は直接的に効率性を引き上げ、不確実性を低減させると同時に、経営組織の生き残りに必要な要件を大きく変化させるのである。

もちろん、単一の技術が競争環境を一変させることもあれば、同時並行的に進展する複数の技術進化が、複合的に競争環境のあり方を変化させることもある。

たとえば、国家間の競争を見れば、かつては人口の多さと土地の広さが国力に直結した時代であった。しかし、産業革命とそれに続く急速な技術進化によって、人間一人が限られた面積で生み出せる付加価値の可能性が飛躍的に高まったことで、科学技術の蓄積と一人当たりの生産性が国力に直結する時代へと変化した。

また、企業間競争に目を向けても、たとえば腕時計産業では、技術進化が一定水準を超えたことで、耐久性と正確性が優位をもたらした市場から、デザインやブランドが重要とされる市場へと変化した。近年はさらに、ウェアラブルデバイスが注目を浴びるようになり、デザインやブランドだけでなく、ネットワーク機能やソフトウェアが重要な時代へと変化しつつある。

こうした複合的な技術要因の組み合わせで生じる競争のルールの変化は、日本企業による米国進出の事例を考えるとわかりやすい（第5章参照）。

ある特定の市場構造、競争のルールを前提として戦略を構築していた米国企業に対して、日本企業は技術革新により、まったく別の競争のルールを持ち込むことで対抗した。

なかでも、米国の自動車会社が、自動車は壊れるモノであるという前提で、手厚いサポートネットワークを競争優位の源泉にしていたのに対して、日本の自動車会社が、そもそも壊れないという製品の技術的優位で挑み、消費者の支持を得たのは有名な逸話である。

このように、自社の経営戦略の未来を描くうえでより難しいのは、現在の延長線上に想起しやすい技術革新の直接的な影響ではなく、いっそうの劇的な変化につながりうる間接的な影響である。そして、その間接的な影響は、時に組織の存亡までを左右する。

技術が偶発的に影響する

技術が進化する過程では、偶発的に生じる事象が大きな影響をもたらすこともある。その最たる例は、技術進化により急成長した企業の中で生まれた独特の行動様式や、技術進化を通して成長した個人の言行が、社会を偶発的に変えるケースであろう。

社会を変えるような技術が普及する背後には、それを成し遂げる組織や個人の存在がある。そうした組織や個人は時に偶像化される。彼らの実態がその功績により正しい、優れているといった評価を一般社会から受けることで、その評価を多くの他者が無意識に暗黙的に追従するようになる。

たとえば近年では、グーグルの組織運営法が世界中で模倣されたり、スティーブ・ジョブズやイーロン・マスクの生き方が世界中で礼賛されたりしている。これらは、彼らが大きな技術革新をもたらしたという功績が、その組織や個人のそれ以外の要素の評価をも、ほぼ自動的に引き上げた事例である可能性がある。たとえば、彼らの個人的な性質や行動様式を模倣する人々もいるが、それらが成功者たちの成功の要因だったかどうかは、わからない。

すなわち、ある特定の技術が進化する過程においては、それに貢献し、着目を浴びた付随的な行動様式や考え方も、多くの人々の行動様式、ひいては経営環境に大きな変化をもたらすのである。これらは間接的な影響と捉えることもできる。しかし、それがどんな変化をもたらすのかが見えにくいため、偶発的な影響として理解するほうが適切であろう。

世の中には優れた方法論が無数にあるため、偶発的な要因で確認された方法論が実際も優れている必然性を完全に否定することはできない。しかし、顕著な技術進化に付随した偶発的な要因が実際は必ずしも優れているとはいえない方法論を裏書きすることも確かである。それが意図せざる経路から、社会と経済に大きな影響を残してきた。市場で行動する実務家や企業の行動に大きな影響を与え、現在我々が存在する社会を構成してきたのである。すなわち、技術が社会に与える影響を考えるうえでは、論理的には予測することのできない要素が残る。

2 経営戦略の未来に訪れる三つの変化の可能性

過去三〇年の技術発展は、次の三〇年の技術発展の礎を作り出した。前述したように、情報の記録・伝達・処理を支援する技術が急速に発展し、地球上のあらゆる場所をつなぐヒトとモノの輸送手段が整備された。世界中の組織と個人が密接に協業し、多くの技術革新を同時並行的に実現できる時代が訪れている。

そして今、インターネットとモバイルデバイスが普及し、次なる変化の可能性として、シンギュラリティや第四次産業革命という言葉が引用されることが増えてきた。今や、少なくとも過去三〇年と同じ、あるいはそれ以上の変化が、次の三〇年で生じるのではないかという期待と不安が、多くの人々の間に生まれている。

では、現在注目を浴びる技術は、経営戦略の立案にいかなる影響を与えるのだろうか。未来を断定的に語ることはできないが、論理的に推察できる三つの可能性について論じたい。

経営における人の関与が、あらゆる階層で小さくなる

第一に明確なのは、経営においてヒトが関与する部分が、組織のあらゆる階層で小さくなることである。

生産現場の変化はわかりやすい。相互にネットワーク接続されたロボットが、各所にあまねく配置されたセンサーからの情報を読み取り、ヒトの関与を経ることなく自律的な判断を重ねることで、一定以上の作業改善を重ねるようになる。

また、中間管理層の役割が限定的となる。地理的に離れた場所に点在する多数の人々とのコミュニケーション・コストはさらに低減されるため、組織内で情報を中継したり、一定のルールに基づいた判断のみを担ったりすることの価値は失われるからである。

さらに経営層においては、形式化された意思決定に割く時間が短縮化され、より非定形な、創造的な意思決定に時間を使えるようになる。その結果として、経営幹部の数も絞り込まれる。単なる管理職に対するニーズは、さらに低くなるだろう。

これにより、組織のスリム化と相まって、コードによってデザインされるソフトウェアシステムと、それを構成するアルゴリズムの重みが増す。その結果、経営戦略を検討する際の「ヒトをどう動かすか」という問いに対して、「システムをどうデザインするか」という問いの重要性が相対的に高まることが予想される。

個品開発、個品製造、個品販売が普及する

同時に、個品開発や個品製造の普及が視野に入ると予想される。顧客に関する大量なデータを取得して処理することが可能となり、ソフトウェアが自動的に最適な答えを選び出すことの実用性が増すことで、顧客一人一人のニーズを分析し、理解できるようになる。それにより、個人それぞれに対応した製品やサービスが一つずつ開発され、それが低コストかつ迅速に生産・提供される時代が訪れるだろう。

たとえば、3Dプリンティング技術の進化や、ロボットによる生産の自動化が発展することは、顧客ごとに大きく異なる製品仕様に対応して、低コストで大量に提供できる可能性を示唆している。スポーツ用品メーカーのアディダスが、3Dプリンターを用いて、アスリートごとの足の形状や歩き方の特性に合わせたソールを提供しているように[*04]、多くの顧客が世界に一つだけの商品を手に取ることができるようになる。

製造業だけでなく、サービス業にも同じような革新が起きる。過去一度しか来店していない顧客の情報を正確に記録できるようになり、その顧客の仕草や発言、その他の情報を多数のバックグラウンド・データから解析し、最適なサービスを提案できるようになる可能性がある。従来は、熟練スタッフの経験値に依存することでテイラーメイドされていたサービスが、システムの指示によって、またロボットの支援を受けることで、比較的経験の浅いスタッフでも堅実に提供されるようになるだろう。

過去にも、特注品と特別なサービスの消費が許されていた時代は存在していた。ただし、その対象は一部の超富裕層に限ったものである。現代は、広く消費社会が確立されたことで、大量生産の既製品が社会の片隅まで埋めるようになってから久しい。次の時代の技術進化により、ごく一部の限られた顧客のみに提供されていた個別対応を、より幅広い顧客層に提供する原動力となるはずである。

これにより、経営戦略の立案にも変化が求められる。これまでは、製品の仕様を事前に決めて、その製品を評価する顧客層にアプローチをするか、顧客層を先に絞り込み、その顧客にあわせた製品を開発するという、二つのアプローチが一般的であった。しかし未来には、製品のあり方を定義しきる必要も、ターゲットを絞り込む必要もなくなる可能性がある。

顧客ごとに異なる付加価値を訴求できるようになり、顧客自身もそれを当たり前のように感じる時代が来るならば、より高次元での開発と販売のプロセスを設計しなければならない。すなわち、戦略検討の対象が、どのような商品を作るのか、どのような顧客にアプローチするのかではなく、商品開発を行うアルゴリズムや仕組み、システムとなり、同様に、顧客対応を行うアルゴリズム、仕組み、システムとなるだろう。

04 http://www.adidas.com/us/futurecraft

直接の取引相手が、必ずしも人間ではなくなる

さらに、製品・サービスを提供する相手が、必ずしも人間ではなくなることも予想される。消費者の意思決定は少なからず、人工知能と呼ばれるシステムの支援を受けるようになるだろう。経営組織も同様である。中間的な意思決定や、データの分析がシステムによって支援される時代になれば、そのシステムが購買意思決定に対して大きな影響力を行使できるようになる。今もすでに、そうした現象は見られる。たとえばインターネットのショッピングサイトで買い物をするとき、自分が興味を持ちそうな商品が自動的に推薦されることはその先駆けであり、代表的な例である。

検索エンジンで興味・関心のある事柄を調べ続ければ、システムが最適と信じる製品やサービスの広告が提示される。また、フェイスブックのタイムラインも、自分の検索履歴や「いいね！」の履歴などから、ユーザーがより楽しめるコンテンツが表示されるように調整されている[＊05]。

グーグルの検索結果を見ても、自分にとって有益と思われる情報が、時には国家の関与も受けながら、システムによって自動判断され、ある程度以上は特定の意図をもって調整されている[＊06]。これは単に専制主義の国家が、自国にとって都合の悪い情報をシャットダウンするだけのシンプルな仕組みではない。さまざまな組織が、自らの主義主張の正当性を喧伝するために行われる活動である。

たとえば、インターネット・ボットと呼ばれる特定のアルゴリズムに基づいて、米国大統領選挙で特定の候補者を支援するメッセージを書き込んで世論を操作したり、自社の製品やサービスに対して好意的なコメントを自動書き込みしたり、自社のフェイスブックページの「いいね！」ボタンを押させたりすることなどが、自動化されたタスクを行うシステムを通じて多面的に行われている。

組織と個人が、データとシステムに依存した意思決定を、現代よりも手軽かつ安価に活用できる時代が訪れることは明らかである。今後はいっそう、暗黙的な行動や感性に頼った意思決定を行おうとする人間に対して、システムがより合理的な判断を促す可能性が高いのである。もちろん、たとえシステムが合理的な判断をするとしても、人間がその合理的な判断をいつも求めるとは限らないため、完全なシステム化への道はまだまだ遠い。

たとえば雨が降っているという状況を考えてもらいたい。そのとき、システムは傘を持っていくように指示するだろう。しかし人間は、突如として雨の中を歩きたくなることもある。とても気分の良い日であれば、たまたま見つけた高価なバッグを、財布の中身を気にせずに購入してしまうこともある。このような人間の人間らしい行動。その突発的であるが人間の不完全

05 https://blog.bufferapp.com/facebook-news-feed-algorithm
06 https://www.google.com/search/howsearchworks/algorithms/

さを考えれば、自然な行動に対して、普及が始まりつつあるパーソナルアシスタントがどのような影響をもたらすかは、未知数である。

とはいえ、経営戦略を立案するうえでは、その相手が人間ではない可能性を意識した判断が求められるようになることは、ほぼ確実であろう。パーソナルアシスタント、すなわち人工知能同士が相互に対話し、商品やサービスの詳細を人間の意識の介在なく意思決定する未来すら想定される。

すでに二〇一八年五月には、グーグルは開発者向けのイベントでグーグルアシスタントが人間の代わりに電話でレストランなどへの予約を行う機能のデモを発表している。近い未来、マーケターが商品を売り込む対象は、将来、自動学習によって「個性」を持ち始めた「Siri（シリ）」や「Alexa（アレクサ）」、「Watson（ワトソン）」かもしれない。そうであるならば、それらを利用する顧客の人種、居住地、年収、年齢といった基礎情報と同じように、その人工知能はどの企業が提供する人工知能なのか、どのような学習を経たうえでの判断基準を持っているか、などを想定したコミュニケーションが必要となる。

3　技術が経営戦略の立案と実行のあり方を変える

これらの三つの変化は、相互に密接に絡み合っている。

第一の変化が示すのは、組織が人間とシステムの融合体となる未来である。ヒトが主体となる部分が減少すると同時に、システムが主体となる部分が増えるだろう。

第二の変化が示すのは、人間がデータとシステムの支援を受けて情報分析と判断を行うようになることで、これまで以上に生産手法が高度化され、かつ柔軟性が高まることを背景に、人間社会が大量生産の既製品に我慢する時代が終わる可能性である。

第三の変化が示すのは、人間が主体となって意思決定することが、必ずしも前提とならない社会が登場する可能性である。システムがより大きな影響力を持ち、その意思決定に経営組織のパフォーマンスが左右される時代である。

第一の変化によって、第二の変化が実現する。また、第一の変化は生産活動における人間とシステムの融合であり、第三の変化は個人の生活における人間とシステムの融合である。そのため、第一の変化と第三の変化が第二の変化を加速させると同時に、第二の変化の加速が第一の変化と第三の変化を促進させる。

このように、これら三つの変化の間に存在する正のフィードバックループが、本書が描く大きな社会変化をある時点から急加速させる可能性がある。

仮に、こうした変化が加速する状況を迎えるのであれば、有効な経営戦略のあり方も大きく変わるだろう。一つだけ確実にいえることは、データとアナリティクス、そしてソフトウェアシステムを理解せずに経営戦略を語ることができなくなる、ということである。経営戦略の議論は、サイエンスとシステムからよりいっそう切り離せなくなる。

組織運営の重要な部分がシステムによって担われるようになれば、それは経営戦略の立案と実行において、取り扱われる情報量と意思決定量が、人間の認知限界を超える。

そうした環境下においては、人間は個別の意思決定を行うのではなく、メタレベル（高次元）の意思決定、たとえば意思決定のやり方に関する意思決定を行うことが求められる。すなわち、個々の意思決定を毎回人間が行うのではなく、人間は意思決定の指針や、そのやり方、さらにはその指針自身の作り方のみを提示し、システムの判断に任せる範囲が広くなる。

単純化した例でいえば、第4章で紹介したシナリオ分析がわかりやすい。シナリオ分析の特殊な点は、未来の可能性を一つの道筋で予測するのではなく、複数の可能性から捉え、それぞれに対して今取れる打ち手を複数立案し、それを同時並行的に実行する点である。このように決め打ちの予測に基づいて単一の経営戦略を立案するのではなく、複数の未来の可能性のそれぞれに対して、必要な経営戦略を実行する点がこの議論に類似している。

現在のところ、実務の現場におけるシナリオ分析は少なければ二つ、多くて六つ程度のシナリオに未来の可能性を収斂させて、議論が進められている。なぜならば、それが人間が有効な打ち手のポートフォリオを作成できる現実的な認知限界だからである。

しかし、未来の経営では、アルゴリズムとシステムの助けの下、このシナリオを無限大に描ける事態が考えられる。そして、経営戦略は、その無数のシナリオの一つ一つに対して、一定の方策を立案しうる枠組みを考案するきわめて高度な知的作業となるだろう。

4 企業は変化にどう対応すべきか

これら三つの変化が加速した社会と組織が実現したとき、すなわちヒトとシステムの協業のあり方が変わり、個品開発と個品製造、そして個品販売が当然となり、さらに顧客がシステムの助けを借りて判断・行動するようになったとき、いかなる企業が競争優位を維持し続けるのだろうか。

実際には、すべての産業領域におけるあらゆる経営組織が、あまねく大きな変化に直面するわけではない。技術進化の影響が限られる産業領域もあるからである。たとえば、ごく小規模の企業の中には、地域コミュニティに密着することで事業が安定し、昔ながらのやり方を続けることがむしろ、その存続に資することも考えられる。

とはいえ多くの企業は、来たるべき新しい時代に向けて、組織と事業の構造を少しずつ転換する必要があるのが事実であろう。

中長期的な事業構造の組替えという観点からは、ゼネラル・エレクトリック（GE）が実施した近年の改革は参考になる［＊07］。短期的な収益性の悪化によって多くの株主からは評価を得られていないものの、「デジタル・インダストリアル・カンパニー」という壮大なビジョンの実現をめざした、野心的かつ大胆な取組みではある。

GEは、一〇年以上をかけたこの取組みにおいて、ソフトウェアとネットワーク、そしてデータを重視した事業設計に注力した。また、組織外部との連携をさまざまな手段で促進することで、創造的な発想を促した。さらに、次世代の人材を育てるべく、形式的な期末評価を最小限にし、チーム内における相互のフィードバックをより重視する人材育成の仕組みを整えてきた。

もちろん、どのような方向に組織と戦略を変化させていくべきかについては、経営組織が持つ特性、置かれている状況、めざすべき方向性によって異なる。現時点では、一定の競争優位を保持できている企業の場合、あやふやな未来の可能性に大きすぎる先行投資をすることは、短期的な組織のパフォーマンスを引き下げる可能性がある。また、短期的な利益を追い求める株主との戦いを生むこともあるだろう。

実際、きわめて先進的な取組みを進めてきた一方で、GEの株価も業績も、近年は往年の輝きに比較すれば心許ない。経営陣が中長期的な視座に立つ経営の立て直しに注力する一方、短期的な業績を重視する市場や株主からは、一時的にせよ、厳しい眼を向けられている。

しかしそれでも、現時点で必ずすべきことは、未来の変化が急速に進展した場合に備えた準備をすることである。具体的には、企業は次の二つの行動を取るべきである。

一つは、未来への種を植えておくことである。たとえば人材面であれば、採用時に重視する項目に、データの収集や分析、システムを扱う素養を測る項目を加えることから始まる。社内の研修や勉強会に、未来に向けた取組みを検討させるようなプログラムを付加してもよい。ある程度の投資余力があれば、自社と密接に関連する技術領域に投資するファンドに出資して情報収集に努めたり、関連領域の有望企業への少額出資を検討したりすることもありうる。

また、自社の製品を多くのデータを蓄積できるように改良を重ねたり、特定のサービスの提供に対して、そのサービスの提供を受けた顧客のフィードバックをひもづけたりすることができるように、顧客との接点やインタラクションのあり方を一部調整するなど、将来活用できそうなデータを現段階から蓄積されるようにするのも有効だろう。

何より重要なのは、現経営陣と、これから一〇年以内に経営を担う幹部候補が、自ら最新事情を理解できる機会に足を運び、肌感覚として、それをつかむことである。そして、そうした取組みを通して、現経営陣では現状の延長線上でしか未来を描けないと感じるのであれば、次

07 琴坂（二〇一七）。

の世代にバトンを渡す瞬間を意識すべきである。

もう一つは、長期的な競争優位に貢献しにくい要素に関して、組織の柔軟性を確保することである。

今すぐには実行できないとしても、将来的にこうした変化が起きることを前提として、今から少しずつでも将来において変革を実行できるように、それを阻害する要因を取り除いていく必要がある。

企業内には、将来的には明らかに余剰人員を抱えると明確に予測できる部分は多い。たとえば銀行の場合、手作業で帳簿と突き合わせていた時代の名残や、複数の銀行が合併した時代の非効率性がいつまでも解消されていない。遠くない未来に、すでに先行しているネット系の金融機関が実践しているように、大手銀行が抱える窓口業務の多くも、顧客の来店を待たずに提供されるようになるだろう。システム化の推進により、コールセンターにおける人材の需要も大きく軽減されるだろう。

定型化された業務の大半はより高度に進化するシステムによって大幅に効率化できる可能性があり、近い未来における人員余剰はきわめて大きい。こうした現実はすでに各行が意識しており、暫時的な人員削減の方針が発表され始めている[*08]。

また、自動車会社の場合でも、内燃機からモーターへの駆動装置の入れ替わりを意味する電動化や、知能化とも呼ばれる自動運転やネットワークを活用したサービスなど、情報技術を活用した付加価値のさらなる充実が進むことはほぼ明らかである。

モーターを主機関として搭載する自動車のシェアが高まるほど、内燃機関の開発を超長期的には縮小せざるをえない。そうなれば、工場で多くの工程を割く内燃機関の組立て工程は、モーターの生産ではほぼ自動化され、多くの作業員の仕事が失われる可能性がある。

各地のディーラーで行われている点検整備に関しても、モーターとバッテリーの時代になり、自動車に搭載された自己診断機能がさらに進化すれば、その多くが不要あるいは困難となる。反対に、情報システムには莫大な投資が必要となり、それに対応できる人材をいかに確保するかが至上命題となる。

こうした現実を頭では理解できていたとしても、具体的に組織の形を変えるにはかなりの時間を要する。したがって、硬直化した現在の雇用規制と慣行の中では、まずは柔軟性の確保を進めるのが第一歩となる。

未来における経営戦略は、現代における経営戦略が過去と異なるのと同様に、異なる。長期的に必要とされる改革を具体的に進める段階を迎えたとき、できる限り組織の形を迅速に調整できるよう、今から少しずつでも柔軟性を高めておく必要がある。

---

08 「三銀行大リストラ時代　三・二万人分業務削減へ」『日本経済新聞』二〇一七年一〇月二八日（https://www.nikkei.com/article/DGXMZO22847550Y7A021C1EA3000/）。

おわりに

本書は、経営戦略論を実務と学術の両面から俯瞰するために必要な要点（エッセンス）を、できる限り幅広く取り扱った。狭義の経営戦略の伝統的な議論のみならず、実践において定石とされる方法論に至るまでを、それぞれの思考の系譜、相互の関連を大切にしながら、できる限り簡素に紹介することを心がけた。

「最適な処方箋」と「普遍的な法則性」、その二兎を追うという崇高な目標は、本書だけではもちろん成し遂げることはできない。しかし、本書を一つの踏み台として、より優れた作品が、議論が、実践が、そして研究が続くことで、この密接に関係し合い、しかし相反する二つの性質をより強くつなげていくことを期待している。

実務家の方々は、所々で紹介した過去の研究や理論に関する記述が、冗長でわかりにくいと感じたかもしれない。逆に研究者の方々は、特に後半の実務的な議論が、理論のよりどころが薄く、説得力が弱いと感じたかもしれない。もしそうであれば、それは私の力不足である。

しかし、本書を手に取っていただいた皆さんが、本書を契機として経営戦略をめぐる諸議論の広がりを再考し、その諸議論の相互の関連について思いを馳せ、また、少しでも今後の実践、または研究の参考となる視座を得ることができたのであれば、それ以上の成果はない。

本書には、二〇一三年七月に東洋経済新報社出版局の山本舞衣氏と書籍執筆の可能性を議論し始めてから、出版までにほぼ五年の歳月を費やしたことになる。

二〇一六年四月に私が慶應義塾大学の総合政策学部に移籍し、「経営戦略」の講義を担当することになったのが、私が経営戦略を題材にしようと真剣に考え始めたきっかけである。当時の私は、博士課程時代の資料を読み返しながら講義の内容を磨き込む過程の中で、この知見を世に発信したいという思いを日増しに強くしていた。そして、同年六月に山本氏より編集部の佐藤敬氏をご紹介いただき、本書の執筆が開始された。

しかし、正直なところ、本書の執筆は満足に進まなかった。経営戦略論にはすでに先人たちの無数の作品がある。この領域をそれらとは異なる新しい視点から照らし出すためには、この領域に充分な時間をかけて真摯に向き合い、一定の圧力をかける中で緻密な議論を段階的に仕上げていく作業が必要であった。

転機となる機会は、ダイヤモンド社のハーバード・ビジネス・レビュー編集部の村田康明氏に頂いた。本書の草稿を同誌のオンライン版で連載させていただく機会を得て、本書の執筆は時には遅延しながらも、しかし着実に進むこととなった。そこで得た草稿を土台として、佐藤氏とともに大幅な加筆を加え、内容を再度調整し、議論を深めて完成したのが本書である。

本書は、山本氏にご連絡をいただいたことを構想のきっかけとして、村田氏との一年間にわたる連載記事執筆の共同作業が土台となり、さらに佐藤氏とそれを本格的な経営書として磨き上げていく作業によって完成した共同作品である。まず、この三名のプロフェッショナルの方々に、真心からの感謝を申し上げたい。

また、本書の草稿に目を通し、貴重なご指摘、ご支援を頂いた方々にも、以下に順不同にて御礼を申し上げたい。

研究者としての視点から、入山章栄氏、村瀬俊朗氏、服部泰宏氏、川口康平氏、松浦総一氏、上野雄史氏、永山晋氏、清水たくみ氏より貴重なご指摘を頂いた。経営者としての視点から、松本恭攝氏、永田暁彦氏、朝倉祐介氏、有安伸宏氏、迫俊亮氏、慎泰俊氏より有益なアドバイスを頂いた。多国籍企業の経営幹部としての視点から、大隈健史氏、安達秀一氏、山本竜馬氏より良質のご意見を頂いた。

同様に、本書は慶應義塾大学での講義に参加してくれた学生諸君、外部の企業研修を通じて真摯な議論をさせていただいた方々、連載をお読みいただき、さまざまな指摘を頂いた皆さんにより磨き込まれた作品でもある。こうした数々の議論の成果なくして、本書は生まれなかった。

特に私の研究会のメンバーは、本書の草稿を精力的に読み込むだけではなく、基礎的なデータ収集にも協力をしてくれた。なかでも、本書の執筆に直接貢献する作業に取り組んでくれた、高城栄一朗君、坂本拓馬君、福田滉平君、鵜飼絢哉君、菊池瑛祐君、平賀理沙君、立花勁史君には、その貢献を称えたい。

本書の内容の最終的な全責任は著者である私にある。しかし、幾多の方々の協力を得ることで、現時点で到達しうる最大限の完成度に到達することができた。重ねて、ここに深く御礼を申し上げる。

本書を読み終えた読者の方々は、経営戦略という言葉と概念を理解するに必要な要点を幅広く身につけたはずである。

第Ⅰ部を読み終えたことで、経営戦略を定義せよという設問に対し、その定義の多様性と、その定義の多様性がもたらす困難を想起するようになったであろう。経営戦略という言葉と概念の起源を問われたときに、この概念が有史以前から存在するであろうことと、紀元前から脈々と続く議論深化の系譜が存在することを、思い返すことができるはずである。

第Ⅱ部では、数多くの経営戦略の教科書が取り扱う基本的な概念、特に外部環境分析と内部環境分析について、表層的な概念の説明に留まらず、理論発展の系譜に踏み込んだ解説を行った。その結果、第Ⅱ部を読み終えた読者には、経営戦略に関連する諸概念が、どのような理論的背景と歴史的な文脈から、なぜ一定の順序をたどり進化を遂げたかを理解いただけただろう。

第Ⅲ部では、狭義の経営戦略の枠組みを乗り越え、主に実務的な見地から、事業戦略、全社戦略、そして戦略の実行のあり方を再定義した。定石を押さえ、関連する諸理論の基本を理解しつつも、しかし実務家がどのような思想の上でそれぞれの活動に取り組むべきかを丹念にかみ砕くことで、経営戦略立案の基礎的な素養を確認した。

第Ⅳ部では、いまだ充分な答えが存在しない領域に踏み込み、思考の具材を提供した。不確実性の高い状況下における戦略構築、国際的な環境下における戦略構築、そして現在、黎明期にある革新的な技術が行き渡る近未来の戦略構築について、考えを深めるに際して必要となる基礎的な視座を提供した。

もちろん、本書一冊で経営戦略のすべてを理解できるとは思わない。しかし、実務と理論の二つの側面から、経営戦略にかかわる諸概念を俯瞰し、再整理する機会を提供できたのだとすれば、本書の目的は充分果たされている。私自身も、本書を一つの到達点として、しかしこれを土台として、新たな知見を世界に問うべく、これからも独自の道を進み、日々の研鑽を続ける所存である。

より厳密な理解や、より深い解説を求める読者の方々には、ぜひとも参考文献をひもといていただきたい。本書の論拠となった文献については、できる限り本文中での直接引用を心がけ、巻末には網羅的な参考文献一覧を用意した。本書を入口として、先人たちの偉大な知見の蓄積に読み進むことで、より多面的かつ細緻な経営戦略の理解を得られるはずだ。

最後に、私の人生のよりどころとなる大切な場所を作り上げてくれた妻の寿美子、詩織と真之の二人の子どもに、感謝の言葉を伝えたい。過去に想いを馳せ、未来を見据え、それを創造することにおいて、家族との時間はいつもかけがえのないものとして存在している。ありがとう。これからもよろしく。

二〇一八年五月吉日
新緑の彩る新居のベランダにて
琴坂将広

【著者紹介】
琴坂将広（ことさか　まさひろ）
慶應義塾大学総合政策学部准教授。
慶應義塾大学環境情報学部卒業。博士（経営学・オックスフォード大学）。小売・ITの領域における3社の起業を経験後、マッキンゼー・アンド・カンパニーの東京およびフランクフルト支社に勤務。北欧、西欧、中東、アジアの9カ国において新規事業、経営戦略策定にかかわる。同社退職後、オックスフォード大学サイードビジネススクール、立命館大学経営学部を経て、2016年より現職。上場企業を含む数社の社外役員および顧問、仏EHESSのアソシエイト・フェローを兼務。専門は国際経営と経営戦略。主な著作に『領域を超える経営学――グローバル経営の本質を「知の系譜」で読み解く』（ダイヤモンド社）、分担執筆に *Japanese Management in Evolution New Directions, Breaks, and Emerging Practices*（Routledge）、*East Asian Capitalism: Diversity, Continuity, and Change*（Oxford University Press）などがある。

経営戦略原論

2018年7月12日発行

著　者――琴坂将広
発行者――駒橋憲一
発行所――東洋経済新報社
〒103-8345　東京都中央区日本橋本石町1-2-1
電話＝東洋経済コールセンター　03(5605)7021
https://toyokeizai.net/

装　丁…………………橋爪朋世
本文デザイン・DTP……小林祐司
印　刷…………………ベクトル印刷
製　本…………………ナショナル製本
編集担当………………佐藤敬

ISBN 978-4-492-53402-1

索引

A〜Z

ア行

カ行

サ行

タ行

ナ行

ハ行

マ行

ヤ行

ラ行

ワ行

参考文献

- 相葉宏二著／グロービス・マネジメント・インスティテュート編(1999)『MBA経営戦略』ダイヤモンド社.
- 淺田孝幸・伊藤嘉博編(2011)『戦略管理会計』中央経済社.
- 淺羽茂(2000)「経営戦略」岡本康雄編著『現代経営学への招待(第2版)――21世紀への展望』中央経済社.
- ――――・牛島辰男(2010)『経営戦略をつかむ』有斐閣.
- 網倉久永・新宅純二郎(2011)『経営戦略入門』日本経済新聞出版社.
- 石井淳蔵・奥村昭博・加護野忠男・野中郁次郎(1996)『経営戦略論(新版)』有斐閣.
- 伊丹敬之(2014)『孫子に経営を読む』日本経済新聞出版社.
- ――――・青木康晴(2016)『現場が動き出す会計――人はなぜ測定されると行動を変えるのか』日本経済新聞出版社.
- 稲盛和夫(2006)『アメーバ経営――ひとりひとりの社員が主役』日本経済新聞社.
- 入山章栄(2014a)「『ポーターの戦略』の根底にあるものは何か――SCP理論①(世界標準の経営理論2)」『DIAMONDハーバード・ビジネス・レビュー』2014年10月号:128-136.
- ――――(2014b)「ポーターのフレームワークを覚えるよりも大切なこと――SCP理論②(世界標準の経営理論3)」『DIAMONDハーバード・ビジネス・レビュー』2014年11月号:126-137.
- ――――(2014c)「バーニーの理論を『ようやく使えるものにした』のはだれか――リソース・ベースト・ビュー(世界標準の経営理論4)」『DIAMONDハーバード・ビジネス・レビュー』2014年12月号:126-137.
- ――――(2015a)『ビジネススクールでは学べない世界最先端の経営学』日経BP社.
- ――――(2015b)「『不確実性を恐れない』状況は,自らの手でつくり出せる――リアル・オプション理論(世界標準の経営理論12)」『DIAMONDハーバード・ビジネス・レビュー』2015年8月号:124-135.
- ――――(2016)「『未来は作り出せる』は,けっして盲信ではない――センスメイキング理論(世界標準の経営理論25)」『DIAMONDハーバード・ビジネス・レビュー』2016年10月号:126-136.
- 大滝精一・金井一賴・山田英夫・岩田智(2006)『経営戦略――論理性・創造性・社会性の追求(新版)』有斐閣.
- 岡田正大(2001)「ポーターVSバーニー論争の構図――RBVの可能性」『DIAMONDハーバード・ビジネス・レビュー』2001年5月号:88-92.

- 楠木建(2010)『ストーリーとしての経営戦略――優れた戦略の条件』東洋経済新報社.
- 経済産業省(2015)「日本と海外の役員報酬の実態及び制度等に関する調査報告書」(http://www.data.go.jp/data/dataset/meti_20150706_0307).
- ――― (2016)「新産業構造ビジョン――第4次産業革命をリードする日本の戦略」産業構造審議会中間整理, 4月27日(http://www.meti.go.jp/committee/sankoushin/shin_sangyoukouzou/pdf/008_05_01.pdf).
- 國領二郎(1999)『オープン・アーキテクチャ戦略――ネットワーク時代の協働モデル』ダイヤモンド社.
- 小菅正伸(1997)「戦略管理会計手法としてのバランスト・スコアカード」『商学論究』45(1):13-41.
- 琴坂将広(2014a)『領域を超える経営学――グローバル経営の本質を「知の系譜」で読み解く』ダイヤモンド社.
- ――― (2014b)「企業は創造性と生産性を両立できるか」『DIAMOND ハーバード・ビジネス・レビュー』2014年11月号:38-51.
- ――― (2015a)「IoTで組織の境界線は変わる」『DIAMONDハーバード・ビジネス・レビュー別冊』2016年1月号:106-110.
- ――― (2015b)「外部資源活用による事業成長の加速――中小企業のままでありながら世界的な事業を展開する」『調査月報(日本政策金融公庫)』86:38-43.
- ――― (2017)「GE――変革を続ける経営組織」『DIAMONDハーバード・ビジネス・レビュー』2017年12月号:74-91.
- 榊原清則(2005)『イノベーションの収益化――技術経営の課題と分析』有斐閣.
- 櫻井通晴(2015)『管理会計 第6版』同文舘出版.
- 清水勝彦(2007)『戦略の原点』日経BP社.
- DIAMONDハーバード・ビジネス・レビュー編集部編訳(2010)『戦略論 1957-1993』ダイヤモンド社.
- 徳崎進(2015)「マネジメントにおけるKPIの意義を再考する――文献研究を基礎として」『ビジネス&アカウンティングレビュー』16:17-36.
- 沼上幹(2008)『わかりやすいマーケティング戦略(新版)』有斐閣.
- ――― (2009)『経営戦略の思考法――時間展開・相互作用・ダイナミクス』日本経済新聞出版社.
- 野中郁次郎編著(2013)『戦略論の名著――孫子, マキアヴェリから現代まで』中公新書.
- 廣本敏郎・加登豊・岡野浩編(2012)『日本企業の管理会計システム』中央経済社.
- フロンティヌス(2013)『新訳 フロンティヌス戦術書――古代西洋の兵学を集成したローマ人の覇道』兵頭二十八訳, PHP研究所.
- 三品和広(2006)『経営戦略を問いなおす』ちくま新書.

- 三矢裕(2003)『アメーバ経営論――ミニ・プロフィットセンターのメカニズムと導入』東洋経済新報社.
- Andrews, Kenneth R.(1971) *The Concept of Corporate Strategy*. Dow Jones-Irwin(山田一郎訳『経営戦略論』産業能率短期大学出版部, 1976年).
- Ansoff, Iogr H.(1957) "Strategies for Diversification." *Harvard Business Review* 35(5): 113-124(関美和訳「多角化経営の本質」『DIAMONDハーバード・ビジネス・レビュー』2008年4月号:138-154).
- ―――(1965) *Corporate Strategy: An Analytic Approach to Business Policy for Growth and Expansion*. McGraw-Hill(広田寿亮訳『企業戦略論』産業能率大学出版部, 1985年).
- Anthony, Robert N.(1965) *Planning and Control Systems: A Framework for Analysis*. Division of Research, Harvard Business School.
- Bain, Joe S.(1956) *Barriers to New Competition: Their Character and Consequences in Manufacturing Industries*. Harvard University Press.
- Barnard, Chester I.(1938) *The Functions of the Exective*. Harvard University Press(山本安次郎・田杉競・飯野春樹訳『新訳 経営者の役割』ダイヤモンド社, 1968 年).
- Barney Jay B.(1986a) "Strategic Factor Markets: Expectations, Luck, and Business Strategy." *Management Science* 32(10): 1231-1241.
- ―――(1986b) "Types of Competition and the Theory of Strategy: Toward an Integrative Framework." *Academy of Management Review* 11(4): 791-800.
- ―――(1991) "Firm Resources and Sustained Competitive Advantage." *Journal of Management* 17(1): 99-120.
- ―――(2001) Gaining and Sustaining Competitive Advantage, 2nd. ed. Pearson Education(岡田正大訳『企業戦略論――競争優位の構築と持続 上・基本編/中・事業戦略編/下・全社戦略編』ダイヤモンド社, 2003年).
- ―――, David J. Ketchen, Jr., and Mike Wright(2011) "The Future of Resource-Based Theory: Revitalization or Decline?" *Journal of Management* 37(5): 1299-1315.
- Baron, David P.(1995) "Integrated Strategy: Market and Nonmarket Components." *California Management Review* 37(2): 47-65.
- Bernstein, Ethan, John Bunch, Niko Canner, and Michael Lee(2016) "Beyond the Holacracy Hype." *Harvard Business Review* 94(7/8): 38-49(倉田幸信訳「ホラクラシーの光と影」『DIAMONDハーバード・ビジネス・レビュー』2016年12月号:10-28).
- Besanko, David, David Dranove, and Mark Shanley(2016) *Economics of Strategy*. 7th ed. Wiley(奥村昭博・大林厚臣監訳『戦略の経済学』ダイヤモンド社, 2002年).

- Blank, Steve (2013) "Why the Lean Start-Up Changes Everything." *Harvard Business Review* 91(5): 63-72(有賀裕子訳「リーン・スタートアップ――大企業での活かし方」『DIAMONDハーバード・ビジネス・レビュー』2013年8月号:40-51).
- Bower, Marvin (1979) *Perspectives on McKinsey*. Internal McKinsey Publication.
- Bresnahan, Timothy F. (1989) "Empirical Studies of Industries with Market Power." in Richard Schmalensee, and Robert Willig (eds.), *Handbook of Industrial Organization*, Vol. 2. Elsevier, pp.1011-1057.
- Brown, Tim (2008) "Design Thinking." *Harvard Business Review* 86(6): 84-92(編集部訳「IDEO――デザイン・シンキング」『DIAMONDハーバード・ビジネス・レビュー』2008年12月号:56-68).
- Caves, Richard E., and Michael E. Porter (1977) "From Entry Barriers to Mobility Barriers: Conjectural Decisions and Contrived Deterrence to New Competition." *The Quarterly Journal of Economics* 91(2): 241-261.
- Cavusgil, Tamer S., Gary Knight, and John R. Riesenberger (2011) *International Business: New Realities*. 2nd ed. Printice Hall.
- Chamberlin, Edward Hastings (1933) *The Theory of Monopolistic Competition: A Re-orientation of the Theory of Value*. Harvard University Press(青山秀夫訳『独占的競争の理論――価値論の新しい方向』至誠堂, 1966年)
- Chandler, Alfred D., Jr. (1962) *Strategy and Structure: Chapters in the History of the American Industrial Enterprise*. The MIT Press(有賀裕子訳『組織は戦略に従う』ダイヤモンド社, 2004年).
- ――― (1977) *The Visible Hand: The Managerial Revolution in American Business*. Harvard University Press(鳥羽欽一郎・小林袈裟治訳『経営者の時代 上・下』東洋経済新報社, 1979年).
- Clark, Kim B., and Takahiro Fujimoto (1990) "The Power of Product Integrity." *Harvard Business Review* 68(6): 107-118(編集部訳「プロダクト・インテグリティ――すり合わせの製品開発力」『DIAMONDハーバード・ビジネス・レビュー』2007年8月号:86-102).
- Clausewitz, Carl von., Michael Howard, and Peter Paret (1976) *On War*. Princeton University Press.
- Cornelissen, Joep P., and Jean S. Clarke (2010) "Imagining and Rationalizing Opportunities: Inductive Reasoning and the Creation and Justification of New Ventures." *Academy of Management Review* 35(4): 539-557.

- Croll, Alistair, and Benjamin Yoskovitz (2013) *Lean Analytics: Use Data to Build a Better Startup Faster*. O'Reilly (角征典訳『Lean Analytics――スタートアップのためのデータ解析と活用法』オライリー・ジャパン, 2015年).
- Dacin, Tina M., Kamal Munir, and Paul Tracey (2010) "Formal Dining at Cambridge Colleges: Linking Ritual Performance and Institutional Maintenance." *Academy of Management Journal* 53(6): 1393-1418.
- Daniel, Ronald D. (1961) "Management Information Crisis." *Harvard Business Review* 39(5): 111-121.
- Denning, Stephen (2004) "Telling Tales." *Harvard Business Review* 82(5): 122-129 (堀美波訳「ストーリーテリングの力」『DIAMONDハーバード・ビジネス・レビュー』2004年10月号:100-111).
- Dess, Gregory G., and Alex Miller (1993) *Strategic Management*. McGraw-Hill.
- Devinney, Timothy M., David F. Midgley, and Sunil Venaik (2000) "The Optimal Performance of the Global Firm: Formalizing and Extending the Integration- Responsiveness Framework." *Organization Science* 11(6): 674-895.
- Dierickx, Ingemar, and Karel Cool (1989) "Asset Stock Accumulation and Sustainability of Competitive Advantage." *Management Science* 35(12): 1504-1511.
- DiMaggio, Paul J., and Walter W. Powell (1983) "The Iron Cage Revisited: Institutional Isomorphism and Collective Rationality in Organizational Fields." *American Sociological Review* 48(2): 147-160.
- Dobbs, Richard, James Manyika, and Jonathan Woetzel (2015) *No Ordinary Disruption: The Four Global Forces Breaking All the Trends*. Public Affairs (吉良直人訳『マッキンゼーが予測する未来――近未来のビジネスは4つの力に支配されている』ダイヤモンド社, 2017年).
- Doran, George T. (1981) "There's a S.M.A.R.T. Way to Write Management's Goals and Objectives." *Management Review* 70(11): 35-36.
- Doz, Yves L., José Santos, and Peter Williamson (2001) *From Global to Metanational: How Companies Win in the Knowledge Economy*. Harvard Business School Press.
- Drucker, Peter F. (1946) *Concept of the Corporation*. Jon Day Company (上田惇生訳『企業とは何か(ドラッカー名著集11)』ダイヤモンド社, 2008年).
- ――― (1954) *The Practice of Management*. Harper & Brothers (上田惇生訳『現代の経営(ドラッカー名著集2)上・下』ダイヤモンド社, 2006年).
- ――― (1993) *Post-Capitalist Society*. Harper Business (上田惇生訳『ポスト資本主義社会(ドラッカー名著集8)』ダイヤモンド社, 2007年).

- ——— (1994) "The Theory of the Business." *Harvard Business Review* 72(5): 95-104(田代正美訳「企業永続の理論」『DIAMONDハーバード・ビジネス』1994年9/10月号:4-12).
- ——— (2002) *Managing in the Next Society*. Butterworth-Heinemann(上田惇生訳『ネクスト・ソサエティ――歴史が見たことのない未来がはじまる』ダイヤモンド社, 2002年).
- Dunning, John H.(1979) "Explaining Changing Patterns of International Production." *Oxford Bulletin of Economics and Statistics* 41(4): 269-295.
- ——— (1981) *International Production and the Multinational Enterprise*. George Allen & Unwin.
- ——— (1995) "Reappraising the Eclectic Paradigm in an Age of Alliance Capitalism." *Journal of International Business Studies* 26(3): 461-491.
- ——— (1998) "Location and the Multinational Enterprise: A Neglected Factor?" *Journal of International Business Studies* 29(1): 45-66.
- Eisenhardt, Kathleen M.(1999) "Strategy as Strategic Decision Making." *MIT Sloan Management Review* 40(3): 65-72.
- ———, and Jeffrey A. Martin(2000) "Dynamic Capabilities: What Are They?" *Strategic Management Journal* 21(10/11): 1105-1121.
- ———, and Donald N. Sull(2001) "Strategy as Simple Rules." *Harvard Business Review* 79(1): 106-116(スコフィールド素子訳「シンプルルール戦略」『DIAMONDハーバード・ビジネス・レビュー』2001年5月号:94-109).
- Fayol, Henri(1917) *Administration Industrielle et Générale: Prévoyance, Organisation, Commandement, Coordination, Contrôle*. Dunod et Pinat(山本安次郎訳『産業ならびに一般の管理』ダイヤモンド社, 1985年).
- Felin, Teppo, Nicolai J. Foss, and Robert E. Ployhart(2015) "The Microfoundations Movement in Strategy and Organization Theory." *Academy of Management Annals* 9(1): 575-632.
- Fenton, Christopher, and Ann Langley(2011) "Strategy as Practice and the Narrative Turn." *Organization Studies* 32(9): 1171-1196.
- Ferreira, Nelson, Jayanti Kar, and Lenos Trigeorgis.(2009) "Option Games: The Key to Competing in Capital-Intensive Industries." *Harvard Business Review* 87(3): 101-107(鈴木泰雄訳「オプション・ゲーム――戦略選択の手法」『DIAMONDハーバード・ビジネス・レビュー』2009年7月号:82-93).
- Foss, Nicolai J., and Pedersen, T.(2016) "Microfoundations in Strategy Research." *Strategic Management Journal* 37(13): E22-E34.

- Fox, Justin (2015) "From 'Economic Man' to Behavioral Economics." *Harvard Business Review* 93(5): 78 - 85(倉田幸信訳「意思決定の仕組み――フォン・ノイマンからカーネマンまで」『DIAMONDハーバード・ビジネス・レビュー』2016年3月号:102 - 114).
- Freedman, Lawrence (2013) *Strategy : A History*. Oxford University Press.
- Friedman, Thomas L. (2005) *The World is Flat: A Brief History of the Globalized World in the Twenty-first Century*. Allen Lane(伏見威蕃訳『フラット化する世界――経済の大転換と人間の未来 上・下』日本経済新聞社, 2006年).
- Gallo, A. (2017) "A Refresher on Discovery-Driven Planning." Harvard Business Review Online, Feb. 13.
- Ghemawat, Pankaj (2001) "Distance Still Matters: The Hard Reality of Global Expansion." *Harvard Business Review* 79(8): 137 - 147(スコフィールド素子訳「海外市場のポートフォリオ分析」『DIAMONDハーバード・ビジネス・レビュー』2002年1月号:143 - 154).
- ――― (2002) "Competition and Business Strategy in Historical Perspective." *Business History Review* 76(1): 37 - 74.
- ――― (2003) "Semiglobalization and International Business Strategy." *Journal of International Business* Studies 34(2): 138 - 152.
- ――― (2007) *Redefining Global Strategy: Crossing Borders in A World Where Differences Still Matter*. Harvard Business School Press(望月衛訳『コークの味は国ごとに違うべきか――ゲマワット教授の経営教室』文藝春秋, 2009年).
- ――― (2007) "Managing Differences: The Central Challenge of Global Strategy." *Harvard Business Review* 85(3): 58-68(村井裕訳「トリプルAのグローバル戦略」『DIAMONDハーバード・ビジネス・レビュー』2007年6月号:128 - 141).
- Gioia, Dennis A., and Kumar Chittipeddi (1991) "Sensemaking and Sensegiving in Strategic Change Initiation." *Strategic Management Journal*. 12(6): 433 - 448.
- Grant, Robert M. (1996) "Toward a Knowledge-Based Theory of the Firm." *Strategic Management Journal* 17: 109 - 122.
- ――― (2008) *Comtemporary Strategy Analysis*. 6th ed. Blackwell(加瀬公夫訳『グラント 現代戦略分析』中央経済社, 2008年).
- Greenwood, Royston, and Roy Suddaby (2006) "Institutional Entrepreneurship In Mature Fields: The Big Five Accounting Firms." *Academy of Management Journal* 49(1): 27 - 48.
- Guber, Peter (2007) "The Four Truths of the Storyteller." *Harvard Business Review* 85(12): 52 - 59(スコフィールド素子訳「ストーリーテリングの心得」『DIAMONDハーバード・ビジネス・レビュー』2008年3月号:80 - 92).

- Gupta, Anil K., Ken G. Smith, and Christina E. Shalley (2006) "The Interplay Between Exploration and Exploitation." *Academy of Management Journal* 49(4): 693-706.
- Hamel, Gary, and C. K. Prahalad (1994) *Competing for the Future*. Harvard Business School Press (一條和生訳『コア・コンピタンス経営――未来への競争戦略』日経ビジネス人文庫, 2001年).
- Harrison, J. Richard, and Glenn R. Carroll (1991) "Keeping the Faith: A Model of Cultural Transmission in Formal Organizations." *Administrative Science Quarterly* 36(4): 552-582.
- Haspeslagh, Philippe C. (1982) "Portfolio Planning: Uses and Limits." *Harvard Business Review* 60(1): 58-73.
- Hatten, Kenneth J., and Mary L. Hatten. (1988) *Effective Strategic Management: Analysis and Action*. Prentice Hall.
- Hax, Arnoldo C., and Nicolas S. Majluf (1983) "The Use of the Growth-Share Matrix in Strategic Planning." *Interfaces* 13(1): 46-60.
- Hirschmann, Winfred B. (1964) "Profit from the Learning Curve." *Harvard Business Review* 42(1): 125-139.
- Hitt A. Michael, R. Duane Ireland, and Robert E. Hoskisson (2014) *Strategic Management: Competitiveness and Globalization*. 11th ed. South-Western (久原正治・横山寛美監訳『改訂新版 戦略経営論――競争力とグローバリゼーション』センゲージ, 2014年).
- Hofer, Charles W., and Dan Schendel (1978) *Strategy Formulation: Analytical Concepts*. West Publishing (奥村昭博・榊原清則・野中郁次郎訳『戦略策定――その理論と手法』千倉書房, 1981年).
- Hunt, Michael S. (1972) "Competition in the Major Home Appliance Industry 1960-1970." Unpublished doctoral dissertation, Harvard University.
- Hymer, Stephen H. (1976) *The International Operations of National Firms: A Study of Direct Foreign Investment*. The MIT Press (宮崎義一編訳『多国籍企業論』岩波書店, 1979年).
- Ibarra, Herminia, and Roxana Barbulescu (2010) "Identity as Narrative: Prevalence, Effectiveness, and Consequences of Narrative Identity Work in Macro Work Role Transitions." *Academy of Management Review* 35(1): 135-154.
- Ibrahim, Mo (2012) "Celtel's Founder on Building a Business On the World's Poorest Continent." *Harvard Business Review* 90(10): 41-44.

- Jacobides, Michael G.(2010) "Strategy Tools for a Shifting Landscape." *Harvard Business Review* 88(1/2): 76-84(二見聰子訳「ストーリーによる戦略構築のすすめ」『DIAMONDハーバード・ビジネス・レビュー』2010年11月号:44-57).
- Jensen, Michael C.(2000) *A Theory of the Firm: Governance, Residual Claims, and Organizational Forms*. Harvard University Press.
- ———, and William H. Meckling(1976) "Theory of the Firm: Managerial Behavior, Agency Costs and Ownership Structure." *Journal of Financial Economics* 3(4): 305-360.
- Johanson, Jan, and Jan-Erik Vahlne(2009) "The Uppsala Internationalization Process Model Revisited: From Liability of Foreignness to Liability of Outsidership." *Journal of International Business Studies* 40(9): 1411-1431.
- Johnson, Thomas H., and Robert S. Kaplan(1987) *Relevance Lost: The Rise and Fall of Management Accounting*. Harvard Business School Press(鳥居宏史訳『レレバンス・ロスト——管理会計の盛衰』白桃書房, 1992年).
- Jones, Geoffrey(2004) *Multinationals and Global Capitalism: From The Nineteenth to The Twenty-first Century*. Oxford University Press(安室憲一・梅野巨利訳『国際経営講義——多国籍企業とグローバル資本主義』有斐閣, 2007年).
- Kahneman, Daniel, and Amos Tversky(1979) "Prospect Theory: An Analysis of Decision under Risk." *Econometrica* 47(2): 263-292.
- Kaplan, Robert S.(1983) "Measuring Manufacturing Performance: A New Challenge for Managerial Accounting Research." *The Accounting Review* 58(4): 686-705.
- ——— (1984) "Yesterday's Accounting Undermines Production." *Harvard Business Review* 62(4): 95-101(「旧式の会計が生産を危うくする」『DIAMONDハーバード・ビジネス』1984年11月号:65-72).
- ———, and David P. Norton(1992) "The Balanced Scorecard: Measures That Drive Performance." *Harvard Business Review* 70(1): 71-79(本田桂子訳「新しい経営指標『バランスド・スコアカード』」『DIAMONDハーバード・ビジネス』1992年5月号:81-90).
- ———, and ——— (1993) "Putting the Balanced Scorecard to Work." *Harvard Business Review* 71(5): 134-147(鈴木一功訳「バランス・スコアカードの導入インパクト」『DIAMONDハーバード・ビジネス・レビュー』2003年8月号:60-70).
- ———, and ——— (1996) *The Balanced Scorecard: Translating Strategy into Action*. Harvard Business School Press(吉川武男訳『バランス・スコアカード——新しい経営指標による企業変革』生産性出版, 1997年).

- ———, and ——— (2000) *The Strategy-Focused Organization: How Balanced Scorecard Companies Thrive in the New Business Environment*. Harvard Business School Press(櫻井通晴監訳『キャプランとノートンの戦略バランスト・スコアカード』2001年,東洋経済新報社).
- Khanna, Tarun, and Krishna G. Palepu(2010) *Winning in Emerging Markets: A Road Map for Strategy and Execution*. Harvard Business Review Press(上原裕美子訳『新興国マーケット進出戦略――「制度のすきま」を攻める』日本経済新聞出版社,2012年).
- ———, ———, and Jayant Sinha(2005) "Strategies That Fit Emerging Markets." *Harvard Business Review* 83(6): 63-76(鈴木英介訳「制度分析で読み解くBRICs攻略法」『DIAMONDハーバード・ビジネス・レビュー』2006年5月号:32-49).
- Kiechel, Walter III(2010) *The Lords of Strategy: The Secret Intellectual History of the New Corporate World*. Harvard Business School Press(藤井清美訳『経営戦略の巨人たち――企業経営を革新した知の攻防』日本経済新聞出版社,2010年).
- Kim, Chan W., and Renée Mauborgne(2005) *Blue Ocean Strategy: How to Create Uncontested Market Space and Make Competition Irrelevant*. Harvard Business School Press(有賀裕子訳,入山章栄監訳『[新版]ブルー・オーシャン戦略――競争のない世界を創造する』ダイヤモンド社,2015年).
- Kotosaka, Masahiro, and Mari Sako(2017) "The Evolution of the ICT Start-up Eco-system in Japan: From Corporate Logic to Venture Logic?" in Tsutomu Nakano(eds.), *Japanese Management in Evolution New Directions, Breaks, and Emerging Practices*. Routledge, pp.237-261.
- Kotter, John P.(1990) "What Leaders Really Do." *Harvard Business Review* 68(3): 103-111(編集部訳「リーダーシップとマネジメントの違い」『DIAMONDハーバード・ビジネス・レビュー』2011年9月号:50-64).
- Laloux, Frederic(2014) *Reinventing Organizations: A Guide to Creating Organizations Inspired by the Next Stage in Human Consciousness*. Lightning Source(鈴木立哉訳『ティール組織――マネジメントの常識を覆す次世代型組織の出現』英治出版,2018年).
- Lawrence, Paul R., and Jay W. Lorsch(1967a) "Differentiation and Integration in Complex Organizations." *Administrative Science Quarterly* 12(1): 1-47.
- ———, and ——— (1967b) *Organization and Environment: Managing Differentiation and Integration*. Harvard University Press(吉田博訳『組織の条件適応理論』産業能率短期大学出版部,1977年).

- Lawrence, Thomas B.(1999) "Institutional Strategy." *Journal of Management* 25(2): 161-187.
- Learned, Edmund P., Roland C. Christensen, Kenneth R. Andrews, Joseph L. Bower(1965) *Business Policy: Text and Cases*. R. D. Irwin.
- Leonardi, Paul M. (2013) "Theoretical Foundations for the Study of Economateriality." *Information and Organization* 23(2): 59-76.
- Liddell Hart, Basil Henry (1967) *Strategy: The Indirect Approach*. Faber(市川良一訳『リデルハート戦略論──間接的アプローチ 上・下』原書房, 2010年).
- Maguire, Steve, Cynthia Hardy, and Thomas B. Lawrence(2004) "Institutional Entrepreneurship in Emerging Fields: HIV/AIDS Treatment Advocacy in Canada." *Academy of Management Journal* 47(5): 657-679.
- Mahoney, Joseph T., and J. Rajendran Pandian(1992) "The Resource-Based View Within the Conversation of Strategic Management." *Strategic Management Journal* 13(5): 363-380.
- Maitlis, Sally, and Marlys K. Christianson(2014) "Sensemaking in Organizations: Taking Stock and Moving Forward." *Academy of Management Annals* 8(1): 57-125.
- Makhija, Mona V., Kwangsoo Kim, and Sandra D. Williamson(1997) "Measuring Globalization of Industries Using a National Industry Approach: Empirical Evidence across Five Countries and over Time." *Journal of International Business Studies* 28(4): 679-710.
- Malina, Mary A., and Frank H. Selto(2001) "Communicating and Controlling Strategy: An Empirical Study of the Effectiveness of the Balanced Scorecard." *Journal of Management Accounting Research* 13(1): 47-90.
- Markus, Lynne M., and Daniel Robey(1988). "Information Technology and Organizational Change: Causal Structure in Theory and Research." *Management Science* 34(5): 583-598.
- Mason, Edward S.(1939) "Price and Production Policies of Large-Scale Enterprise." *American Economic Review* 29(1): 61-74.
- Maurya, Ash(2012) *Running Lean: Iterate from Plan A to a Plan That Works*. 2nd ed. O'Reilly(角征典訳『Running Lean──実践リーンスタートアップ』オライリー・ジャパン, 2012年).
- Mayo, George Elton(1933) *The Human Problems of An Industrial Civilization*. Macmillan(村本栄一訳『新訳 産業文明における人間問題』日本能率協会, 1967年).
- McGrath, Rita G., and Ian MacMillan(1995) "Discovery-Driven Planning." *Harvard Business Review* 73(4): 44-54.

- ——— , and ——— (2014) "The Origins of Discovery-Driven Planning." Harvard Business Review Digital Articles (https://hbr.org/2014/05/the-origins-of-discovery-driven-planning).
- Mintzberg, Henry (1978) "Patterns in Strategy Formation." *Management Science* 24 (9): 934-948.
- ——— (1987) "The Strategy Concept I: Five Ps For Strategy." *California Management Review* 30 (1): 11-24.
- ——— , and Alexandra McHugh (1985) "Strategy Formation in an Adhocracy." *Administrative Science Quarterly* 30 (2): 160-197.
- ——— , and Frances Westley (2001) "Decision Making: It's not What You Think." *MIT Sloan Management Review* 42 (3): 89-93.
- ——— , and James A. Waters (1985) "Of Strategies, Deliberate and Emergent." *Strategic Management Journal* 6 (3): 257-272.
- ——— , Bruce Ahlstrand, and Joseph Lampel (1998) *Strategy Safari: The Complete Guide through the Wilds of Strategic Management*. The Free Press (齋藤嘉則監訳『戦略サファリ――戦略マネジメント・コンプリート・ガイドブック(第2版)』東洋経済新報社, 2012年).
- ——— , Richard T. Pascale, Michael Goold, and Richard P. Rumelt (1996) "The 'Honda Effect' Revisited." *California Management Review* 38 (4): 78-79.
- Moore, Karl, and Susan Reid (2008) "The Birth of Brand: 4000 Years of Branding." *Business History* 50 (4): 419-432.
- Navis, Chad, amd Mary Ann Glynn (2011) "Legitimate Distinctiveness and The Entrepreneurial Identity: Influence on Investor Judgments of New Venture Plausibility." *Academy of Management Review* 36 (3): 479-499.
- Nonaka, Ikujiro (1988) "Toward Middle Up-down Management: Accelerating Information Creation." *MIT Sloan Management Review* 29 (3): 9-18.
- ——— (1994) "A Dynamic Theory of Organizational Knowledge Creation." *Organization Science* 5 (1): 14-37.
- ——— , and Hirotaka Takeuchi (1995) *The Knowledge-Creating Company: How Japanese Companies Create the Dynamics of Innovation*. Oxfird University Press (梅本勝博訳『知識創造企業』東洋経済新報社, 1996年).
- Nicolaou, Nicos, Scott Shane, Lynn Cherkas, Janice Hunkin, and Tim D. Spector (2008) "Is the Tendency to Engage in Entrepreneurship Genetic?" *Management Science* 54 (1): 167-179.
- Nixon, Bill, and John Burns (2012) "The Paradox of Strategic Management Accounting." *Management Accounting Research* 23 (4): 229-244.

- Ohmae, Kenichi (1990) *The Borderless World: Power and Strategy in the Interlinked Economy*. Billinger(田口統吾訳『ボーダレス・ワールド』プレジデント社, 1990年).
- Orlikowski, Wanda J., and Susan V. Scott (2008) "Sociomateriality: Challenging the Separation of Technology, Work and Organization" *Academy of Management Annals* 2(1): 433-474.
- Osterwalder, Alexander, and Yves Pigneur (2010) *Business Model Generation: A Handbook for Visionaries, Game Changers, and Challengers*. Wiley(小山龍介訳『ビジネスモデル・ジェネレーション――ビジネスモデル設計書』翔泳社, 2012年).
- Ott, Timothy E., Kathleen M. Eisenhardt, and Christopher B. Bingham (2017) "Strategy Formation in Entrepreneurial Settings: Past Insights and Future Directions." *Strategic Entrepreneurship Journal* 11(3): 306-325.
- Palmisano, Samuel J. (2006) "The Globally Integrated Enterprise." *Foreign Affairs* 85(3): 127-136.
- Pascale, Richard T. (1984) "Perspectives on Strategy: The Real Story Behind Honda's Success." *California Management Review* 26(3): 47-72.
- Penrose, Edith T. (1959) *The Theory of the Growth of the Firm*. Basil Blackwell(日高千景訳『企業成長の理論(第3版)』ダイヤモンド社, 2010年).
- Peters, Thomas J., Robert H. Waterman, Jr. (1982) *In Search of Excellence: Lessons from America's Best-Run Companies*. Harper & Row(大前研一訳『エクセレント・カンパニー』英治出版, 2003年).
- Porter, Michael E. (1979) "How Competitive Forces Shape Strategy." *Harvard Business Review* 57(2): 137-145(編集部訳「競争の戦略――5つの要因が競争を支配する」『DIAMONDハーバード・ビジネス・レビュー』2007年2月号:40-53).
- ――― (1980) *Competitive Strategy: Techniques for Analyzing Industries and Competitors*. Free Press(土岐坤・中辻萬治・服部照夫訳『新訂 競争の戦略――いかに高業績を持続させるか』ダイヤモンド社, 1995年).
- ――― (1981) "The Contributions of Industrial Organization to Strategic Management." *Academy of Management Review* 6(4): 609-620.
- ――― (1985) *Competitive Advantage: Creating and Sustaining Superior Performance*. Free Press(土岐坤・中辻萬治・小野寺武夫訳『競争優位の戦略――いかに好業績を持続させるか』ダイヤモンド社, 1985年).
- ――― (2008) "The Five Competitive Forces that Shape Strategy." *Harvard Business Review* 86(1): 78-93(編集部訳「改訂 競争の戦略」『DIAMONDハーバード・ビジネス・レビュー』2011年6月号:32-59).

- Powell, Thomas C.(2011) "Neurostrategy." *Strategic Management Journal* 32(13): 1484-1499.
- Prahalad, C. K., and Gary Hamel(1990) "The Core Competence of the Corporation." *Harvard Business Review* 68(3): 79-91(編集部訳「コア・コンピタンス経営」『DIAMONDハーバード・ビジネス・レビュー』2007年2月号:136-155).
- ———, and Yves L. Doz(1987) *The Multinational Mission: Balancing Local Demands and Global Vision*. Free Press.
- PricewaterhouseCoopers(2007) "Guide to Key Performance Indicators: Communicating the Measures that Matter" (https://www.pwc.com/gx/en/audit-services/corporate-reporting/assets/pdfs/uk_kpi_guide.pdf).
- Reeves Martin, Kunt Haanaes, and Janmejaya Sinha(2015) *Your Strategy Needs a Strategy: How to Choose and Execute the Right Approach*. Harvard Business Review Press(須川綾子訳『戦略にこそ「戦略」が必要だ——正しいアプローチを選び,実行する』日本経済新聞出版社, 2016年).
- Ries, Eric(2011) *The Lean Startup: How Today's Entrepreneurs Use Continuous Innovation to Create Radically Successful Businesses*. Crown Business(井口耕二訳『リーン・スタートアップ——ムダのない起業プロセスでイノベーションを生みだす』日経BP社, 2012年).
- Robinson, Joan(1933) *The Economics of Imperfect Competition*. Macmillan(加藤泰男訳『不完全競争の経済学』文雅堂書店, 1957年)
- Ross, Stephen A.(1973) "The Economic Theory of Agency: The Principal's Problem." *American Economic Review* 63(2): 134-139.
- Rugman, Alan M.(1981) *Inside the Multinationals: The Economics of Internal Markets*. Columbia University Press(江夏健一・中島潤・有沢孝義・藤沢武史訳『多国籍企業と内部化理論』ミネルヴァ書房, 1983年).
- ——— (2009) *Rugman Reviews International Business*. Palgrave Macmillan (江夏健一・太田正孝・桑名義晴監訳『ラグマン教授の国際ビジネス必読文献50撰』中央経済社, 2010年).
- ———, and Alain Verbeke(2002) "Edith Penrose's Contribution to the Resource-Based View of Strategic Management." *Strategic Management Journal* 23(8): 769-780.
- Rumelt, Richard P.(1974) *Strategy, Structure, and Economic Performance*. Harvard University Press.

- ——— (1984) "Towards a Strategic Theory of the Firm. In Competitive Strategic Management." in Robert B. Lanb (ed.), *Competitive Strategic Management*, Prentice Hall, pp.556-570.
- Schumpeter, Joseph (1912) *Theorie der wirtschaftlichen Entwicklung* (塩野谷祐一・中山伊知郎・東畑精一訳『経済発展の理論――企業者利潤・資本・信用・利子および景気の回転に関する一研究 上・下』岩波文庫, 1977年).
- Shields, Michael D. (2015) "Established Management Accounting Knowledge." *Journal of Management Accounting Research* 27(1): 123-132.
- Simon, Hervart A. (1947) *Administrative Behavior: A Study of Decision-Making Processes in Administrative Organization*. Macmillan (二村敏子・桑田耕太郎・高尾義明・西脇暢子・高柳美香訳『新版 経営行動――経営組織における意思決定過程の研究』ダイヤモンド社, 2009年).
- Simons, Robert (1994) "How New Top Managers Use Control Systems As Levers Of Strategic Renewal." *Strategic Management Journal* 15(3): 169-189.
- ——— (1995) "Control in an Age of Empowerment." *Harvard Business Review*. 73(2): 80-88 (宮下清訳「エンパワーメントを成功させる4つの方法」『DIAMONDハーバード・ビジネス』1996年1月号:12-20).
- ——— (2014) *Performance Measurement and Control Systems for Implementing Strategy*. Pearson Education (伊藤邦雄監訳『戦略評価の経営学――戦略の実行を支える業績評価と会計システム』ダイヤモンド社, 2003年).
- Sorensen, Jesper B. (2012) "The Strength of Corporate Culture and the Reliability of Firm Performance." *Administation Science Quarterly* 41(1): 70-91.
- Steiner, George A. (1969) *Top Management Planning*. Macmillan.
- ———, and John B. Miner (1977) *Management Policy and Strategy: Text, Readings, and Cases*. Macmillan.
- Taylor, Frederick W. (1911) *The Principles of Scientific Management* (有賀裕子訳『新訳 科学的管理法――マネジメントの原点』ダイヤモンド社, 2009年).
- Teece, David J. (1982) "Towards an Economic Theory of the Multiproduct Firm." *Journal of Economic Behavior and Organization* 3(1): 39-63.
- ——— (2009) *Dynamic Capabilities and Strategic Management: Organizing for Innovation and Growth*. Oxford University Press (谷口和弘／蜂巣旭／川西章弘／ステラ・S・チェン訳『ダイナミック・ケイパビリティ戦略――イノベーションを創発し, 成長を加速させる力』ダイヤモンド社, 2013年).
- ——— (2012) "Dynamic Capabilities: Routines versus Entrepreneurial Action." *Journal of Management Studies* 49(8): 1395-1401.

- ――――, Gary Pisano, and Amy Shuen (1997) "Dynamic Capabilities and Strategic Management." *Strategic Management Journal* 18 (7): 509-533.
- Thomas, L. G., and Richard D'Aveni (2009) "The Changing Nature of Competition in the US Manufacturing Sector, 1950-2002." *Strategic Organization* 7 (4): 387-431.
- Tirole, Jean (1988) *The Theory of Industrial Organization*. The MIT Press.
- UNCTAD (2013) *World Investment Report 2013: Global Value Chains: Investment and Trade for Development*. United Nations Publications.
- Vaara, Eero, and Richard Whittington (2002) "Strategy-as-Practice: Taking Social Practice Seriously." *The Academy of Management Annals* 6 (1): 285-336.
- von Neumann, John, and Oskar Morgenstern (1944) *Theory of Games and Economic Behavior*. Princeton University Press (銀林浩・橋本和美・宮本敏雄監訳, 下島英忠訳『ゲームの理論と経済行動3』東京図書, 1973年).
- Weick, Karl E. (1979) *The Social Psychology of Organizing*. McGraw-Hill (遠田雄志訳『組織化の社会心理学(第2版)』文眞堂, 1997年).
- ―――― (1995) *Sensemaking in Organizations*. Sage Publications (遠田雄志・西本直人訳『センスメーキングインオーガニゼーションズ』文眞堂, 2001年).
- Wernerfelt, Birger (1984) "A Resource Based View of the Firm." *Strategic Management Journal* 5 (2): 171-180.
- ―――― (1989) "From Critical Resources to Corporate Strategy." *Journal of General Management* 14 (3): 4-12.
- ―――― (1995) "The Resource-Based View of the Firm: Ten Years After." *Strategic Management Journal* 16 (3): 171-174.
- Zaheer, Srilata A. (1995) "Overcoming the Liability of Foreignness." *Academy of Management Journal* 38 (2): 341-363.
- Zander, Ivo, Patricia McDougall-Covin, and Elizabeth L. Rose (2015) "Born Globals and International Business: Evolution of a Field of Research." *Journal of International Business Studies* 46 (1): 27-35.